Kohlhammer

Die Herausgeberinnen

Dr. Kathrin Wilfert studierte Sonderpädagogik und Deutsch als Fremdsprache an der Ludwig-Maximilians-Universität (LMU) in München sowie an der Universidad Complutense in Madrid und promovierte über die schulische Integration Behinderter in Deutschland und Spanien (1995–1998). Nach 15 praktischen Jahren an verschiedenen Sonderpädagogischen Förderzentren wechselte sie 2013 an die LMU. Im Rahmen des *Begleitforschungsprojekt inklusive Schulentwicklung* (B!S) entwickelte sie im Team die *Qualitätsskala zur inklusiven Schulentwicklung* (QU!S®). Ihre Zusatzqualifikationen wie das Montessori-Diplom, Trainerin für die Kooperative Beratung und die momentan laufende Ausbildung zur systemischen Beraterin fließen in zahlreiche Seminare ein und bieten praxisnahe Module in der Lehramtsausbildung.

Forschungs- bzw. Arbeitsschwerpunkte sind neben der praktischen Schulung von Gesprächsführungs- und Beratungskompetenzen auch die Lernförderung von Kindern und Jugendlichen bei sozialer Benachteiligung und Armut.

Dr. Tatjana Eckerlein studierte in den 1990er Jahren Lehramt Sonderpädagogik für die Förderschwerpunkte Lernen und emotionale und soziale Entwicklung. Nach ihrer Promotion zum Thema »Haltungs- und Bewegungserziehung an Förderschulen« war sie an Sonderpädagogischen Förderzentren in München tätig. Schon da engagierte sie sich auch in der Erwachsenenbildung. 2006 stand ein Wechsel an den Lehrstuhl für Lernbehindertenpädagogik an der LMU an, wo sie bis heute als Akademische Direktorin lehrt. Ihre Leidenschaft gilt der praxisnahen Ausbildung von Sonderpädagoginnen und Sonderpädagogen.

Ihre Forschungsschwerpunkte sind der erschwerte Schriftspracherwerb und herausfordernde Lern- und Lebenslagen von Kindern und Jugendlichen mit und ohne Migrationshintergrund.

Kathrin Wilfert
Tatjana Eckerlein (Hrsg.)

Inklusion und Qualifikation

Festschrift zur Emeritierung von Ulrich Heimlich

Verlag W. Kohlhammer

1. Auflage 2021

Gesamtherstellung: W. Kohlhammer GmbH, Stuttgart

Print:
ISBN 978-3-17-039524-4

E-Book-Formate:
pdf: ISBN 978-3-17-039525-1
epub: ISBN 978-3-17-039526-8
mobi: ISBN 978-3-17-039527-5

Vorwort der Reihenherausgeber

Vor dem Hintergrund der UN-Behindertenrechtskonvention, die seit 2009 für Deutschland verbindlich gilt, entwickelt sich die Idee der Inklusion zu einem neuen Leitbild in der Behindertenhilfe. Sowohl in der Schule als auch in anderen gesellschaftlichen Bereichen sollen Menschen mit Behinderung von vornherein in selbstbestimmter Weise teilhaben können. Inklusion in Schule und Gesellschaft erfordert einen gesamtgesellschaftlichen Reformprozess, der sowohl auf die Umgestaltung des Schulsystems als auch auf weitreichende Entwicklungen im Gemeinwesen abzielt. Der Ausgangspunkt dieser Entwicklung wird in Deutschland durch ein differenziertes Bildungssystem und eine stark ausgeprägte, spezialisierte sonderpädagogische Fachlichkeit – bezogen auf unterschiedliche Förderschwerpunkte – bestimmt.

Vor diesem Hintergrund soll die Buchreihe »Inklusion in Schule und Gesellschaft« Wege zur selbstbestimmten Teilhabe von Menschen mit Behinderung in den verschiedenen pädagogischen Arbeitsfeldern von der Schule über den Beruf bis hinein in das Gemeinwesen und bezogen auf die unterschiedlichen sonderpädagogischen Förderschwerpunkte aufzeigen. Der Schwerpunkt liegt dabei im schulischen Bereich. Jeder Band enthält dabei sowohl historische und empirische als auch organisatorische und didaktisch-methodische sowie praxisbezogene Aspekte bezogen auf das jeweilige spezifische Aufgabenfeld der Inklusion. Ein übergreifender Band wird Ansätze einer interdisziplinären Grundlegung des neuen bildungs- und sozialpolitischen Leitbildes der Inklusion umfassen. Als Herausgeber fungieren die Mitglieder des Wissenschaftlichen Beirats »Inklusion«, beauftragt vom Bayerischen Landtag.

Die Reihe umfasst folgende Einzelbände:

Band 1: Die Inklusionssensible Grundschule
Band 2: Inklusion in der Sekundarstufe
Band 3: Inklusion im Beruf
Band 4: Inklusion im Gemeinwesen
Band 5: Inklusion im Förderschwerpunkt emotionale und soziale Entwicklung
Band 6: Inklusion im Förderschwerpunkt geistige Entwicklung
Band 7: Inklusion im Förderschwerpunkt Hören
Band 8: Inklusion im Förderschwerpunkt körperliche und motorische Entwicklung
Band 9: Inklusion im Förderschwerpunkt Lernen
Band 10: Inklusion im Förderschwerpunkt Sehen

Band 11: Inklusion im Förderschwerpunkt Sprache
Band 12: Inklusive Bildung
Band 13: Inklusion in Kindertagesstätten
Band 14: Inklusion und Qualifikation

Erhard Fischer
Ulrich Heimlich
Joachim Kahlert
Reinhard Lelgemann

Grußwort
Leben – Lernen – Lieben

Mit diesen zentralen, für mich außerordentlich bedeutsamen Begriffen, möchte ich das Grußwort zu Ehren des langjährigen Lehrstuhlinhabers für Lernbehindertenpädagogik an der Ludwig-Maximilians-Universität in München (LMU) und meines Freundes, Herrn Professor Dr. Ulrich Heimlich, anlässlich seiner Emeritierung einleiten.

Herr Professor Heimlich ist ein außergewöhnlicher Pädagoge, Denker, Fachmann, Impulsgeber und vor allem ein Mensch, der sich sein Leben lang mit sich, ›der Welt‹ und den ihr innewohnenden Themen auseinandergesetzt hat. Mit großer Sensibilität hat er schon sehr früh erkannt, dass er ein reges Interesse, ja ein außerordentliches Einfühlungsvermögen für Kinder, Jugendliche und Erwachsene mit Handicap besitzt und so wurde er zunehmend Partner und inspirierender Streiter für all jene, die in unserer Welt aufgrund ihres Anders-Seins allzu leicht zur Seite geschoben, mitunter nicht beachtet bzw. diskriminiert werden.

Leben

Ausgehend von der Lebenswirklichkeit und dem Erfahrungshintergrund von Menschen mit Handicap, hat er mit wachem Auge und einfühlsamem Herzen stets nachspüren und begreifen wollen, was der Ursprung für deren vermeintliches Scheitern sein kann, für die mangelhafte Teilhabe am schulischen, gesellschaftlichen, sozialen und politischen Leben, für das Abdriften in die Position von Außenseiterinnen und Außenseitern sowie für den Weg in ein unerfülltes und nicht ausreichend gelingendes Leben. Dabei hat Professor Heimlich sowohl in seiner Funktion als Lehrer als auch während seiner Tätigkeit als Universitätsprofessor stets gezeigt, dass die Gestaltung einer solidarischen Welt in Familie, Kindertagesstätte, Schule und Hochschule in der Inklusion liegen kann. Stets war es sein Ziel, den Fokus seiner wissenschaftlichen und pädagogischen Anstrengungen für Kinder und Jugendliche mit sonderpädagogischem Förderbedarf an der Würde und Gleichberechtigung von Menschen zu orientieren.

Lernen

Dass sich Professor Heimlich ein Berufsleben lang sowohl in der schulischen Praxis als auch im Wissenschaftsbereich der Thematik des Lernens, vor allem für Kinder und Jugendliche in Kindertageseinrichtungen und Schulen, verpflichtet sah, war die logische Konsequenz seiner eigenen Suche nach Antworten auf die Frage nach der Entwicklung und Förderung von Lernen bis hin zu einem Lernen mit Lust und Freude am Geschehen. Wie sehr sich auch sein hoher wissenschaftlicher Anspruch stets auf der Basis eines breiten Spektrums fachlich-inhaltlicher Grundlagen bewegte, so war seine fachliche Expertise innerhalb der Pädagogik bei Lernschwierigkeiten immer orientiert am fundamentalen Wohl – ich möchte sagen am Gesamtwohl – von Kindern und Jugendlichen, unabhängig davon, ob mit oder ohne sonderpädagogischem Förderbedarf.

Lernen in seiner Selbstverständlichkeit und als eine allen Menschen gleichermaßen zugängliche Lebenschance möge folgendermaßen ausgerichtet sein:

- Neues zu entdecken und Lernen als wesentlichen Bestandteil des Menschseins zu sehen,
- bei der Gestaltung der selbstregulierten Lernprozesse die kognitiven, emotionalen und sachlichen Aspekte einzubeziehen,
- sich im gemeinsamen Lernen konstruktivistisch die verschiedenen Lernfelder und -ebenen im Sinne einer »Pädagogik der Vielfalt« anzueignen,
- wiederholende Lernstrategien als gewinnbringend zu werten,
- in der Ich-Du-Wir-Beziehung Glückserfahrungen zu ermöglichen sowie
- die Fachlichkeit der Wissenschaft in den Dienst der Menschen zu stellen.

Professor Heimlichs Expertentum als Wissenschaftler für Sonderpädagogik forderte immer wieder mit folgenden Fragestellungen heraus: »Wer sind wir? Was macht uns aus? Wie erlebt man uns? Wo wollen wir hin? Was sind unsere Kernanliegen?«

Dadurch hat er das Profil der Person bzw. der Persönlichkeit der Sonderpädagogin bzw. des Sonderpädagogen nachhaltig geprägt, wird doch die Fachlichkeit von sonderpädagogischen Lehrkräften in der Praxis in vielfältiger Weise herausgefordert: Sie erziehen, unterrichten, diagnostizieren, beraten, fördern und kommunizieren gleichzeitig mit verschiedenen Partnerinnen und Partnern und haben dabei stets den bestmöglichen Bildungsweg für das einzelne Kind und den Jugendlichen im Blick. Sonderpädagoginnen und Sonderpädagogen sind gleichsam Botschafterinnen und Botschafter der Inklusion. Sie sind mit ihrer Fachlichkeit innerhalb der sonderpädagogischen Förderschwerpunkte an den Förderzentren verankert, dabei aber auch außerhalb der Förderzentren, in der Unterstützung für inklusiv beschulte Schülerinnen und Schüler aktiv. Dieses breite Spektrum erfordert eine hohe fachliche Kompetenz und eine gefestigte professionelle Identität, die immer wieder auf neue, sich wandelnde Entwicklungen abgestimmt und aktualisiert werden muss. Zentraler Bezugspunkt ist dabei stets die Frage nach dem Kern eines speziell sonderpädagogischen Denkens und Handelns ebenso, wie das Bemühen um eine sonderpädagogische Haltung, basierend auf der sensiblen, empathischen Wahrnehmung von Kindern und Jugendlichen mit Behinderung in deren gesamtem Lebens- und Lernumfeld: zuhause, in der Kindertagesstätte und in der Schule. Fachliche und gesellschaftliche Entwicklungen begleiten diesen Prozess.

Lieben

Ein Kernanliegen von Professor Heimlich ist, dass jedes sonderpädagogische Handeln von einer absoluten Hinwendung zum »Du« geprägt sein möge. Sowohl bei seinen Begegnungen mit Kindern in Kindertagesstätten sowie mit Schülerinnen und Schülern in Schulen als auch in seinen Funktionen innerhalb der LMU, in seinem politischen Engagement bei Verbänden, auf KMK-Ebene, in den Ministerien, im Bayerischen Landtag oder in Funk und Fernsehen, zu jeder Zeit trat er mit großer sonderpädagogischer Leidenschaft ein für den kategorischen Imperativ der Sonderpädagogik, den ich wie folgt zusammenfassen möchte: »Handle so, dass sich aus der Gestaltung jedes einzelnen Moments in Erziehung und Unterricht, die Grundlage einer allgemeinen Haltung ergibt!«

Herrn Professor Heimlichs sonderpädagogisches Herz ist beseelt von der Überzeugung unendlicher Entwicklungsmöglichkeiten jedes einzelnen Kindes und Jugendlichen und geprägt von der Hinwendung zu den Menschen, mit denen er sich im Dialog zu Erziehung und Unterricht befindet.

Mögen die zahlreichen Fachbeiträge der sich mit Herrn Professor Heimlich stets im Austausch befindlichen Autorinnen und Autoren – gemäß einem seiner zentralen Arbeitsschwerpunkte – das Thema Inklusion immer wieder so zum Blühen bringen, dass es dem Ziel einer solidarischen und sich der Bedeutung der Menschenwürde verpflichteten, demokratischen Gesellschaft stets Aufgabe und Ansporn bleibt. Dies ist der erklärte Wunsch von uns allen, die wir Herrn Professor Ulrich Heimlich auf so manchen Stationen seines unerschöpflichen Wirkens begleiten durften.

Abschließend möchte ich mich bei Herrn Professor Dr. Ulrich Heimlich, in seiner Rolle als hervorragenden Impulsgeber, besonders im Bereich der Inklusion, von Herzen für all die Jahre der intensiven und bereichernden Zusammenarbeit mit dem Bayerischen Staatsministerium für Unterricht und Kultus, Wissenschaft und Kunst bedanken.

München, im November 2020

Erich Weigl, Sonderpädagoge und Ministerialrat a. D.
am Bayerischen Staatsministerium für Unterricht und Kultus,
Wissenschaft und Kunst

Inhaltsverzeichnis

Einleitung

Kathrin Wilfert & Tatjana Eckerlein

Der Rückblick auf mehr als zehn Jahre Erfahrung mit Inklusion im deutschen Bildungssystem zeigt deutlich, dass Inklusion – und damit auch die Qualifizierung zur Inklusion – eine ständige Herausforderung ist. In der zweiten Dekade nach Inkrafttreten der UN-Behindertenrechtskonvention (UN-BRK) besteht wohl Einigkeit darüber, »dass schulische Inklusion nicht einfach verfügbar ist« (Speck 2019, S. 135). Die »Verfügbarmachung von Welt (Rosa 2018, S. 25)«, so wie sie der Soziologe Hartmut Rosa beschreibt, funktioniert allerdings nicht ohne »soziale Resonanz«. Zwischenmenschliche Beziehungen als Resonanzerfahrungen, die gegenseitiges Zuhören und wechselseitige Anteilnahme erfordern, machen die Inklusion erst zu einem mit-menschlichen Prozess, der nicht einfach verfügbar ist, sondern eine stetige Aufgabe darstellt (vgl. Speck 2019, S. 107). Diese kann nur bewältigt werden, wenn von politischer Seite passende Bedingungen geschaffen werden und ihr von gesellschaftlicher Seite ein gewisser Grad sozialer Bereitschaft entgegengebracht wird.

In diesem Band steht die Frage im Mittelpunkt, wie pädagogische Fachkräfte in Kindertageseinrichtungen, Schulen und auf anderen Ebenen eines inklusiven Bildungssystems für ihre professionelle Tätigkeit in unterschiedlichen inklusiven Settings qualifiziert werden können. Lösungen dieses Problems stehen, wie so häufig im Bildungsbereich, im Spannungsbereich zwischen begrenzt vorhandenen Ressourcen auf der einen Seite und, angesichts der Herausforderungen von Heterogenität, Diversität und Inklusion, gestiegenen Anforderungen an die Professionalität auf der anderen Seite.

Im Bewusstsein der Bedeutung von Inklusion und Qualifikation sollen in diesem Band Antworten auf die eben genannten Herausforderungen gegeben werden. Dabei wird die Thematik aus verschiedenen Blickwinkeln beleuchtet: Konkrete Bemühungen der Qualifizierung lassen sich zunächst im Bereich der Ausbildung von frühpädagogischen Fachkräften in Kindertageseinrichtungen aufzeigen. Darüber hinaus haben aber auch in spezifischen sonderpädagogischen Feldern, wie Förderdiagnostik und -planung sowie die Beratung, die ihre Konzepte an die neuen Anforderungen eines inklusives Bildungssystems angepasst haben. Schließlich wird die Debatte um Inklusion und Qualifikation auch von universitärer Seite durch vielfältige Antworten und unterschiedliche Ansätze geprägt.

Dieser Trias – bestehend aus erstens der Inklusion und Qualifikation in Kindertageseinrichtungen und Schulen, zweitens der Förderdiagnostik, -planung und Beratung sowie drittens der Inklusion und Qualifikation an Hochschulen zieht sich als roter Faden durch den vorliegenden Band, der zum Ziel hat, ganz im Sinne Rosas bei seiner Leserin bzw. seinem Leser auf Resonanz zu stoßen und letztendlich das Vorhaben einer Qualifizierung zur Inklusion zu fördern und schließlich zum Erfolg zu führen.

Im ersten Teil – **Inklusion und Qualifikation in Kindertageseinrichtungen und Schulen** – diskutiert *Anke König* die *Qualifikation für inklusive Kindertageseinrichtungen*. Ihr Beitrag stellt, ausgehend von einem Inklusionsverständnis einer Frühpädagogik der Vielfalt, die Qualifikation und das Ausbildungssystem vor und legt anhand von Gruppeninterviews Dissonanzen bei der Umsetzung inklusiver Bildung und Erziehung in der Praxis offen. Außerdem diskutiert die Autorin Studienergebnisse kritisch und benennt abschließend Implikationen für Ausbildung und Qualifizierung.

Clemens Hillenbrand möchte in seinem Beitrag *Qualifikation für inklusive Schulen*, unter Berücksichtigung der früheren Expertise, aktuelle Projekte und Forschungen zur Qualifikation für inklusive Schulen aufzeigen.

Tatjana Eckerlein & Stephanie Lutz nehmen schließlich die sonderpädagogische Praxis in den Blick. Die Autorinnen behaupten in ihrem Beitrag, dass inklusiver Unterricht auch in einer leistungsorientierten Gesellschaft möglich und darüber hinaus sogar nötig ist, da durch ihn der Zusammenhalt auf vielen Ebenen angebahnt wird. Wie dieser im Konkreten auszusehen kann, wird auf verschiedenen Ebenen und schließlich auch anhand eines exemplarischen Unterrichtsvorhabens aufgezeigt.

Der zweite Teil – **Inklusion und Qualifikation für Förderdiagnostik, -planung und Beratung** befasst sich mit spezifischen sonderpädagogischen Feldern, an die neue Anforderungen in einem inklusiven Bildungssystem gestellt werden. *Franz B. Wember* diskutiert in seinem Beitrag *Qualifizierung für Förderdiagnostik* einige grundsätzliche, insbesondere methodische Probleme der Förderdiagnostik, wobei er seinen Fokus auf die Lernvoraussetzungen und den Lernfortschritt der Schülerinnen und Schüler setzt. Dazu bedient er sich empirischer Befunde zur Diagnostik durch Lehrkräfte in der Schulpraxis und stellt praxisrelevante Möglichkeiten von Förderdiagnostik sowie deren Vermittlung vor.

Conny Melzer nimmt in ihrem Beitrag *Qualifikation für Förderplanung* die Förderplanung ins Visier und betrachtet die Gestaltung von Fortbildungen zur Förderplanung. Dabei nimmt die Autorin Bezug auf mögliche Inhalte, die methodische Gestaltung sowie Fragen zur Fortbildungsplanung in den Schulen.

Den zweiten Teil abschließend befassen sich *Kathrin Wilfert* & *Conny Melzer* mit *Qualifikation für Beratung in der schulischen Inklusion*. Sie stellen in ihrem Beitrag die zentrale Stellung von Beratung im Rahmen inklusiver Bildung näher dar und beschreiben inhaltliche sowie methodische Aspekte der Aus-, Fort- und Weiterbildung hinsichtlich beraterischer Kompetenzen. Damit rücken die Autorinnen Beratung, noch mehr als bisher, neben Unterrichten und Diagnostizieren zu den zentralen professionellen Kompetenzen in einem Bildungssystem, das verstärkt auf gelingende Kooperationsprozesse aller Beteiligten zu achten hat.

Im dritten Teil – **Inklusion und Qualifikation an der Hochschule** werden Möglichkeiten skizziert, wie diese Entwicklungsprozesse in der Praxis inklusiver pädagogischer Angebote von Hochschulseite begleitet und evaluiert werden können.

David Scherr & Markus Gebhardt befassen sich mit dem Teil der Inklusionsforschung, die aus Sicht der empirischen Bildungsforschung beschrieben wird. Sie betonen die Bedeutung von *Open Science* und freien Lizenzen für die Inklusionsforschung, um Instrumente, Materialien und Produkte weiterentwickeln zu können. Die Konsequenzen sehen die Autoren darin, die Vermittlung von Forschungsmethoden für das Lehramt Sonderpädagogik mehr in den Fokus zu stellen, und sie zeigen Möglichkeiten auf, wie die Qualifizierung für Inklusionsforschung in der Ausbildung von angehenden Sonderpädagoginnen und Sonderpädagogen verankert werden. Damit gewichten sie die Rolle der Lehrkraft neu.

Rainer Benkmann geht in seinem Beitrag *Qualifikation für inklusive Lehrerinnen- und Lehrerbildung – Wissen zu Bildungsarmut und Schülerinnen- und Schülerhabitus* davon aus, dass angehende sonderpädagogische Lehrkräfte sich mit den Aspekten Bildungsarmut und Schülerinnen- und Schülerhabitus aufgrund ihrer Zielgruppe vertieft auseinandersetzen sollten. Deshalb geht er der Frage nach, welches Grundlagenwissen von Hochschulseite aus als Qualifikation vermittelt werden sollte, um zukünftige Lehrkräfte auf die Herausforderungen einer inklusiven Schule mit Schülerinnen und Schülern aus unterprivilegierten Milieus, die häufig Unterstützungsbedarf im Schwerpunkt LERNEN haben, vorzubereiten.

Anschließend befasst sich *Iris Beck* mit der *Qualifikation für inklusive Regionen* und stellt sich die Frage, wie sich die tatsächliche Inklusion auf der meso- und mikrostrukturellen Ebene zwischen Personen, Organisationen und Institutionen gestaltet, womit die Autorin die systemische Perspektive von Inklusion als ein Charakteristikum herausstellt. Beck appelliert, dass ein Leben vor Ort nicht ohne sozialräumliche Bedarfsplanung und -sicherung und ohne Kooperation und Vernetzung funktionieren kann. Damit wird Inklusion ein weites, gesamtgesellschaftliches Thema, bei dem die Ansprüche ganz unterschiedlicher Gruppen miteinander verhandelt werden müssen und eine Neuordnung sowohl sozialer als auch politischer und professioneller Zusammenhänge angestrebt werden muss.

Jürgen Schuhmacher zeigt in seinem Beitrag *Qualifikation von Lehrerinnen und Lehrern für die Digitalisierung im inklusiven Unterricht* das hohe inklusive Potenzial digitaler Bildung auf. Ausgehend von der Beschreibung zahlreicher Aspekte von inklusivem Unterricht, stellt er die medienpädagogische Ausgangslage vor. Außerdem richtet der Autor seinen Fokus auf die Zielsetzung der Medienkompetenz bei Schülerinnen und Schülern sowie bei Lehrkräften. Möglichkeiten des Lehrens und Lernens im digitalen Zeitalter veranschaulicht Schuhmacher an einem Projekt im inklusiven Geschichtsunterricht. Abschließend werden die benötigten Qualifikationen von Lehrkräften vorgestellt.

Praktisch verdeutlicht wird der Zusammenhang von Inklusion und Qualifikation auf der Ebene konkreter Forschungs- und Entwicklungsprojekte. *Mario Riesch* und *Julia Eiperle, Ulrike Sendelbach, Michael Wittko* und *Susanne Bjarsch* geben in ihren Kurzporträts der Forschungsprojekte des Lehrstuhls für Lernbehindertenpädagogik an der Ludwig-Maximilians-Universität auf ganz unterschiedliche Weise Einblick in ihre Arbeit.

Als Herausgeberinnen danken wir an dieser Stelle den Autorinnen und Autoren, die keine Zeit und Mühe gescheut haben, sich an dieser Festschrift zu beteiligen.

Wir danken auch dem Kohlhammer Verlag sowie seinen Mitarbeiterinnen und Mitarbeitern für ihre Unterstützung bei dieser Festschrift. Stellvertretend möchten wir Klaus-Peter Burkardt nennen. Mit ihm verbindet Ulrich Heimlich eine lange berufliche Zusammenarbeit. Daher freuen wir uns besonders, dass er zu seiner Emeritierung mit diesem Band vom Kohlhammer Verlag bedacht wurde.

I Inklusion und Qualifikation in Kindertageseinrichtungen und Schulen

1 Qualifikation für inklusive Kindertageseinrichtungen – Umgang mit Ambiguitäten in einer pluralen Welt

Anke König

Einführung

Das Thema Inklusion in der Frühpädagogik rückt soziale Eingebundenheit und Partizipation junger Kinder ins Zentrum wissenschaftlicher und praxisbezogener Auseinandersetzung, um angemessene Bildungskonzeptionen zu entwickeln (vgl. Prengel 2014). Der Kerngedanke ist nicht neu, er ist verbunden mit der Idee einer Bildung für alle.

Erste Ansätze dazu finden sich bereits im 18. Jahrhundert bei den Philanthropen. Diese zeichnen sich nicht nur durch pädagogischen Optimismus und Menschenliebe aus, sondern sehen in Bildung und Erziehung die Ermöglichung, »ein auf praktische Lebensbewältigung ausgerichtetes, gemeinnütziges und gleichwohl individuell glückliches Leben« (Schmitt 2010, S. 120) zu führen. Eine kosmopolitische, überkonfessionelle und tolerante Erziehung war das Ziel. Bereits die Konzepte der Philanthropen sind auf den ganzen Menschen vom »pränatalen Fötus und Säugling« bis zur »Kindheit und Jugend« bezogen (vgl. ebd.).

Auch in der zweiten Hälfte des 20. Jahrhunderts wird im Anschluss an die erste Bildungsreform über soziale Ungleichheit debattiert, und es kommt zur Ausdifferenzierung von integrativen und interkulturellen Programmen im Elementarbereich. Erste Bewegungen zu einer gemeinsamen Erziehung von behinderten und nichtbehinderten Kindern gehen auf den Kinderarzt Theodor Hellbrügge Ende der 1960er Jahre zurück. Für die Umsetzung seines Projekts *Aktion Sonnenschein* beruft er sich auf Montessori. Die Idee der gemeinsamen Bildung und Erziehung von Kindern mit und ohne Behinderung von Anfang an beruht in dieser Zeit insbesondere auf dem sogenannten Sozialisationsansatz (vgl. Hössl 1999; Speck 1991) und der Annahme, dass aus gesellschaftlichen Zuschreibungen resultierende Vorurteile und Einstellungen den Lebensbereich des Vorschulkindes zum größten Teil noch nicht tangieren. Entsprechend wurde vorausgesetzt, dass Kinder über eine größere Unbefangenheit verfügen, mit der sie ihre eigenen Erfahrungen machen. Auch wenn solche Gedanken in der Vorschulreform der 1970er Jahre noch nahezu ausgeblendet blieben, wurden sie doch durch die Empfehlungen des Deutschen Bundesrats von 1973 unterstützt (vgl. Dichans 1990). Die Entwicklungen im Elementarbereich gingen in der Folge weit über den Modellcharakter einzelner Projekteinrichtungen hinaus, etablierten sich flächendeckend und führten Mitte der 1980er Jahren zu einem Ausbau sogenannter *integrativer Einrichtungen*. Seit den 2000er Jahren nimmt die internationale Bildungspolitik (UNESCO 1997) auf Grundlage der Erklärung von Jomtien über

Education for All (Inter-Agency Commission 1990) verstärkt Einfluss auf den Elementarbereich und verleiht einer inklusiven Bildung Dringlichkeit, auch durch das Inkrafttreten der UN-Behindertenrechtskonvention (UN-BRK 2006) im Jahr 2009.

> »Inklusion wird gegenwärtig zunehmend verwendet, um sich von Verfallsformen integrativer Praxis, die mit internen Separationen innerhalb von Regeleinrichtungen einhergehen, zu distanzieren und um – über die Differenzlinie behindert/nichtbehindert hinausgehend – die Einbeziehung von pluralen Dimensionen der Heterogenität zu betonen« (Prengel 2014, S. 17).

Die Anzahl von Kindern mit Eingliederungshilfe, d. h. einer (drohenden) Behinderung in Angeboten der Kindertagesbetreuung, ist seither kontinuierlich gestiegen. 2019 besuchte fast die Hälfte der Kinder Angebote, in denen der Anteil der Kinder mit Eingliederungshilfe unter 20 % lag. Inklusive Ansätze im Elementarbereich stützen sich auf eine *Diversity Education* und verfolgen ein breites Inklusionsverständnis, das nicht nur Kinder mit Behinderung, sondern sämtliche Heterogenitätsdimensionen der Gesellschaft berücksichtigt, wie u. a. Migration, Sprache, Kultur, Armut oder Geschlecht (vgl. Heimlich 2013a). Inklusive Ansätze stehen daher auch in Bezug zur sogenannten interkulturellen Erziehung, die die Arbeit in Kindertageseinrichtungen seit den 1970er Jahren beeinflusst (vgl. Zimmer 2013). Dennoch bleibt zu konstatieren, dass Kinder mit Behinderungen und Kinder mit Migrationshintergrund Kindertageseinrichtungen in der Regel seltener und später besuchen (vgl. Autorengruppe Bildungsberichterstattung 2018). Diese Differenz ist auch darauf zurückzuführen, dass Kindertageseinrichtungen nicht universell aufgebaut sind, sondern sich am Bedarf der Eltern orientieren. Darüber hinaus finanzieren sich die Einrichtungen u. a. über Elternbeiträge.

Die Anerkennung des Elementarbereichs als Bildungsort ist in Deutschland nur halbherzig umgesetzt (vgl. König 2020b), das kommt u. a. auch im Neunten Sozialgesetzbuch (Rehabilitation und Teilhabe von Menschen mit Behinderungen) zum Ausdruck. Hier werden im § 75 die Leistungen zur Teilhabe an Bildung an die Schulpflicht gekoppelt. Dennoch kann davon ausgegangen werden, dass der Elementarbereich international in ein inklusives Bildungssystem eingeschlossen wird (vgl. Heimlich 2013a). Die Einrichtungen sind im Vergleich zur Schule kleinräumige Organisationseinheiten. Die sozioökonomischen Verhältnisse des sozialen Umfelds spiegeln sich in der Kindertageseinrichtung unmittelbar (vgl. König 2020b), die Heterogenität der Lebensverhältnisse hingegen nur eingeschränkt (vgl. Weiß 2020). Nicht nur für junge Kinder in Armutslagen fehlt es in der öffentlichen Erziehung und Bildung (vgl. ebd.) größtenteils an Sensibilität, auch stehen Ablehnungen und Verletzungen prinzipiell noch zu selten im Fokus frühpädagogischer Auseinandersetzungen.

Der Beitrag umreißt zunächst das Inklusionsverständnis einer Frühpädagogik der Vielfalt (vgl. König & Heimlich 2020). Daran anschließend wird auf die Qualifikation und das Ausbildungssystem eingegangen. Schließlich werden anhand von Gruppeninterviews Dissonanzen bei der Umsetzung inklusiver Bildung und Erziehung in der Praxis offengelegt. Die Entwicklungslinien und die Studienergebnisse werden kritisch diskutiert. Das Fazit hebt die Implikationen für Ausbildung und Qualifizierung hervor.

1.1 Eine Frühpädagogik der Vielfalt

Pädagogik der Vielfalt zeichnet sich dadurch aus, dass sie niemanden ausschließt (vgl. Prengel 2020). Das verbindet sie mit der Inklusiven Pädagogik bzw. international auch *Diversity* oder *Inclusive Education*. Diese Ausgangsbedingungen schließt auch die Frühpädagogik ein (vgl. Prengel 2019). Gemeinsam ist ihnen die Forderung: Bildung für alle vor dem Hintergrund der Menschenrechte. Die Anerkennungstheorie von Honneth ist dafür ein substantielles Element (vgl. ebd.). Sie steht in Bezug zum Konstrukt der *egalitären Differenz*. Danach werden Gleichheit und Differenz als sich wechselseitig bedingende Kategorien verstanden. Prengel schreibt dazu:

> »Keine der beiden Dimensionen ist in diesem Zusammenhang verzichtbar, denn Gleichheit ohne Differenz würde undemokratische Gleichschaltung und Differenz ohne Gleichheit undemokratische Hierarchie hervorbringen« (Prengel 2001, S. 93).

Eine Frühpädagogik der Vielfalt hebt darauf ab, dass Teilhabe und Partizipation sich an den Aneignungsprozessen der jungen Kinder orientieren muss. Frühpädagogik agiert nicht jenseits von gesellschaftlichen Strukturen, auch hier spiegeln sich Ambivalenzen und Widersprüche einer pluralen Gesellschaft (vgl. Prengel 2014). Durch die Orientierung an inklusiven Theorien kann es gelingen, diese Ambiguitäten bewusst aufzugreifen, zu durchdringen und einzuordnen. Von Pauschalisierungen ist abzusehen, denn Heterogenität ist nicht generell eine Chance. Erfahrungen mit Leiden, Krankheit, Unterlegenheit, Beeinträchtigung darf nicht ignoriert werden (vgl. ebd.). Vorstellungen, Erzählungen, Werte und Haltungen, die die Fachkräfte teilen, sind ein wesentliches Fundament, um Bildungsteilhabe und Partizipation umzusetzen (vgl. Prengel 2016).

Mit der Expertise »Bildungsteilhabe und Partizipation in Kindertageseinrichtungen« leistet Prengel einen wichtigen Beitrag, um an die frühen Kommunikationsformen der Kinder anzuknüpfen. Hier wird herausgestellt, dass Sorge ein integrales Element von Generationenbeziehungen ist (vgl. Baader, Eßer & Schröer 2014). Die Einflüsse der Entwicklungspsychologie und der evolutionären Anthropologie stärken dieses Verständnis. Darüber hinaus wird deutlich, dass Kinder sich der Welt von Anfang an ordnend und verstehend nähern. Auch in der frühen Kindheit gilt daher, dass Entwicklung nicht einem genuinen Bauplan folgt, sondern dass sich Kinder hoch sensitiv ihrer sozialen Umwelt zuwenden. Das Verlangen nach Mitwirkung und Kooperation zeigt sich von Anfang an. Sowohl einseitige auf Fürsorge und Schutz ausgerichtete Bedingungen in den Einrichtungen als auch romantische Erziehungsvorstellungen – die in Kindern die kompetenten Akteurinnen und Akteure sehen, welche sich von selbst bilden (vgl. Baader 2004) – vernachlässigen die Bedeutung von Bildungsteilhabe und Partizipation. Denn erst diese führen dazu, dass Kinder nicht mehr nur an eine bestimmte soziale Gruppe (Familie u. a.) gebunden sind, sondern die Grenzen der sozialen Herkunft überschreiten können (vgl. Oelkers 2009). Dewey hat bereits am Anfang des 20. Jahrhunderts danach gefragt, welche Bedingungen die Erziehung in einer pluralen Gesellschaft erfüllen muss (vgl. ebd.). Wesentlich dafür schien ihm in einer demokratischen Gesellschaft die Offenheit für den sozialen Wandel. Nicht festgelegte Konzeptionen, sondern Erfahrungen und Impulse, die über Bestehendes hinausgehen, sieht er als wesentliche Triebfedern für Entwicklung. Bildung und Demokratie hängen für ihn daher zusammen. In Bildungsinstitutionen muss die Grundidee der Demokratie erfahrbar sein. Sie ist für ihn in erster Linie eine Lebensform, die auf Beziehung und Interaktion basiert, um unterschiedliche Interessen, aber auch gemeinsame Ziele auszuhandeln (vgl. ebd.). Als genuiner Ort dafür gilt das Spiel mit den Peers (vgl. Heimlich 2015, 2017). Die Offenheit für die frühen Kommunikationsangebote der jungen Kinder sind grundlegende Erfahrungsräume für Resonanz und Einflussnahme auf die soziale Welt und damit für Bildungsteilhabe und Partizipation (vgl. König 2020b). Diese Handlungsmöglichkeiten junger Kinder vor dem Hintergrund einer Pädagogik der Vielfalt zu reflektieren, ist Voraussetzung für die Umsetzung von inklusiven Bildungsangeboten in Kindertageseinrichtungen.

1.2 Qualifizierung für Inklusion

Die Qualifikation des pädagogischen Personals hat eine Schlüsselfunktion, um eine sensible und responsive Bildung und Erziehung umzusetzen, denn Bildung ist gekoppelt an die Bedingtheit der sozialen Beziehungen. Den Interaktionen mit Fachkräften und Peers in den Einrichtungen kommt daher eine große Bedeutung zu. Diese Erkenntnis wird heute durch die Gewissheiten der empirischen Bildungsforschung unterstützt (vgl. Anders 2019; Honneth 2012; Siraj et al. 2016) und löst Bildungsansätze ab, die in der Frühpädagogik lange Zeit auf eine organische Entwicklung gesetzt haben – wie u. a. auch die Bildungsphilosophie von Fröbel (vgl. Oelkers 2009), aber auch die Sozialisationsvorstellung der 1970er Jahre (s. o.).

Die Kernberufsgruppe in Kindertageseinrichtungen, die diese Ansprüche erfüllen sollen, sind staatlich anerkannte Erzieherinnen und Erzieher. Sieben von zehn pädagogischen Fachkräften können heute eine solche Ausbildung vorweisen (vgl. Autorengruppe Fachkräftebarometer 2019). Nur sechs Prozent der pädagogischen Fachkräfte in Kindertageseinrichtungen verfügen über einen akademischen Abschluss (vgl. ebd.). Trotz der starken Expansion in den letzten Jahren weist das Qualifikationsgefüge in den Einrichtungen eine hohe Stabilität auf. Nur ca. zwei Prozent des Personals sind in der Kindertageseinrichtung ohne Ausbildung (vgl. ebd.) als zusätzliche Kräfte tätig.

Im Folgenden wird auf die Ausbildung zum Erzieher bzw. zur Erzieherin näher eingegangen, da diese Berufsgruppe noch immer als Grundqualifikationsprofil in den Kindertageseinrichtungen anzusehen ist. Die Ausbildung wird an staatlichen Fachschulen für Sozialpädagogik vollzeitschulisch erworben. Sie unterliegt nicht dem Berufsbildungsgesetz (BBiG) und der Handwerksordnung (HwO), sondern untersteht der Länderhoheit und orientiert sich an Beschlüssen der Kultusministerkonferenz (KMK). Die Erzieher-bzw. Erzieherinnenausbildung ist eine generalistische Ausbildung, die auf der Fachschulebene verortet, eigentlich eine Weiterbildung, vergleichbar mit dem Meister oder Techniker in der technischen Berufsbildung. Sie qualifiziert für sozialpädagogische Arbeitsfelder: Kindertageseinrichtungen, Kinder- und Jugendarbeit, Hilfen zur Erziehung und für sozialpädagogische Tätigkeiten in der Schule. Darüber hinaus legt sie für die pädagogische Arbeit mit Menschen mit besonderen Bedürfnissen den Grundstein. Leitend ist für die Ausrichtung der Ausbildung zum einen der allgemeine Beschluss der KMK vom 07.11.2002 i. d. F. vom 10.09.2020 zu den Fachschulen (soziale, pflegerische, technische und betriebswirtschaftliche Berufe); hier findet sich unter dem Schlagwort *Inklusion* aber kein Eintrag (siehe auch Heimlich 2013b). Dieser Befund ist erstaunlich und zeigt zugleich den Sonderstatus, den die Fachschulen gegenüber den allgemeinbildenden Schulen genießen (vgl. KMK 2011). Zum anderen orientieren sich die Länder inhaltlich an dem *Kompetenzorientierten Qualifikationsprofil für die Ausbildung von Erzieherinnen und Erziehern an Fachschulen und Fachakademien* (Beschluss der KMK vom 01.12.2011 in der jeweils gültigen Fassung) (vgl. KMK 2020). Inklusion wird mit dem Qualifikationsprofil als Querschnittsaufgabe unabhängig von der Beschreibung von Handlungsfähigkeiten in den unterschiedlichen Arbeitsfeldern ausgewiesen. Wie Heimlich bereits 2013 konstatiert, »wird eine detaillierte Kompetenzbeschreibung für diesen Bereich [noch] offengelassen« (Heimlich 2013b, S. 16). Eine Studie von Haude & Volk (2015) zur Analyse der Ausbildungsstrukturen frühpädagogischer Fachkräfte aus der Perspektive von *Diversity Education* legt anhand von Dokumenten- und Interviewanalysen offen, dass in den Ausbildungen eine Pfadabhängigkeit zur *gesunden Normalentwicklung* besteht (vgl. Haude & Volk 2015). Die Autorinnen lösen aus den Lehrplänen eine Differenzierung von *normal* vs. *besonders* heraus. Dabei heben sie auch hervor, dass »das zu erlernende (früh-)pädagogische Handeln in der Aneignung von Kompetenzen für die Beobachtung, für die Entwicklungs- und Unterstützungsdiagnostik und im Erlangen von Wissen über Fördermethoden sowie Präventionsarbeit und deren Anwendung« (ebd., S. 75) besteht. Inklusion gilt es zu fördern, zu unterstützen und als Querschnittsaufgabe zu bearbeiten. Inklusive Bildung und Erziehung ist aber keine Querschnittsaufgabe, sondern kann nur als Kern der Pädagogik Bedeutung erwirken (vgl. Heimlich 2013b).

Seit der Einführung der UN-BRK hat das Bundesministerium für Bildung und Forschung (BMBF) mehrere Förderlinien ausgeschrieben, um die Aus- und Weiterbildung im Bereich Inklusion zu stärken. Im Schulbereich zählen dazu die umfangreichen Förderungen im Rahmen der *Qualitätsoffensiven Lehrerbildung* (QLB). Im Elementarbereich hat insbesondere das bundesweite Projekt *Weiterbildungsinitiative frühpädagogischer Fachkräfte* (WiFF) Akzente im Bereich der Aus- und Weiterbildung gesetzt. Das Projekt zeichnet sich durch empirische Forschungszugänge aus, agiert aber auch als Plattform (abrufbar unter: https://www.weiterbildungsinitiative.de/). Diese hat in den mehr als zehn Jahren ihres Bestehens ein bemerkenswertes Netzwerk im System der Kindertagesbetreuung aufgebaut (vgl. König 2020a). Die Plattform initiiert unterschiedliche Experten- und Expertinnengruppen für das Handlungsfeld Frühpädagogik, in denen Erkenntnisse und Entwicklungen aus unterschiedlichen Ebenen (Fachpraxis, Ausbildung,

Wissenschaft, Administration und Fachpolitik) zu speziellen Themengebieten geteilt und diskutiert werden. In sogenannten *Wegweisern* für die Weiterbildung wird der Wissenstand aus Expertisen (u. a. Heimlich 2013a) und Experten- bzw. Expertinnengruppen zusammengetragen und kompetenzorientiert für die berufliche Weiterbildung aufbereitet. Der Zugriff auf die Materialien ist barrierefrei (kostenfrei) und hat so zu einer enormen Dissemination der Publikationen und Diskussionen beigetragen. Zum Schwerpunktbereich Inklusion wurden Wegweiser zu den Heterogenitätsdimensionen Behinderung, Kultur, Sprache, Armut sowie Teilhabe und Partizipation vorgelegt, insbesondere durch WiFF und das Deutsche Jugendinstitut (DJI) (abrufbar unter: https://www.dji.de/index.php?id=1226).

Dass in der Frühpädagogik ein anderer Weg gewählt wurde als z. B. in der Schule – wo die QLB neue Impulse in der Hochschullandschaft gesetzt hat, könnte auch an der Systemdifferenz von Elementarbereich und Schule liegen. Bis heute gibt es eine Kluft zwischen Forschung und Wissenschaft und der Ausbildung frühpädagogischer Fachkräfte. Die Einheit von Forschung und Lehre ist mit dem System der Fachschulen nicht gegeben und der Wissenstransfer aus Forschung und Wissenschaft gilt derzeit als größte Herausforderung in diesem Sektor. Denn hinsichtlich der enormen Veränderungsprozesse, mit denen dieser Bereich im Zuge des sozialen Wandels konfrontiert ist, fehlt es nach wie vor an Orientierungswissen in der Praxis. Dissemination wurde hier an die Weiterbildungsbereitschaft geknüpft, die als Kern des Selbstverständnisses frühpädagogischer Fachkräfte beschrieben wird (vgl. König & Buschle 2017). Der Weiterbildungsmarkt gilt zwar als relativ unübersichtlich, anhand der Analyse von 4000 Weiterbildungsangeboten zeigt sich aber, dass Inklusion durchaus auf Resonanz in der Praxis der frühen Bildung stößt und zu den ersten zehn Topthemen der Weiterbildung zählt (Rangliste: Platz 9) (vgl. ebd.). Die Auseinandersetzung mit Inklusion hat insbesondere zu einer konzeptionellen Bearbeitung geführt (vgl. Cloos & Becker-Stoll 2015) und damit auch Anschluss geschaffen an die erziehungswissenschaftliche Theoriebildung. Gemessen daran hinkt die empirische Beforschung des Ausbildungsbereichs und der Umsetzung von Inklusion in der Praxis hinterher (vgl. ebd.).

1.3 Empirische Einblicke

Anknüpfend an die Aussage, dass Vorstellungen, Erzählungen, Werte und Haltungen, die die Fachkräfte teilen, ein wesentliches Fundament darstellen, um Bildungsteilhabe und Partizipation umzusetzen (vgl. Prengel 2016), werden hier Einblicke in zwei Gruppendiskussionen gegeben. Diese wurde im Rahmen der WiFF-Teilhabestudie ergänzend zu einer Beobachtungsstudie durchgeführt (vgl. Beutin, Flämig & König 2018). Die Interviews fanden in zwei deutschen Großstädten statt. Das Korpus umfasst knapp 35.000 Wörter und überstreckt sich bei beiden Interviews auf über 90 Minuten. An den Diskussionen waren vier bis sieben pädagogische Fachkräfte aus mehreren Einrichtungen beteiligt, die sich als inklusionsorientierte Einrichtungen verstehen.

Die Methode der Gruppeninterviews wurde gewählt, um kollektive Meinungen zu erfassen (vgl. Hussy, Schreier & Echterhoff 2013). In den hier analysierten Interviews wurde der Fokus auf Inklusion gelegt und damit Raum zu Diskussion und Erfahrungsaustausch gegeben. Auf diesen relativ offenen Einstieg folgte in beiden Diskussionen relativ rasch eine Annäherung an den Begriff, wie die folgenden Zitate aus der Studie zeigen:

> »Inklusion, also ich hab mich selten explizit so mit dem Begriff der Inklusion auseinandergesetzt, das ist für mich ein Begriff, bei dem es ganz viel, wie bei so vielen pädagogischen Begriffen, oder menschlichen Begriffen, wo es irgendwie um Haltung geht, und ähm, ja, und die Haltung heißt für mich so etwas wie, ich bin offen dafür, dass es ein Miteinander mit Menschen gibt […].« (Stadt A)

> »Ich würde da auf jeden Fall von Inklusion sprechen, weil meiner Meinung nach, also das ist kein Zustand, sondern ein Prozess und eine Offenheit und ein Denken, und das ist völlig da, also bei jedem, der da arbeitet, meine ich, ist dieses Denken da, zu sehen, was braucht das einzelne Kind und wie können wir als Gruppe zusammen irgendwie aneinanderwachsen, und deswegen ist das, ja, für mich ein tolles, inklusives Arbeiten.« (Stadt B)

Im Anschluss wurden die Interviews relativ frei geführt und durch die Interviewleitung nur leicht moderiert. Ausgewertet wurden die Interviews nach dem Verfahren der qualitativen Inhaltsanalyse (vgl. Schreier 2012). Das Kategoriensystem wurde iterativ am Datenmaterial, induktiv-deduktiv und unter Beachtung der *Intercoder-Reliabiltiät* entwickelt (für die Unterstützung der Auswertung danke ich Nadine Wessolly, die sich sorgsam in Kleinschritten über Monate hinweg mit den Interviewsequenzen auseinandergesetzt hat). Herausgearbeitet wurden *Dissonanzen* und der *Umgang mit Heterogenität*, die sich im Verlauf des Gesprächs durch die direkte Nennung von Beispielen deutlich vom übrigen Gesprächsverlauf abgehoben haben.

Dabei werden *Dissonanzen* erfahrbar, die sich im Zuge des gesellschaftlichen Wandels ergeben. Betont werden die erlebten Unterschiede zwischen den Kindern heute und der Erinnerung aus der Vergangenheit:

> »Wir haben die Schachgruppe, ja, da haben die immer Schach gespielt, da kommen immer zwei Männer zu mir in die Kita, die Schach spielen, das interessiert jetzt gar keinen mehr, weil die überhaupt gar nicht, ja, nicht das nötige Know-how mitbringen, die Kinder, um überhaupt zu diesem Spiel Zugang zu finden, das heißt, da geht es um ganz andere Prozesse, ich glaub das nimmt zu […].« (Stadt A)

In der Sequenz wird auch deutlich, dass die Unterschiede nicht nur als Wandel erlebt werden – »das nimmt zu« –, sondern sie weist auch darauf hin, dass eine besondere Differenzerfahrung wahrgenommen wird. Des Weiteren ist erkennbar, dass die Fachkräfte die Ordnungssysteme, an die die Kindertageseinrichtungen formal gebunden sind, kritisch hinterfragen. Obwohl hervorgehoben wird, dass »vom Menschlichen her« Barrieren abgebaut werden können, wird auf die dem entgegenstehende Systempraxis verwiesen. Das Stellen von Anträgen auf Integrationsplätze genüge den Ansprüchen auf Inklusion nicht. Dass Inklusion so nicht

›wirklich‹ gelebt werden kann, wird also auch auf die Rahmenbedingungen zurückgeführt.

> »[...] und solange die Politik so ist, dass wir Anträge brauchen für Integrationsplätze, ähm, kann dieser Inklusionsgedanke nur teilweise gelebt werden, also so vom Menschlichen her, ähm, können wir die Barrieren soweit es geht abbauen, ich glaub, da gibt es auch gute Wege dafür, aber es müssen wirklich auch die Rahmenbedingungen anders werden, um Inklusion wirklich zu leben.« (Stadt B)

Darüber hinaus diskutieren die Fachkräfte die unterschiedlichen Erwartungen, mit denen sie konfrontiert werden. Dabei drängt sich der Eindruck auf, dass im Gesprächsverlauf zunehmend Entscheidungen der Eltern, die von denen der Fachkräfte abweichen, diese beschäftigen. Das Dilemma, das hier für die Fachkräfte auftaucht, wird erkannt »Es ist Elternwille, und das ist auch gut so« – die Situation, wird aber dennoch als unbefriedigend erlebt:

> »Also wir haben auch //, ich meine, es ist Elternwille, und das ist auch gut so, man kann ja nur, ähm, Tipps geben, wo sehen wir das Kind, wo würden seine Stärken zum Vorschein kommen, wo könnte es sich erleben, so wie es ist, aber wenn die Eltern das nicht annehmen, dann können wir nichts tun, und das, so ist es zu 30 Prozent der Fälle, die dann nach einem halben Jahr kommen, oder so, man trifft sie irgendwo, ›ah, ja, das war nicht die richtige Entscheidung, hätten wir es doch so gemacht, wie Sie gesagt haben‹.« (Stadt A)

Verstärkt wird diese Betretenheit der Fachkräfte durch den Fokus auf ihre eigene Praxis im Umgang mit Heterogenität. Zum einen werden Routinen und Praktiken in den Einrichtungen genannt und Handlungsweisen hervorgehoben, die nicht als zielführend erlebt werden:

> »Wir machen trotzdem Morgenkreis mit allen Drei-, bis Sechsjährigen. Wenn wir das um halb neun machen, also einmal am Tag alle zusammentrommeln, dann wollen wir in dem Morgenkreis besprechen, wie wir uns so aufteilen, was es so für Möglichkeiten gibt, sich zu beteiligen, oder da können die Kinder einfach sagen, was sie sich vorgenommen haben für heute, mit wem sie spielen wollen, und so. Das ist ja partizipativer, wenn jeder sagen kann, was er will, und so weiter, aber das ist eigentlich Zwangspartizipation, weil wir sagen, jeder Dreijährige, ab drei, muss an diesem Morgenkreis teilnehmen, [...], aber wir sagen, ›eigentlich müsst ihr‹, das ist so ähnlich wie ›haha, wir haben eine demokratische Gesellschaft, und dann müsst ihr auch wählen gehen, sonst könnt ihr nicht mitbestimmen‹«. (Stadt A)

Dabei werden die eigenen Praxen des Kindergartenalltags zum Hemmnis und führen darüber hinaus zu der Infragestellung von Inklusion, d. h. einer Bildung für alle in einer demokratischen Gesellschaft im Allgemeinen. Zum anderen zeigen sich aber auch Ansätze adaptiven Handelns in Bezug auf die jeweilige Situation. Diese bekunden ein individuelles Ausloten und Handlungsfähigkeit auch in belastenden Situationen.

> »Also wir haben aber auch Kinder, wo man sagt, ›okay, jetzt mit vier Kindern, das reicht‹, und das Kind braucht //, und es kommt auch drauf an, wie es dem Kind geht, das kommt in den Kindergarten, ist tierisch angespannt, dann braucht es so eine Massage-Runde, eine Streichel //, wie so was zum Entspannen, zum Runterkommen, und das, muss man halt immer schauen, wie viele Kinder dazukommen können, oder nicht, oder wer das grade noch braucht, es sind ja nicht nur die Integrationskinder, die ganz viel brauchen, das sind halt meistens noch die anderen zehn Kinder, die noch in der Gruppe sind, ohne I-Status, die brauchen das auch [...].« (Stadt B)

Die Auseinandersetzungen in den Gruppendiskussionen kreisen um den Umgang mit Heterogenität und streifen damit den Kern der Theoriediskussion (► Abb. I.1). Dabei werden Dissonanzen und Ambivalenzen sichtbar, die die Fachkräfte ausgiebig zur Sprache bringen. Hervorgehoben werden der gesellschaftliche Wandel, die Strukturen, in die Kindertageseinrichtungen eingebettet sind, und die unterschiedlichen Erwartungen, die an die Einrichtungen herangetragen werden. Insbesondere die Entscheidungen und Einstellungen von Eltern, die die Fachkräfte nicht teilen, führen dabei zu Irritationen. Es wird bereits erkennbar, was aus der Innenperspektive in der Diskussion vertieft wird. Wie ist der Umgang mit Heterogenität in der Praxis zu gestalten? Hervorgehoben werden Praktiken und Routinen aus dem Alltag mit den Kindern. Der Erhalt von Handlungsfähigkeit, d. h. auch Offenheit für das Gegenüber, gilt als Kern für eine gute pädagogische Praxis und für die Umsetzung von Teilhabe und Partizipation, wie es auch die Fachkräfte zu Beginn des Interviews herausstellen. Die Analyse verdeutlicht, dass es nicht nur die eigene Haltung und Motivation ist, die die Handlungsfähigkeit der Fachkräfte ermöglicht, sondern unterschiedliche Faktoren auf die Fachkräfte einwirken, die in ihrer Gemengelage konstruktive Handlungsmuster verhindern. In der pädagogischen Praxis ist das fatal – denn responsives und sensitives Eingehen auf die Kommunikationsangebote der Kinder ist dann nicht mehr möglich. Dabei fehlt es an notwendigem Orientierungswissen, um die Situationen entsprechend einzuordnen. In der Theoriediskussion sind diese Herausforderungen insbesondere auch durch das Konstrukt der *egalitären Differenz* bearbeitet worden, dieses Wissen könnte die Fachkräfte in der Form stützen, dass sie die Differenzerfahrung und die damit einhergehenden Ambiguitäten hinterfragen und auch für sich auflösen könnten.

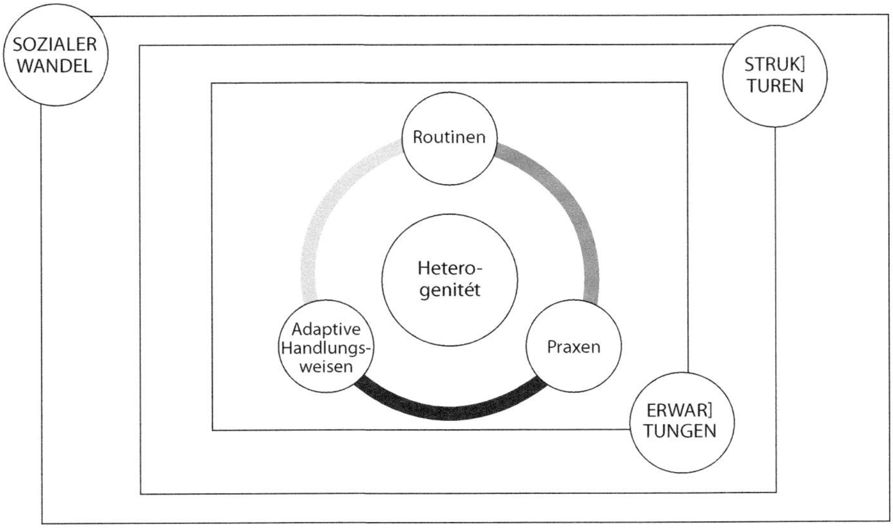

Abb. I.1: Umgang mit Heterogenität

1.4 Fazit

Qualifizierung für Inklusion ist in den Kindertageseinrichtungen erst ansatzweise umgesetzt. In den Fachschulen für Sozialpädagogik – den zentralen Ausbildungsstätten für Erzieherinnen und Erziehern – wird Inklusion als Querschnittsaufgabe angesehen. Inklusion bringt aber nicht nur Handlungsanforderungen auf unterschiedlichen Ebenen mit sich, sondern baut auf ein pädagogisches Grundverständnis auf.

Bereits Dewey weist darauf hin, dass in einer demokratischen Gesellschaft die Offenheit für den sozialen Wandel ein zentrales Anliegen sein muss (vgl. Oelkers 2009). Die Interviews zeigen, wie der soziale Wandel auch in den Einrichtungen ankommt. Die pädagogischen Fachkräfte nehmen im Kindergartenalltag plurale und veränderte Lebensformen der Familien wahr. Darüber hinaus wird sichtbar, dass die Strukturen dem Bedeutungswandel, den die Kindertageseinrichtungen durchschreiten, nicht mehr gerecht werden. Diese entwickeln sich in Richtung inklusive Einrichtungen für alle Kinder, was das Recht auf Bildung auch für junge Kinder als zentraler Baustein einer demokratischen Gesellschaft stärkt. Diese Dissonanzen im Umgang mit Heterogenität und pluralen Lebensformen erweisen sich in den Gruppendiskussionen letztlich als Kristallisationspunkt. Anhand von Beispielen beschreiben die Fachkräfte ihre Erfahrungen mit Heterogenität. Deutlich wird, dass die Fähigkeit, Widersprüche und Ambiguitäten anzuerkennen, auch die situationsadäquate Flexibilität des eigenen Handelns erhöht. In einem solchen Fall erleben sich die Fachkräfte als selbstwirksam, sie erfahren Responsivität mit den Kindern, derer sie als Pädagoginnen und Pädagogen bedürfen, um Bildung und Erziehung überhaupt erst zu ermöglichen. Es wird aber auch deutlich, dass dies keine Selbstverständlichkeit ist. Die Fachkräfte hinterfragen ihre eigenen Routinen und Praktiken bei weitem nicht so kritisch, wie die Strukturen auf der Ebenen der Administration. Hier gilt es, von Mustern Abstand zu nehmen, die sich als Hemmnisse einer sensitiven und responsiven Praxis erweisen. Eine fehlende Distanz führt hier zu blinden Flecken in der Wahrnehmung des Alltags (vgl. Thon 2017; Egloff 2011; Helsper 2001). Eine auf (Selbst-)Reflexion gegründete Pädagogik – d. h. eine theoriedurchdrungene Praxis – gilt es in den Kindertageseinrichtungen noch zu entwickeln. Diese würde sich durch vertieftes Orientierungswissen auszeichnen, aber auch durch entsprechende Strukturen, die Reflexion im Sinne von Fach- und Teamberatung, Supervision, Coaching etc. in der pädagogischen Praxis ermöglichen (vgl. Cloos 2021). Dazu gehört auch, Qualität im multiprofessionellen Team neu zu denken. Die Diskussionen verweisen deutlich auf die Wichtigkeit, Veränderungsprozesse qualifiziert zu begleiten, um mit auftretenden Widersprüchen gegenüber der gewohnten Praxis sinnvoll umgehen zu können, sie ggf. als Teil einer akzeptierten, ja erwünschten Vielfalt zu verstehen. Zukunftsorientierte Ausbildungskonzepte müssen sich daran orientieren und den Aufbau von Ambiguitätstoleranz (vgl. Sprung 2011) ermöglichen.

Literatur

Anders, Y. (2019): Qualität in der Kindertagesbetreuung. In: O. Köller, M. Hasselhorn, F. W. Hesse, K. Maaz, J. Schrader, H. Solga, C. K. Spieß & K. Zimmer (Hrsg.), Das Bildungswesen in Deutschland. Bestand und Potenziale (441–470). Bad Heilbrunn: utb.

Autorengruppe Bildungsberichterstattung (2020): Bildung in Deutschland 2020. Bielefeld: wbv.

Autorengruppe Bildungsberichterstattung (2018): Bildung in Deutschland 2018. Bielefeld: wbv.

Autorengruppe Fachkräftebarometer (2019): Fachkräftebarometer Frühe Bildung 2019. Weiterbildungs-initiative Frühpädagogische Fachkräfte. München: DJI/WiFF.

Baader, M. S., Eßer, F. & Schröer, W. (Hrsg.) (2014): Kindheiten in der Moderne. Eine Geschichte der Sorge. Frankfurt: Campus.

Baader, M. S. (2004): Der romantische Kindheitsmythos und seine Kontinuität in der Pädagogik und Kindheitsforschung. Zeitschrift für Erziehungswissenschaft, H. 7, 416–430.

Beutin, A.; Flämig, K. & König, A. (2018): Hilfearrangements in integrativen Kindertageseinrichtungen. Ethnografische Annäherungen an Teilhabe von Kindern im integrativen Alltag. In: B. Bloch, P. Cloos, M. Schulz & W. Smidt (Hrsg.), Kinder und Kindheiten. Frühpädagogische Perspektiven (165–176). Weinheim: Beltz Juventa.

Cloos, P. (2021): Professionalisierung im System der Kindertagesbetreuung. Chancen, Ambivalenzen und Widersprüche. In: A. König (Hrsg.), Wissenschat für die Praxis. Erträge und Reflexionen zum Handlungsfeld Frühe Bildung (136–155). Weinheim: Beltz Juventa.

Cloos, P. & Becker-Stoll, F. (2015): Inklusion und Frühpädagogik. In: I. Nentwig-Gesemann, K. Fröhlich-Gildhoff, F. Becker-Stoll & P. Cloos (Hrsg.), Forschung in der Frühpädagogik VIII. Schwerpunkt Inklusion (11–22). Freiburg i. Br.: Verlag FEL.

Dichans, W. (1990): Der Kindergarten als Lebensraum für behinderte und nicht behinderte Kinder. Stuttgart: Kohlhammer.

DJI/WiFF – Deutsches Jugendinstitut/Weiterbildungsinitiative Frühpädagogische Fachkräfte (Hrsg.) (2017): Bildungsteilhabe und Partizipation. Grundlagen für die kompetenzorientierte Weiterbildung. WiFF Wegweiser Weiterbildung, Bd. 12. München: DJI/WiFF.

DJI/WiFF – Deutsches Jugendinstitut/Weiterbildungsinitiative Frühpädagogische Fachkräfte (Hrsg.) (2016): Inklusive Sprachliche Bildung. Grundlagen für die kompetenzorientierte Weiterbildung, Bd. 11. München: DJI/WiFF.

DJI/WiFF – Deutsches Jugendinstitut/Weiterbildungsinitiative Frühpädagogische Fachkräfte (Hrsg.) (2014): Inklusion – Kinder und Familien in Armutslagen. Grundlagen für die kompetenzorientierte Weiterbildung, Bd. 9. München: DJI/WiFF.

DJI/WiFF – Deutsches Jugendinstitut/Weiterbildungsinitiative Frühpädagogische Fachkräfte (Hrsg.) (2013): Inklusion – Kulturelle Heterogenität in Kindertageseinrichtungen. Grundlagen für die kompetenzorientierte Weiterbildung. WiFF Wegweiser Weiterbildung, Bd. 5. München: DJI/WiFF.

DJI/WiFF – Deutsches Jugendinstitut/Weiterbildungsinitiative Frühpädagogische Fachkräfte (Hrsg.) (2013): Inklusion – Kinder mit Behinderung. Grundlagen für die kompetenzorientierte Weiterbildung. WiFF Wegweiser Weiterbildung, Bd. 6. München: DJI/WiFF.

Egloff, B. (2011): Praxisreflexion. In: J. Kade, W. Helsper, Ch. Lüders, B. Egloff, F.-O. Radtke & W. Thole (Hrsg.), Pädagogisches Wissen. Erziehungswissenschaft in Grundbegriffen (211–219). Stuttgart: Kohlhammer.

Haude, Ch. & Volk, S. (2015): Diversität in der Kindheit – Normierung in der Ausbildung. In: A. König, H. R. Leu & S. Viernickel (Hrsg.), Forschungsperspektiven auf Professionalisierung in der Frühpädagogik. Empirische Befunde der WiFF-Förderlinie (69–83). Weinheim: Betz Juventa.

Heimlich, U. (2017): Das Spiel mit Gleichaltrigen in Kindertageseinrichtungen. Teilhabechancen für Kinder mit Behinderung. Weiterbildungsinitiative Frühpädagogische Fachkräfte, WiFF Expertisen, Bd. 49. München: DJI/WiFF.

Heimlich, U. (2015): Einführung in die Spielpädagogik (3. Aufl.). Bad Heilbrunn: Klinkhardt.

Heimlich, U. (2013b): Ausbildung und Professionalisierung von Fachkräften für inklusive Bildung im Bereich der frühkindlichen Bildung, Betreuung und Erziehung. In: H. Döbert & H. Weißhaupt (Hrsg.), Inklusive Bildung professionell gestalten. Situationsanalyse und Handlungsempfehlungen (11–32). Münster: Waxmann.

Heimlich, U. (2013a): Kinder mit Behinderung – Anforderungen an eine inklusive Frühpädagogik. Weiterbildungsinitiative Frühpädagogische Fachkräfte. WiFF Expertisen, Bd. 33. München: DJI/WiFF.

Helsper, W. (2001): Praxis und Reflexion – die Notwendigkeit einer »doppelten Professionalisierung« des Lehrers. Journal für LehrerInnenbildung, 1. Jg., H. 3, 7–15.

Honneth, A. (2012): Erziehung und demokratische Öffentlichkeit. Ein vernachlässigtes Kapitel der politischen Philosophie. Zeitschrift für Erziehungswissenschaft (Bd. 15, H. 3), 29–442.

Hössl, A. (1999): Entwicklungen integrativer Erziehung. In: H. Eberwein (Hrsg.), Handbuch Integrationspädagogik (147–155). Weinheim: Beltz.

Hussy, W.; Schreier, M. & Echterhoff, G. (2013): Forschungsmethoden in Psychologie und Sozialwissenschaften für Bachelor (2., überarb. Aufl.). Heidelberg: Springer.

Inter-Agency Commission (1990): World Conference on Education for All: Meeting Basic Learning Needs, UNICEF. Online verfügbar unter: https://unesdoc.unesco.org/ark:/48223/pf0000097551, Zugriff am 30.11.2020.

KMK – Ständige Konferenz der Kultusminister der Länder (Hrsg.) (2020): Rahmenvereinbarung über Fachschulen. Online verfügbar unter: https://www.kmk.org/fileadmin/veroeffentlichungen_beschluesse/2002/2002_11_07-RV-Fachschulen.pdf, Zugriff am 30.11.2020.

KMK – Ständige Konferenz der Kultusminister der Länder (Hrsg.) (2011): Inklusive Bildung von Kindern und Jugendlichen mit Behinderungen in Schulen (Beschluss der Kultusministerkonferenz vom 20.10.2011). Online verfügbar unter: https://www.kmk.org/fileadmin/veroeffentlichungen_beschluesse/2011/2011_10_20-Inklusive-Bildung.pdf, Zugriff am 30.11.2020.

KMK – Ständige Konferenz der Kultusminister der Länder (Hrsg.) (2011, 2017): Kompetenzorientiertes Qualifikationsprofil für die Ausbildung von Erzieherinnen und Erziehern an Fachschulen und Fachakademien. Online verfügbar unter: https://www.kmk.org/fileadmin/Dateien/veroeffentlichungen_beschluesse/2011/2011_12_01-ErzieherInnen-QualiProfil.pdf, Zugriff am 30.11.2020.

König, A. (2020b): Die Crux mit der Bildung in der Kindertagesbetreuung. Jugendhilfe 58 (5), 442–447.

König, A. (2020a): Inklusion: Transfer von Forschungsbefunden in der frühen Bildung. Eigenlogiken und Systemdifferenz als Herausforderung. QfI – Qualifizierung für Inklusion, 2 (2), Sonderheft: Wissenstransfer. Online verfügbar unter: https://www.qfi-oz.de/index.php/inklusion/article/view/51, Zugriff am 30.11.2020.

König, A. & Buschle, C. (2017): Hoffnungsträger Weiterbildung. Analysen und Diskussion. In: H. von Balluseck (Hrsg.), Professionalisierung der Frühpädagogik. Perspektiven, Entwicklungen, Herausforderungen (119–134) (2. Aufl.). Opladen: Budrich.

König, A. & Heimlich, U. (Hrsg.) (2020): Inklusion in Kindertageseinrichtungen. Eine Frühpädagogik der Vielfalt. Stuttgart: Kohlhammer.

Oelkers, J. (2009): John Dewey und die Pädagogik. Weinheim: Beltz.

Prengel, A. (2020): Pädagogik der Vielfalt im Kindergarten. Ein Überblick. In A. König & U. Heimlich, Inklusion in Kindertageseinrichtungen. Eine Frühpädagogik der Vielfalt (31–47). Stuttgart: Kohlhammer.

Prengel, A. (2019): Pädagogik der Vielfalt. Verschiedenheit und Gleichberechtigung in interkultureller, feministischer und integrativer Pädagogik. (4. Aufl.). Wiesbaden: VS Verlag.

Prengel, A. (2016): Bildungsteilhabe und Partizipation in Kindertageseinrichtungen. München: DJI/WiFF.

Prengel, A. (2014): Inklusion in der Frühpädagogik. Bildungstheoretische, empirische und pädagogische Grundlagen. In: A. König & T. Friederich (Hrsg.), Inklusion durch sprach-

liche Bildung. Neue Herausforderungen im Bildungssystem (16–84). Weinheim: Beltz Juventa.
Prengel, A. (2001): Egalitäre Differenz in der Bildung. In: H. Lutz & N. Wenning (Hrsg.), Unterschiedlich verschieden. Differenz in der Erziehungswissenschaft (93–108). Wiesbaden: Springer.
Schmitt, H. (2010): Pädagogen im Zeitalter der Aufklärung – die Philanthropen: Johann Bernhard Basedow, Friedrich Eberhardt von Rochow, Joachim Heinrich Campe, Christian Gotthilf Salzmann. In: H.-E. Tenorth (Hrsg.), Klassiker der Pädagogik (119–143). Bd. 1 (2. Aufl.). München: Beck.
Schreier, M. (2012): Qualitative Content Analysis in Practice. London: Sage.
Siraj, I., Kingston, D., Neilsen-Hewett, C., Howard, St., Melhuish, E., de Rosnay, M., Duursma, E. & Luu, B. (2016): Fostering Effective Early Learning. Wollongong: University of Wollongong.
Speck, O. (1991): System Heilpädagogik. Eine ökologisch reflexive Grundlegung (2., aktual. Aufl.). München: Reinhardt.
Sprung, H. (2011): Else Frenkel-Brunswik: Wanderin zwischen der Psychologie, der Psychoanalyse und dem Logischen Empirismus. In: S. Volkmann-Raue & H. E. Lück (Hrsg.), Bedeutende Psychologinnen des 20. Jahrhunderts (235–246). Wiesbaden: VS Verlag.
Thon, Ch. (2017): Reflexivität und professionelle Handlungsfähigkeit. In: Deutsches Jugendinstitut/Weiterbildungsinitiative Frühpädagogische Fachkräfte (Hrsg.), Bildungsteilhabe und Partizipation. Grundlagen für die kompetenzorientierte Weiterbildung (66–72). WiFF Wegweiser Weiterbildung, Bd. 12. München: DJI/WiFF.
UNESCO (1997): First Steps. Storys on Inclusion in Early Childhood Education. Paris: UNESCO.
United Nations (2006): Übereinkommen über die Rechte von Menschen mit Behinderungen. Online verfügbar unter: https://www.bmas.de/SharedDocs/Downloads/DE/ueberein kommen-ueber-die-rechte-behinderter-menschen.pdf, Zugriff am 30.11.2020.
Weiß, H. (2020): Kinder in Armut und sozialer Benachteiligung. Konsequenzen für inklusive Kindertagestätten. In: A. König & U. Heimlich (Hrsg.), Inklusion in Kindertageseinrichtungen. Eine Frühpädagogik der Vielfalt (90–117). Stuttgart: Kohlhammer.
Zimmer, J. (2013): Der Situationsansatz wird erwachsen: Vom Kindergarten bis zur Hochschuldidaktik. Online verfügbar unter: https://www.kindergartenpaedagogik.de/fachartik el/paedagogische-ansaetze/moderne-paedagogische-ansaetze/1665, Zugriff am 30.11.2020.
WiFF/DJI. Qualifikation für Inklusion in der kompetenzorientierten beruflichen Weiterbildung. Online verfügbar unter: https://www.weiterbildungsinitiative.de/ https://www.dji.de/index.php?id=1226, Zugriff am 14.12.2020.

2 Qualifikation für inklusive Schulen

Clemens Hillenbrand

Einleitung

Der öffentliche Blick auf das Thema Inklusion ist in den letzten Jahren deutlich kritischer geworden – der Deutschlandfunk überschreibt seine Sendung mit *Inklusion vorläufig gescheitert* (Deutschlandfunk, 20.03.2019). Die »schlechten Erfahrungen«, die Aichele in dem Interview nennt, werden in vielen Äußerungen vertreten und regelmäßig mit den schlechten Rahmenbedingungen in Verbindung gebracht (vgl. ebd.). Eine kritische Sicht auf Inklusion mit dem Tenor »Inklusion gescheitert« findet deutlich mehr Beachtung und Niederschlag in Lehrkräftebefragungen (vgl. vbe 2020). Auch das politische Engagement lässt nach: Die Förderlinie des BMBF zur Lehrerinnen- und Lehrerbildung für Inklusion wird trotz der Beeinträchtigung der Forschungsprojekte durch die Corona-Pandemie nicht über 2021 fortgesetzt. Der *Jakob-Muth-Preis*, der die öffentliche Aufmerksamkeit auf Gelingensbeispiele inklusiver Bildung gelenkt hatte, wird ab 2020 Teil des Deutschen Schulpreises. Ist das Thema Inklusion also ›abgearbeitet‹? Ist eine inklusive Schule als Unmöglichkeit desavouiert? Ist die Konjunktur des Themas Inklusion vorbei? Bestehen bleibt ein gültiges Menschenrecht auf inklusive Bildung! Es bleibt die Aufgabe, ein inklusives Bildungssystem aufzubauen, wie es Deutschland in der Unterzeichnung der UN-Konvention über die Rechte von Menschen mit Behinderungen (UN-BRK) zusagt.

In diesem Kontext spielt einerseits der Aufbau von Ressourcen eine große Rolle, zugleich wird das massive Fehlen von Qualifikationsangeboten für inklusive Schulen von Lehrkräften deutlich kritisiert (vgl. ebd.). Die Verwirklichung eines qualitativ hochwertigen inklusiven Bildungssystems hängt jedoch in entscheidendem Maße von den Fachkräften und deren Tätigkeit ab: »Improving teacher practice is thus the most direct approach to improve the learning of all students, especially those who struggle to learn in inclusive classrooms« (McLeskey, Billingsley & Ziegler 2018, S. 4). Für den Aufbau eines entsprechenden Qualifikationsangebots ist realistischer Weise ein längerer Prozess anzunehmen (vgl. Oelkers 2014; UNESCO 2005). Dabei ist zunächst an die hier tätigen Lehrkräfte zu denken, deren Qualifizierung im Mittelpunkt des vorliegenden Beitrags steht.

Gerade im Kontext des Aufbaus inklusiver Schulen kommen weitere Akteurinnen und Akteure hinzu: In aktuellen Studien werden die zentrale Rolle von Schulleitungen und die anspruchsvollen Aufgaben der Qualifizierung (vgl. Scheer 2019; Hillenbrand, Käter & Vierbuchen 2017) bearbeitet. Ihre hervorgehobene Rolle im Aufbau eines inklusiven Bildungssystems ergibt sich schon aus ihrer grundsätzlichen Funktion im Kontext von Innovationsprozessen. Auch der inzwischen verbreitete Einsatz von Assistenzkräften (Inklusionshelferinnen und Inklusionshelfern) stellt eine Entwicklung mit kritischen Befunden dar, die dringend hochwertige Qualifizierungsprozesse notwendig machen (vgl. Blasse et al. 2019; Dworschak 2015; Kissgen et al. 2019; Laubner et al. 2017). Auf die Ergebnisse zu diesen Themen kann hier nur hingewiesen werden.

Die Qualifizierung von Lehrkräften für inklusive Schulen steht im Mittelpunkt der aktuellen Forschungen. Auf Seiten der Lehrerinnen und Lehrer in inklusiven Schulen bestehen dabei sehr unterschiedliche Voraussetzungen und es ist von einer höchst heterogenen Bedarfslage auszugehen, wie eine bayerische Studie (vgl. Weiß et al. 2019) bei Einsatz des Verfahrens QU!S® (vgl. Heimlich, Ostertag & Wilfert de Icaza 2016) belegt, die in Schulen mit dem Profil Inklusion in Bayern die Perspektiven der hier tätigen Lehrkräfte erhebt. Die Autorinnen und Autoren berichten durchaus von gelingenden Prozessen und positiven Erfahrungen in der Realisierung inklusiver Schulen, und dies sowohl in Grundschulen als auch in Mittelschulen als einer Schulform der Sekundarstufe. Die Befunde zeigen die große Unterschiedlichkeit der Einschätzungen durch die Lehrkräfte. Die Konsequenz für Qualifikationsangebote lautet: »Für alle Lehrkräfte identische Maßnahmen werden der Diversität der Einschätzungen nicht gerecht« (Weiß et al. 2019, o. S.). Die daraus resultierende Forderung nach Adaption der Bildungsangebote stellt hochanspruchsvolle Aufgaben an die Themen und Formate von Qualifizierungsangeboten. Ein Überblick über die aktuellen Forschungsbemühungen erfolgt unter der Fragestellung, mit Hilfe eines Überblicks über die deutschsprachigen und internationalen Forschungen mögliche Inhalte und Formate zu identifizieren, die dafür hilfreich sein können.

Zur Komplexität des Themas

Wenn der Begriff Inklusion zum Zeitpunkt der Ratifizierung der UN-BRK durch Deutschland im Jahr 2009 noch weitgehend unbekannt war, hat er seitdem eine erstaunliche Karriere durchlaufen. Der bekannte Zeitgeschichtler Rödder (2016) überschreibt in seiner viel beachteten »Kurzen Geschichte der Gegenwart« die aktuellen Veränderungen gesellschaftlicher Ordnungsvorstellungen mit der »Kultur der Inklusion«. Den Ausgangspunkt sieht er in der »Schulpädagogik«, die sich um »die Einbeziehung von Kindern mit körperlicher oder geistiger Behinderung in die Regelschule« (2016, S. 116) bemüht. Die Programmatik einer »Kultur der Inklusion« als neue Normalität geht jedoch weit über das Schulsystem hinaus und steht für neue gesellschaftliche Ordnungsvorstellungen: »Ihre Grundlage ist die Wertschätzung von Menschen in der Vielfalt ihrer Lebensweisen und Erscheinungsformen sowie die Anerkennung von Diversität als Normalität« (ebd.). Von einem nur in sonderpädagogischen Kontexten bekannten Begriff zur Veränderung schulischer Bedingungen hin zu einer Bezeichnung für die aktuelle gesellschaftliche Programmatik – dies stellt in der Tat eine bemerkenswerte Karriere des Begriffs dar.

In diesen weitgreifenden Kontext müssen auch die Bemühungen um die Lehrkräftebildung für ein inklusives Schulsystem eingeordnet werden: In der Debatte um eine Veränderung der Lehrkräftebildung spielen immer auch gesellschaftliche Normalitätsvorstellungen hinein. Diese normative Ladung prägt auch die Begriffsnutzung von »Inklusion« im Kontext des Bildungssystems, mit erheblichen Problemen für die wissenschaftliche Diskussion (vgl. Felder 2017). Diese normative Ladung beeinflusst auch die Forschungen zur Qualifikation für inklusive Schulen: Die von Felder beschriebenen Probleme mit einem solch normativen Verständnis spiegeln sich auch in der Debatte um die Bildung der Fachkräfte wider, und die sehr unterschiedlichen Verständnisse in Forschungen zu inklusiven Bildungssystemen (vgl. Nilholm & Göransson 2017) führen zu divergenten Konzeptionen der Qualifizierung. Wenn man zudem noch in Rechnung stellt, dass sehr unterschiedliche Forschungskonzeptionen und Selbstverständnisse der Forschenden von eher qualitativ-konzeptionellen Ansätze über funktionalistisch-quantitative Konzeptionen bis zu kritisch-politischen Zugänge vertreten werden (vgl. ebd.), wird die Komplexität und Divergenz des Themas und seiner Bearbeitung nachvollziehbar. Es fällt schwer, hier zu einer Konvergenz von Ergebnissen zu kommen.

Auf der Basis solch unterschiedlicher Perspektiven finden seit der Unterzeichnung der UN-Konvention engagierte Debatten und vehemente Diskussionen um den Aufbau eines inklusiven Bildungssystems und darin auch um die Qualifikation für inklusive Schulen statt. Quer zu den strukturellen Debatten, etwa um den Abbau von spezialisierten Einrichtungen wie Förderschulen oder eigenständige Professionen wie dem Lehramt Sonderpädagogik, gilt die Qualifikation aller pädagogischen Fachkräfte in inklusiven Bildungssystemen als essentieller und notwendiger Schritt zur Verwirklichung eines inklusiven Bildungssystems. Das gemeinsame Setting ist, wie die EU-Kommission in einem aktuellen Papier herausstellt, nicht immer die Erfüllung der qualitativ hochwertigen Unterstützung für Lernende, gemäß ihrer speziellen Bedürfnisse: »it is important to note that inclusive settings do not necessarily equate to good practice or a high-quality educational experience if the quality of the support that children with SEN receive within these settings is low« (EU-Commission 2019, S. 4). Und Meijer, der Direktor der *European Agency for Special Needs and Inclusive Education*, macht prägnant deutlich, welche Bedeutung der Qualifikation für Inklusion zukommt: Denn »am Ende ist es immer noch die Lehrkraft, die mit den unterschiedlichsten Schülerinnen und Schülern im Unterricht zurechtkommen muss! […] Wenn eine Lehrerin oder ein Lehrer nicht in der Lage ist, in der Regelschule Schülerinnen und Schüler mit unterschiedlichen Bedürfnissen zu unterrichten, sind alle guten Absichten einer inklusiven Bildung wertlos« (Meijer 2011, S. 5).

Im folgenden Beitrag wird der Versuch eines Überblicks zu den inzwischen zahlreichen Bemühungen um eine Qualifizierung für inklusive Bildung ausgehend vom deutschen Sprachraum vorgelegt. Insbesondere die Beachtung der empirischen Befunde wie auch der internationalen Ergebnisse, als Spezifikum dieses Beitrags, kann dazu dienen, weitere Schritte auf dem Weg zu einem inklusiven Bildungssystem mit der Sicherstellung einer qualitativ hochwertigen Unterstützung des Lernens gemäß den Vorstellungen der EU-Kommission, insbesondere bei besonderen Bedürfnissen, voran zu bringen.

Zur Struktur des Beitrags

In einem ersten Schritt klärt der Beitrag knapp den Auftrag anhand zentraler internationaler bildungspolitischer Texte, um die Bedeutung des Themas der Qualifikation für inklusive Bildung hervorzuheben (▶ Kap. 2.1). Die Ausgangssituation, wie sie international erfasst wird, zeigt die Dringlichkeit von Maßnahmen zur Qualifikation für inklusive Schulen auf (▶ Kap. 2.2). Theoretische Grundlagen und eine summarische Zusammenstellung über aktuelle Projekte in Deutschland zeichnen ein heterogenes Bild, das aber angesichts der aktuellen Dynamik nicht mehr als ein erster Überblick sein kann (▶ Kap. 2.3). Der Blick auf die internationalen Ergebnisse ergänzt die Befunde und weist auf thematische und methodische Anforderungen für die Qualifizierungsprozesse hin (▶ Kap. 2.4). Auf dieser Basis könnte die als Perspektive vorgestellte Konzeption des *Council for Exceptional Children*, die auf empirischen Befunden aufbaut und zugleich eine pragmatische Konzeption für die Qualifikationsangebote entwickelt, eine hilfreiche Orientierung bieten (▶ Kap. 2.5). Der Beitrag aktualisiert damit die Befundlage der früheren Expertise und versucht Handlungsperspektiven zur Qualifizierung für inklusive Schule zu entwickeln (vgl. Hillenbrand, Melzer & Hagen 2013).

2.1 Der Auftrag

Bereits die Salamanca-Deklaration der UNESCO, die als Resultat der internationalen Konferenz 1994 ein zukunftsweisendes bildungspolitisches Statement verabschiedete und auf der erstmals der Terminus Inklusion als programmatische Zielsetzung Verwendung fand, thematisiert die Qualifikation der Fachkräfte und insbesondere der Lehrenden für den Aufbau eines inklusiven Bildungssystems. Als Prinzip inklusiver Bildung gilt, »that all children should team together, wherever possible, regardless of any difficulties or differences they may have. Inclusive schools must recognize and respond to the diverse needs of their students« (UNESCO 1994, S. 11). Kiuppis hat in seinen Analysen zur Begriffsentwicklung verdeutlicht, dass der Terminus Inklusion der Zusammenführung von zwei Intentionen diene: von »education for all« mit dem Akzent auf »effective education« und der Etablierung einer »special education«, also der Sicherstellung eines bedürfnisbezogenen Bildungsangebots auch bei Behinderungen. Die beiden Intentionen wurden in Beratungen der UNESCO unter dem Titel »inclusive education« zusammengeführt (vgl. Kiuppis 2016). Der Begriff Inklusion könne also gar nicht trennscharf und logisch eindeutig definiert werden – ein solcher Einwand (vgl. Grosche 2015) verkennt den Charakter des Begriffs, denn es ist kein wissenschaftlicher Terminus, vielmehr eine programmatische Sprache, die zum aktiven Handeln auffordern will (vgl. Scheffler 1971).

Der Begriff ist also eine (bildungs-)politisch motivierte Konsensfindung, die aufgrund einer gewissen Deutungsvielfalt durchaus wechselnde Akzente setzen kann (vgl. Kiuppis 2016, S. 32). Inklusive Bildung meint dann auch die systematische Berücksichtigung der Bedürfnisse von Lernenden mit besonderen Bedürfnissen und Behinderungen in der Bildung von Lehrkräften für inklusive Schulen: »In the context of a systemic change, teacher education programmes, both preservice and inservice, address the provision of special needs education in inclusive schools« (UNESCO 1994, S. X). Es geht der Deklaration also um die Sicherstellung eines qualitativ hochwertigen Bildungsangebots insbesondere für die spezifischen Bedürfnisse von Lernenden mit Beeinträchtigungen und Behinderungen – diese Spezifität der Bedarfe wird hier vorausgesetzt. Das Angebot einer »special needs education« wird nun im allgemeinen Bildungssystem auf diese Bedarfe ausgerichtet, aber nicht grundsätzlich in Frage gestellt. Die Verwirklichung eines inklusiven Bildungssystems trägt zur Realisierung der Menschenrechte und des Rechts auf Bildung für alle bei (vgl. ebd.). Dieses grundlegende Verständnis von inklusiver Bildung gilt auch als Leitlinie für die Qualifikation von Lehrkräften.

Die in Salamanca proklamierten Ziele finden sich dann im Text der UN-*Convention on the Rights of Persons with Disabilities* (United Nations 2006) wieder. Das im häufig zitierten Artikel 24 explizit genannte Recht auf Bildung für alle Personen mit Behinderungen in einem inklusiven Bildungssystem wird konkretisiert durch die Forderungen nach effektiven und qualitativ hochwertigen Bildungsangeboten. Die Staaten werden darin aufgefordert, Lehrkräfte auszubilden, die gemäß diesen spezifischen Bedürfnissen qualifiziert sind. Explizit werden solche spezifischen Inhalte verlangt: »Such training shall incorporate disability awareness and the use of appropriate augmentative and alternative modes, means and formats of communication, educational techniques and materials to support persons with disabilities« (United Nations 2006, Art. 24, 4). Der Aufbau eines inklusiven Bildungssystems erfordert also neben einer Bewusstheit um besondere Bedarfe und Behinderungen auch ein spezialisiertes, über allgemeine Verfahren hinausgehendes Können, das den Bedürfnissen von Lernenden mit Beeinträchtigungen und Behinderungen gerecht wird. Vielleicht erscheint es zu selbstverständlich, aber für die weitere Entwicklung muss darauf insistiert werden: Inklusive Bildung erfordert spezialisiertes Können, erfordert sonderpädagogische Handlungskompetenz, die den spezifischen Bedürfnissen der Lernenden gerecht wird.

Die internationalen Dokumente bleiben konsequent bei dieser Forderung. Der *First World Report on Disability* der WHO und der Weltbank (World Health Organization & World Bank 2011) fordert als Strategie, um ein inklusives Bildungssystem realisieren zu können, die Qualifizierung von Lehr- und Fachkräften zur Erfüllung der individuellen Bedürfnisse aller Lernenden. Und im neuesten Dokument der EU-Kommission gilt die Lehrkräftebildung als Schlüsselfaktor:

> »Adequate teacher education and training may be required to meet the specific needs of children. Equipping teachers with the skills and knowledge to teach a diverse classroom is a key factor in bridging the gap between the vision of inclusive education and actual practices on the ground« (EU-Kommission 2019, S. 6).

Die Qualifizierung der in inklusiven Schulen tätigen pädagogischen Lehrkräfte wird in den internationalen Dokumenten also konsistent eingefordert, dabei geht es zentral um ein Bewusstsein, um die besonderen Bedürfnisse von Lernenden mit Behinderung und um die pädagogischen Fähigkeiten, sie zu beantworten.

Der erste Nationale Aktionsplan Deutschlands (vgl. BMAS 2011) nimmt diese Aufgabenstellung programmatisch auf, indem Qualifizierungsinitiativen zu Fragen der inklusiven Bildung angekündigt werden, die dann in der *Qualitätsoffensive Lehrerbildung* (QLB) und in einer Förderlinie der Empirischen Bildungsforschung durch das BMBF umgesetzt werden. In diesem Zusammenhang ist auch die Überarbeitung der Empfehlungen zur sonderpädagogischen Förderung durch die Kultusministerkonferenz (KMK) zu sehen (vgl. ebd.), die inzwischen für den Sonderpädagogischen Unterstützungsbedarf Lernen veröffentlicht wurde (vgl. Asmussen & Ehlers 2019; Heimlich & Hillenbrand, im Druck).

In der 2016 verabschiedeten Überarbeitung des Nationalen Aktionsplan zum Nationalen Aktionsplan 2.0 (vgl. BMAS 2016) wird die Reform der Lehrerinnen- und Lehrerbildung für ein inklusives Bildungssystem ohne Bezüge zu behinderungsspezifischen Fähigkeiten beschrieben: Es geht um eine

> »strukturelle und inhaltliche Verbesserung des gesamten Prozesses der Lehrerbildung, insbesondere der Lehrerbildung für inklusive Pädagogik bis in die berufliche Einstiegsphase und Weiterbildung […]. Förderziel ist insbesondere die Fortentwicklung der Lehrerbildung in Bezug auf die Anforderungen der Heterogenität und Inklusion« (BMAS 2016, S. 51).

Die Förderlinie des BMBF wird nach einer Entscheidung der Bundesregierung 2018 nicht mehr fortgesetzt und die als konkrete Maßnahme noch genannte Verleihung des *Jakob-Muth-Preises* wurde letztmals 2019 durchgeführt.

Die KMK erwähnte in ihren Empfehlungen zur inklusiven Bildung (vgl. KMK 2011; KMK 2013) jeweils die Lehrerinnen- und Lehrerbildung als wichtige Aufgabe. Im Auftrag des Bundesministeriums für Bildung und Wissenschaft sowie des Deutschen Instituts für internationale pädagogische Forschung wurden Expertisen für die Neuausrichtung der Professionalisierung auf allen Ebenen des Bildungssystems erstellt (vgl. Döbert & Weishaupt 2013), für die Lehrerinnen- und Lehrerbildung wurden zwei Expertisen eingeholt (vgl. Heinrich, Urban & Werning 2013; Hillenbrand, Melzer & Hagen 2013), die auch teilweise kritische Kommentierung erfuhren (vgl. Moser 2013). Die Standards zur Lehrerinnen- und Lehrerbildung der KMK wurden mit Blick auf inklusive Bildung überarbeitet (vgl. KMK 2019). Gemeinsam mit der Hochschulrektorinnen- und Hochschulrektorenkonferenz (HRK) wurde dann 2015 die Empfehlung »Lehrerbildung für eine Schule der Vielfalt« (KMK & HRK 2015) veröffentlicht, in dem die Lehrkräftebildung für Inklusion durch multiprofessionelle Kooperation geprägt sein soll. Additive und integrative Modelle einer Lehrerinnen- und Lehrerbildung für Inklusion werden genannt und die Erprobung neuer Ansätze unterstützt. Zahlreiche und divergierende Stellungnahmen von Fachgesellschaften, Fach- und anderen Verbänden zum Thema versuchen den Aufbau eines inklusiven Bildungssystems und einer Lehrkräftebildung für inklusive Schulen zu akzentuieren und mitzugestalten. Von großer Bedeutung sind die Forschungsaktivitäten zu diesem Thema durch die Fördermöglichkeiten im Rahmen der QLB sowie des Forschungsschwerpunkts Fachkräftequalifizierung für inklusive Bildung des BMBF (2017–2021), die eine ganze Reihe von Forschungsprojekten ermöglichten.

Zieht man die Bilanz aus den Entwicklungen zum Auftrag einer Qualifizierung für inklusive Schulen lässt sich festhalten, dass es in der deutschsprachigen Diskussion vielfältige Bemühungen um die Realisierung von Qualifikation für inklusive Schulen gegeben hat. Die internationalen Texte sprechen explizit das Bewusstsein von Lehrkräften für die besonderen Bedarfe von Lernenden mit Behinderungen an und setzen das spezifische Wissen und Können einer »Special Needs Education« für ein inklusives Bildungssystem als notwendig voraus. In der deutschen Debatte lässt sich seit Unterzeichnung der Konvention eine zunehmende Subsummierung inklusiver Lehrkräftebildung unter den Begriffen von Diversität und Heterogenität beobachten, die sonderpädagogische Expertise spielt hier keine explizite Rolle. Hintergrund mögen die heftigen Auseinandersetzungen um die Berechtigung spezifischer Förderung, von Kategorisierung und Professionalisierung sein. Dennoch stellt sich dann die Frage: Bilden unter der erweiterten Kategorie »Heterogenität« und »Diversität« die spezifischen Kompetenzen, die zur Erfüllung der Bedürfnisse von Personen mit Beeinträchtigungen und Behinderungen notwendig sind, noch den zentralen Gegenstand zukünftiger Weiterentwicklungen der Lehrkräftebildung? Beantwortet eine Lehrerinnen- und Lehrerbildung für Heterogenität noch die spezifischen Bedarfe von Lernenden mit Beeinträchtigungen und Behinderung?

Es bleibt als Auftrag die Verwirklichung eines inklusiven Bildungssystems und die dafür notwendige Qualifizierung aller Lehrkräfte in den Schulen. Nach dem ersten Länderbericht vor den Vereinten Nationen über die Umsetzung der UN-CRPD zieht der UN-Fachausschuss eine kritische Zwischenbilanz: Ausgehend von der Besorgnis, dass weiterhin »der Großteil der Schülerinnen und Schüler mit Behinderungen […] gesonderte Förderschulen besucht«, wird die Lehrkräftebildung als ein wichtiger Ansatzpunkt der Weiterentwicklung hervorgehoben. Der Fachausschuss empfiehlt,

> »die Schulung aller Lehrkräfte auf dem Gebiet der inklusiven Bildung sowie die erhöhte Barrierefreiheit des schulischen Umfelds, der Materialien und der Lehrpläne und das Angebot von Gebärdensprache in allgemeinen Schulen, einschließlich für Postdoktoranden, sicherzustellen« (Vereinte Nationen CRPD 2015, S. 12).

Wie lässt sich die gegenwärtige Situation bezüglich der Qualifikation erfahrungsorientiert beschreiben? Dafür soll ein Blick in die Realität der Industrienationen herangezogen werden; eine solch übergreifende Perspektive verringert die Gefahr der Dramatisierung der Verhältnisse im deutschen Bildungssystem.

2.2 Die Situation: Lehrkräfte in inklusiven Schulen

Die internationale Bestandsaufnahme zur Situation der Lehrkräfte im Kontext inklusiver Schulen, die die OECD im Rahmen der TALIS-Studie (vgl. OECD 2018) erhoben hat, fällt angesichts der Bedeutung und des beschriebenen Auftrags ernüchternd aus. In 25 ausgewerteten OECD-Staaten, wobei Deutschland und Österreich aufgrund des Bildungssystems nicht einbezogen werden konnten, unterrichten 25 % aller Lehrkräfte in Klassen mit einem Anteil von mehr als 10 % der Schülerinnen und Schüler mit diagnostizierten und anerkannten Behinderungen, weitere 54 % der befragten Lehrkräfte unterrichten Klassen mit 1 bis 10 % Schülerinnen und Schülern mit diagnostiziertem und anerkanntem Förderbedarf (vgl. OECD 2018, S. 2). Wenn Inklusion vorrangig als Setting verstanden wird, zeigt sich hier eine weite Verbreitung inklusiver Organisationsformen: Insgesamt 80 % aller Lehrkräfte in der Studie der OECD-Staaten unterrichten bereits Lernende mit Beeinträchtigungen und Behinderungen.

Allerdings berichten die Lehrkräfte in den Klassen mit Lernenden mit besonderen Bedarfen von einschränkenden Rahmenbedingungen: Sie erhalten weniger Ressourcen und professionelle Unterstützung als andere Lehrkräfte, zudem findet hier häufiger ein Personalwechsel statt als in anderen Klassen. Dies führt dazu, dass Schülerinnen und Schüler mit Behinderungen systematisch durch weniger erfahrene und qualifizierte Lehrkräfte unterrichtet werden (vgl. ebd.). Lehrkräfte in solchen Klassen formulieren daher einen hohen Bedarf an Kenntnissen für die Gestaltung inklusiver Lernprozesse (vgl. ebd.), sie fühlen sich dafür nicht gut vorbereitet und wünschen entsprechende Qualifizierungsangebote (vgl. ebd.). Nur 32 % der Befragten nahmen im Jahr vor der Befragung an einer Qualifizierungsmaßnahme teil, davon wiederum schätzten nur 27 % die Angebote als hilfreich für ihre Praxis ein (vgl. ebd.)! Die OECD erkennt hier einen dringenden Auftrag zur Etablierung von qualitativ hochwertigen und praktisch relevanten Qualifizierungsmaßnahmen in den vorbereitenden und in begleiteten Phasen der Lehrerinnen und Lehrerbildung: »Inclusive education is a fairly new concept with important insights into identifying students with special needs, management in high-need classrooms, effective pedagogical approaches for teachers, and parental involvement« (OECD 2018, S. 4). Die Bedeutung der Schulleitung wird in diesem Zusammenhang als hoch eingeschätzt:

> »Instructional leadership for school principals is another key lever in improving preparedness for inclusive education. School principals should be supported to be instructional leaders, and collaborative professional development programmes for special needs education should be designed at the school level« (OECD 2018, S. 5).

Wenn die Schulleitungen entsprechende Maßnahmen in ihre Schule implementieren, fühlen sich Lehrkräfte besser vorbereitet und unterstützt für ihre Aufgaben.

Im Ergebnis kommt der Bericht zu umfassenden Anforderungen für alle Phasen der Lehrkräftebildung, um den Bedürfnissen der Lernenden und insbesondere denen mit speziellen Bedarfen gerecht zu werden:

»The low percentage of teachers reporting a positive impact from their professional development signals that there is more to be done regarding the quality of the training offered in special needs education. Also, allocating more experienced and trained teachers to high-need classrooms, and providing continuous support to teachers and schools, can improve the quality of learning experiences of special needs students. This is important to ensure equal learning opportunities for all children and to create the conditions necessary for students with special needs to succeed« (OECD 2018, S. 5).

Diese empirische Beschreibung der ungünstigen Ausgangssituation zur Erfüllung des Auftrags inklusiver Bildung erfordert die Bestimmung der konkreten Aufgaben für Lehrkräfte in inklusiven Schulen. Es stellt sich gemäß der Ausgangslage die Frage: Wie kann die Qualität der professionellen Entwicklung gesteigert werden? Dazu muss zunächst die wissenschaftliche Grundlage geklärt werden.

2.3 Theorien und Projekte zur Qualifizierung für inklusive Schulen

Die Forschungen zur Qualifikation für inklusive Schulen im deutschsprachigen wie auch im internationalen Raum fokussierte zunächst recht häufig die Einstellungen und Haltungen von Lehrkräften im Kontext inklusiver Bildung (vgl. Bless 2017; Hillenbrand, Melzer & Hagen 2013, S. 51; Swanson & Cocchiarella 2013), allerdings erweist sich deren Veränderung als anspruchsvolle Aufgabe mit z. T. widersprüchlichen Ergebnissen (vgl. z. B. Kopp 2009; Male 2011). Die neueren Projekte setzen daher komplexer an und nehmen auf individueller Ebene die Selbstwirksamkeit, das Wissen und Können von Lehrkräften, das zur Bewältigung von Aufgaben in inklusiven Schulen hilfreich ist, stärker in den Blick. Die Bedeutung der Interaktionen im Kontext des Systems Schule werden zugleich in ihrer Bedeutung zunehmend sichtbar.

Zur differenzierten Beschreibung von Qualifikationen der Lehrkräfte dienen Professionalisierungsmodelle, die ein umfassendes Bild des Lehrerberufs abbilden sollen (vgl. Herzog & Makarov 2011). Die aktuell herangezogenen Professionalisierungsmodelle, international wie national, ordnet Terhart (2011) in drei Kategorien ein: kompetenztheoretisch, strukturtheoretisch und berufsbiographisch. Weitgehend durchgesetzt haben sich kompetenztheoretische Ansätze zur Analyse und Weiterentwicklung der Lehrkräftebildung (vgl. Kounina-Habe nicht & Terhart 2020). Diese Modelle wurden aus Aufgabenbeschreibungen heraus entwickelt (vgl. Terhart 2011). Dies hat den Vorteil, dass eine Operationalisierung vorliegt und sie direkt für empirische Untersuchungen sowie für Interventionen genutzt werden können. Die Kompetenzen, die in den verschiedenen Modellen genannt werden (vgl. Baumert & Kunter 2011; Bromme 1997; Elliott 1991; InTASC 2011; Kudva 1999; Malm & Löfgren 2006; Scriven 1994; Sternberg & Horvath 1995; Weinert 2001), bilden ähnliche Kategorien ab und überschneiden sich häufig.

Das häufig genutzte Modell professioneller Handlungskompetenz COACTIV erweitert die von Shulman (1986) eingeführte Gliederung in fachwissenschaftliches, fachdidaktisches und pädagogisches Wissen (vgl. Baumert & Kunter 2011; Frey & Jung 2011). Professionelle Handlungskompetenz gliedert sich demnach in:

- Professionswissen
- Überzeugungen und Werthaltungen
- Motivationale Orientierungen
- Selbstregulation

Das Professionswissen wiederum lässt sich in fünf unterschiedliche Kompetenzbereiche einteilen:

- Fachwissen (Verständnis von schulnahem Stoff/Aufgaben)
- Fachdidaktisches Wissen (Erklärungswissen)
- Beratungswissen
- Pädagogisches Wissen (Bezugsnormorientierung, Wissen über Lernprozesse)
- Organisations- und Interaktionswissen

Dieses komplexe Modell stellt eher einen Rahmen denn eine empirisch prüfbare Theorie bereit (vgl. Kounina-Habe nicht & Terhart 2020). Für Fragen der Qualifikation für inklusive Schulen verdeutlicht das COACTIV-Modell, dass die Gestaltung inklusiver Bildung neue Aufgaben für Lehrkräfte in allen Kompetenzbereichen stellt. Daher sind zur Professionalisierung der Fachkräfte für Inklusion diese Kompetenzen differenziert in den Blick zu nehmen, und eine große Breite von Forschungsthemen aus verschiedenen fachlichen Zugängen wird sichtbar.

Um diese Themenbreite einzugrenzen, plädieren Tschannen-Moran und Woolfolk Hoy (2001) in einem einflussreichen Beitrag für die Orientierung an den konkreten Aufgaben in spezifischen Kontexten. Damit lassen sich bottom-up die Erfahrungen von Lehrkräften in inklusiven Schulen heranziehen, um daraus vorrangige Aufgaben der Qualifizierung von Lehrkräften bestimmen zu können.

Welche konkreten Aufgaben stellen sich nun für Lehrerinnen und Lehrer in inklusiven Schulen? Die bereits genannte bayerische Untersuchung (vgl. Weiß et al. 2019) definiert die drei Anforderungsbereiche Schulkonzeptentwicklung, Kooperation und Gestaltung von Unterricht. Auf der Basis dieser Anforderungsbereiche zeichnen sich in der empirischen Analyse unterschiedliche Cluster der Befragten ab, und die Bereiche Schulentwicklung, Kooperation und Unterricht können damit als tragfähig gelten. Insbesondere die Frage der Kooperation spielt eine bedeutende Rolle. Die Themenfelder können also Orientierung für Qualifizierungsprojekte bieten.

Die Ergebnisse eines eigenen systematischen Reviews des internationalen empirischen Forschungsstands (440 Treffer mit quantitativen und qualitativen Studien, insgesamt 1472 Lehrkräfte erfasst) zu den Aufgaben von Lehrkräften in inklusiven Bildungssystemen, und zwar von allgemeinen Schulen *und* von sonderpädagogischen Fachkräften (vgl. Melzer, Hillenbrand, Sprenger & Hennemann 2015), gelangt zu ähnlichen Ergebnissen, die die Tätigkeiten weiter differenzieren. Das Literaturreview bezieht nach einer systematischen, kriterienorientierten Analyse 20 Studien in die Detailanalyse ein. Die Ergebnisse erlauben die Definition von vier gemeinsamen Aufgabenbereichen für alle Lehrkräfte, nämlich Unterricht, Kooperation, Förderplanung sowie die eigene Professionalisierung. In diesen Bereichen finden sich Aufgaben, die durch Lehrkräfte der allgemeinen Schule *oder* spezialisiert durch sonderpädagogische Lehrkräfte *oder* gemeinsam erfüllt werden (ebd.), wie die folgenden Ausführungen zeigen.

Unterrichten

Im Unterrichten zeigen sich die meisten Gemeinsamkeiten zwischen Lehrkräften der allgemeinen Schule und sonderpädagogischen Lehrkräften. Neben den klassischen Aufgaben der Vorbereitung, Durchführung und Reflexion des Unterrichtsprozesses werden insbesondere die verschiedenen Formen des Co-Teachings genannt. Die Forderung der UN-Konvention nach effektiver Unterstützung aller Schülerinnen und Schüler wird durch den Einsatz wirksamer, evidenzbasierter Maßnahmen und Unterrichtsmethoden sowie deren Evaluation beschrieben. Die Studien decken hier auch Unterschiede auf: Sonderpädagogische Fachkräfte unterstützen *auch* die Gruppe im Klassenunterricht und sind insbesondere für die Förderung in der Kleingruppe zuständig, während die Lehrkraft der allgemeinen Schule die Heterogenität der gesamten Klasse im Blick hat und für einzelne Schülerinnen und Schüler Modifikationen des eigenen Unterrichts (Differenzierung) leistet.

Kooperation

Die Kooperation benennt ebenso gemeinsame Aufgaben, insbesondere die Elternarbeit und die Kooperation mit anderen Professionen.

> »Während für die Lehrkräfte der allgemeinen Schule jedoch die Kooperation v. a. mit sonderpädagogischen Lehrkräften und Assistenzkräften genannt wird, *koordinieren* die sonderpädagogischen Lehrkräfte die Kooperationen und leiten Assistenzkräfte an« (Melzer et al. 2015, S. 76).

Förderplanung

Die Aufgabenbereich Förderplanung gilt für beide Gruppen von Lehrkräften, allerdings zeigen sich darin jeweils spezifische Aufgaben. Die analysierten Studien weisen eine klare Aufgabenteilung auf, die durchaus problematisch zu sehen ist: Während die sonderpädagogische Lehrkraft die Förderplanung erstellt, konzipiert und Informationen zur Realisierung an die Lehrkraft der allgemeinen Schule weitergibt, stellt sich für Lehrkräfte der allgemeinen Schule die Aufgabe, diese Planung zu verstehen (!) und umzusetzen. Diese Beschreibung drückt eine fehlende, vielleicht aufgrund der Rahmenbedingungen bisher nicht mögliche Kooperation aus.

Die Qualität der Kooperation stellt auch ein Schlüsselmerkmal in der Clusteranalyse der bayerischen Lehrkräfte dar (vgl. Weiß et al. 2019) und macht ein wichtiges Qualifizierungsthema deutlich.

Eigene Professionalisierung

Die eigene Professionalisierung gilt ebenso für beide Gruppen und bringt eine Aufgabe mit sich: Während sonderpädagogische Lehrkräfte spezialisierte Inhalte, z. B. Trainings zu spezifischen Entwicklungsbereichen, suchen und nutzen, thematisiert die Professionalisierung der Lehrkräfte der allgemeinen Schule stärker Aspekte der curricularen Adaption und des professionellen Selbstverständnisses angesichts des Auftrags inklusiver Bildung.

Angesichts der seit ca. 30 Jahre bestehenden Erfahrungen im Aufbau eines inklusiven Bildungssystems (vgl. McLeskey, Landers, Williamson & Hoppey 2012) lassen sich aus den analysierten Studien zumindest empirische Hinweise für die Aufgabenstellungen für Lehrkräfte in inklusiven Bildungssystemen identifizieren, die einerseits an klassischen Aufgabenbestimmungen anknüpfen (Unterrichten, Kooperieren) und zugleich neues Wissen und Können (Förderplanung, Professionalisierung) verdeutlichen. Die Studien belegen die gemeinsamen und kooperativ zu lösenden Aufgaben für inklusive Bildung, die sich jedoch je nach Professionalisierung für Lehrkräfte der allgemeinen Schule oder sonderpädagogische Fachkräfte durchaus unterscheiden. Die Spezialisierung von Lehrkräften, die auch international zu beobachten ist, stellt nach diesem Ansatz keinen Widerspruch zu einem inklusiven Bildungsverständnis dar, sondern ermöglicht die Erfüllung des Auftrags inklusiver Bildung (vgl. Hillenbrand, Melzer & Hagen 2013). Wenn andere Argumentationen eine grundlegende Veränderung der Lehrerinnen- und Lehrerbildung insgesamt fordern (vgl. Heinrich, Urban & Werning 2013), etwa die Auflösung der bestehenden sechs Lehramtstypen und die Entwicklung hin zu einer stufenbezogenen Lehrerinnen- und Lehrerbildung, in der jeweils auch eine sonderpädagogische Qualifikation vermittelt wird, setzt dies einen durchaus möglichen Weg dar, der aber große Umbrüche in der Neugestaltung der Lehrerinnen- und Lehrerbildung erfordert, die schwerlich zu erwarten sind (vgl. Kounina-Habe nicht & Terhart 2020). Zumindest für die kurzfristigen Handlungsempfehlungen zum Aufbau eines inklusiven Bildungssystems lassen sich dennoch Übereinstimmungen feststellen (vgl. Heinrich et al. 2013):

- Maßnahmen der Fort- und Weiterbildung
- Implementation zentraler Themen sonderpädagogischer Unterstützung in allen Phasen der Lehrerinnen- und Lehrerbildung
- Aufbau professioneller Unterstützungssysteme
- Kooperation und Supervision
- Qualifizierung von Schulleitungen

Nach den bildungspolitischen Programmen, den Expertisen und den Ausschreibungen der Projektförderung zeigten sich dynamische Aktivitäten im Themenfeld. Die aktuellen Forschungsprojekte, die insbesondere von den bundesweiten Förderprogrammen profitieren, greifen mit sehr unterschiedlichen Konzeptionen und forschungsmethodischen Herangehensweisen diese Themen auf. Es liegen aus einer ganzen Reihe von Projekten erste Ergebnisse vor, weitere Ergebnisse sind für die Zukunft zu erwarten, die dann erst eine Synthese des wissenschaftlichen Erkenntnisstands der deutschsprachigen Forschungen sinnvoll machen. Einen ersten leicht zugänglichen Überblick bietet die seit 2019 im Rahmen der Fachkräftequalifizierung für inklusive Bildung online publizierte Zeitschrift »Qualifizierung für Inklusion«, in dessen erstem Heft die Bandbreite der Forschungen zur Qualifikation für inklusive Schulen deutlich wird: Thematisch spannt sich der Bogen von Fragen der Qualifizierung von Assistenzkräften über die Einstellung von Lehramtsstudierenden, die Fortbildung von Lehrkräften für mathematisches Lernen bis zur Analyse von Praxismaterialien. Analog dokumentieren die Berichte zur QLB die Vielfalt der Projekte, unter denen auch zahlreiche Beiträge mit dem Themenschwerpunkt Inklusion und Heterogenität zu finden sind (vgl. BMBF 2018). Forschungsmethodisch bilden qualitative Ansätze einer (re-)konstruktiven Inklusionsforschung einen großen Schwerpunkt, aber auch empirisch-quantitative Projekte sind zu verzeichnen. Erste Ergebnisse sind die Entwicklung einer das Thema Inklusion erfassenden Theoriebildung zur Didaktik (vgl. Frohn, Brodesser, Moser & Pech 2019), die zugleich die Grundlage für ein Projekt zur Lehrkräftebildung in der ersten Phase darstellt (vgl. Brodesser, Frohn, Welskop, Liebsch, Moser & Pech 2020).

Unabhängig von diesen Projekten aus den Förderlinien finden zugleich weitere große Projekte in den Ländern statt, beispielsweise die landesweite Qualifizierung für inklusive Schulen in NRW (vgl. Hennemann et al. 2017), die Qualifizierungsmaßnahmen im Rahmen des Rügener Inklusionsmodells (vgl. Hartke 2017) oder die seit 2010 stattfindende systematische Qualifizierung der Lehrkräfte im Kreis Mettmann (vgl. Krull, Urton, Wilbert & Hennemann 2018). Hier weisen die Befunde die Bedeutung der kollektiven Selbstwirksamkeit in den Schulkollegien und deren Beeinflussung durch das Handeln der Schulleitungen nach (vgl. Urton, Wilbert & Hennemann 2014; 2015). Die Qualifizierungsprojekte für Assistenzkräfte und Schulleitungen sind ebenfalls zu nennen (s. o.).

In diesem Überblick kann man zahlreiche Forschungsaktivitäten zur Qualifizierung für inklusive Schulen feststellen. Ein zukünftiges, systematisches Review und differenzierte Diskussion der Ergebnisse werden – so schon jetzt ersichtlich – durchaus gemischte Befunde zeigen und einen lohnenden Beitrag zur Weiterentwicklung der Qualifikation für inklusive Schulen darstellen. Die aus der TALIS-Studie resultierende Herausforderung besteht insbesondere in der wirksamen Vorbereitung (1. Phase) und Begleitung (2. und 3. Phase) der Lehrkräfte in inklusiven Schulen, deren Ziel das erfolgreiche und gemeinsame Lernen von Lernenden mit besonderen Bedarfen, Beeinträchtigungen und Behinderungen bildet. Welche Ergebnisse können internationale Forschungsprojekte dazu beitragen?

2.4 Internationale Studien

Die internationalen Forschungen unterstreichen die Bedeutung der Lehrkräfte für die Implementation eines inklusiven Bildungssystems: Sie sind die »agents of change in school« (Sokal & Sharma 2017, S. 743; vgl. Engelbrecht 2013). Ein Ausgangspunkt der neueren internationalen Studien zur Qualifizierung für inklusive Schulen liegt in der Beobachtung, dass sich durch inklusive Bildungsprozesse die Komplexität des Lehrerinnen- und Lehrerberufs erhöht und zu großen Bedenken bei Lehrkräften führt (vgl. Cook 2002; Forlin, Keen & Barrett 2008). Schon Wilkins und Nietfeld stellen fest: »Teachers are generally fearful of inclusion because of their lack of knowledge or fear of little support« (Wilkins & Nietfeld 2004, S. 116). Selbst nach jahrzehntelangen und flächendeckenden Erfahrungen mit inklusiven Schulen bleiben solche Besorgnisse bestehen, wie Studien aus Kanada zeigen, wo immerhin 94 % aller Lehrkräfte in inklusiven Klassen unterrichten (vgl. Sokal & Sharma 2017). Die Qualifizierung für inklusive Schulen stellt also eine bleibende und systematische Aufgabe dar – dies steht einem ›konjunkturellen‹ Interesse deutlich entgegen.

Als Rahmenmodell für die empirische Untersuchung der Kompetenzen von Lehrkräften in inklusiven Bildungssystemen greifen die Studien häufig auf die Dimensionen zurück, die auch im World Report on Disabilities (vgl. World Health Organization & World Bank 2011) genannt werden:

- Attitudes oder Beliefs (Einstellungen, Haltungen)
- Knowledge (Wissen)
- Skills (Fertigkeiten, Handlungsmöglichkeiten)

Diese drei Dimensionen stehen in Interaktion zueinander, zahlreiche Forschungen liegen zu Fragen der Einstellungen vor: Während auch in internationalen Studien häufig von grundsätzlich positiven Einstellungen trotz Besorgnissen ausgegangen werden kann, zeigen sich große Bedarfe in den Bereichen Wissen und Können (vgl. Bless 2017; Lancaster & Bain 2019; Swanson & Cocchiarella 2013). Einstellungen zur Inklusion stehen in Zusammenhang mit dem Wissen und Können zur Gestaltung von inklusivem Unterricht (vgl. Stanovich & Jordan 1998; Lindsay 2007; Jordan, Glenn & McGhie-Richmond 2010). Die Einstellung der einzelnen Lehrkraft wiederum wird bedeutsam durch die Einstellungen der Kolleginnen und Kollegen bzw. durch die Zugehörigkeit zu einem Kollegium beeinflusst, sodass dem jeweiligen Schulklima, maßgeblich gelenkt durch die Schulleitung (vgl. Billingsley & McLeskey 2014), bei der Umsetzung inklusiver Bildung eine wichtige Rolle zukommt. Ein von allen Beteiligten getragenes, gemeinsames Leitbild einer inklusiven Schulkultur stellt ein wichtiges Merkmal gelingender inklusiver Schulen dar (vgl. Hoppey & McLeskey 2013). Zwischen einem solchermaßen unterstützenden Schulklima und dem Zutrauen in die eigene Handlungsfähigkeit (Selbstwirksamkeit), z. B. im Kontext von Verhaltensproblemen, besteht eine positive Wechselwirkung (vgl. Hosford & O'Sullivan 2016). Die Kenntnis erfolgreicher Handlungsstrategien der Lehrkräfte, insbesondere zum Umgang mit Verhaltensproblemen im Unterricht, stellt einen wichtigen Faktor für die Einschätzung zur Bewältigung der Aufgaben inklusiver Schulen dar (vgl. Forlin & Cooper 2013).

Blazer fasst zahlreiche englischsprachige Studien zusammen: Insbesondere Lehrkräfte allgemeiner Schulen benötigen demnach systematische Qualifizierung und Unterstützung (vgl. Blazer 2017). Die Gründe sind nachvollziehbar: Sie übernehmen zunehmend Aufgaben der Sonderpädagogik, hatten jedoch meist keine Angebote zur Qualifizierung dafür und berichten von inhaltlich ungenügenden Qualifizierungsangeboten bezogen auf die anspruchsvollen Aufgabenstellungen. Auch die Eltern von Schülerinnen und Schüler mit und ohne Behinderung erleben Lehrkräfte der allgemeinen Schulen als nicht ausgebildet für die notwendige Unterstützung. Die Konsequenz besteht in einer notwendigen, systematischen Unterstützung der Lehrkräfte: »researchers have concluded that rigorous and ongoing professional development is essential to the success of inclusive classrooms« (ebd., S. 1). Es lässt sich also auf Basis des derzeitigen Kenntnisstands empirischer Forschung ein internationaler Konsens zur Notwendigkeit von Qualifizierungsangeboten, gerade auch zu sonderpädagogischen Themen, für alle Phasen der Lehrkräftebildung feststellen.

Als ein zentraler Faktor wird dabei die Selbstwirksamkeit nach Bandura in den Forschungen herangezogen (vgl. Loreman, Sharma & Forlin 2013; Forlin et al. 2015), die insbesondere durch die Vermittlung und Erprobung von Wissen und Können die Professionsentwicklung stärken kann (vgl. Blazer 2017). Wichtige Themen sind auf der Basis empirischer Studien demnach

- die geeigneten Lehrformen für Lernende mit speziellen Bedürfnissen,
- Strategien der differenzierten Instruktion,
- Classroom Management Techniken,
- Merkmale und Einflüsse der Beeinträchtigungen auf das Lernen und
- Prozesse der individuellen Förderplangestaltung (vgl. ebd.).

Wenngleich diese wichtigen Themenfelder zwar in verschiedenen Akzentuierungen, aber dennoch in großer Ähnlichkeit immer wieder durch die Forschung identifiziert werden, gelingt es bisher nicht, die Qualifikation erfolgreich darauf auszurichten, sodass hier von einem *Research-to-Practice-Gap* gesprochen wird (vgl. McLeskey, Billingsley & Ziegler 2018; vgl. Lancaster & Bain 2019). Insbesondere die Funktion wissenschaftlicher Theorien und Erkenntnisse steht damit in Frage. Welchen Beitrag können wissenschaftsbasierte Bildungsangebote für Lehrkräfte in den verschiedenen Phasen der Lehrerinnen- und Lehrerbildung leisten? Und welche Bedeutung haben damit verbundene Praxiserfahrungen?

In einer Studie im kanadischen Bildungssystem konnte die Relevanz differenziert analysiert werden. Anhand von drei Gruppen von Lehrkräften (Studierende mit Inklusionsinhalten, Lehrkräfte in inklusiver Praxis mit Erfahrung, aber ohne Inklusionsqualifikation, und Lehrkräfte mit Erfahrung und mit Inklusionsqualifikation) konnten Sokal und Sharma (2017) in einer dreijährigen Längsschnittstudie die Relevanz von wissenschaftsbasierten Qualifizierungsangeboten in verschiedenen Phasen der Lehrkräftebildung erfassen. Als abhängige

Variablen gingen die Einstellungen, Besorgnisse und die Wirksamkeit des Unterrichtens in die Untersuchung ein, denn positive Einstellungen, niedrige Besorgnisse und hohe Lehrkräftewirksamkeit für inklusive Praktiken werden auf Basis früherer Studien als »important factors that lead to successful inclusive teaching« (Sokal & Sharma 2017, S. 743) bestimmt. Die Ergebnisse belegen deutliche Unterschiede zwischen den Gruppen: Lehrkräfte mit Praxiserfahrungen *und* Qualifikation für Inklusion zeigen eine höhere Wirksamkeit und eine positivere Einstellung als Absolventinnen und Absolventen der ersten Ausbildungsphase mit Qualifikation, aber wenig Erfahrung mit inklusiven Klassen; diese wiederum hatten geringere Bedenken bezüglich der Inklusion als Lehrkräfte mit Erfahrung, aber ohne Ausbildung in inklusiven Praktiken. Die wissenschaftliche Qualifikation für inklusive Schulen in enger Kombination mit *positiven* Praxiserfahrungen ist gemäß dieser Studie die bestmögliche Kombination zur Sicherung hoher Qualität inklusiver Bildung. Die Befunde belegen damit durchaus die Wirksamkeit und Notwendigkeit qualitativ hochwertiger Lehrkräftebildung in allen Phasen, insbesondere wenn man bedenkt, dass ohne solche Qualifikationsprozesse die Bereitschaft zum Unterricht in inklusiven Schulen sinkt (vgl. Forlin, Loreman, Sharma & Earle 2009).

Einen weiteren aktuellen Schwerpunkt der internationalen Forschungen stellt die Frage der spezifischen Inhalte und wirksame Formen ihrer Vermittlung dar. Die Wirksamkeit der methodischen Zugänge zur Qualifikation für inklusive Schulen wird in aktuellen Projekten, insbesondere unter Berücksichtigung der verschiedenen Phasen der Lehrerinnen- und Lehrerbildung, mit unterschiedlichen Konzeptionen erprobt und empirisch-quantitativ evaluiert (vgl. Lancaster & Bain 2019; McLeskey et al. 2018). Als Zwischenstand lässt sich festhalten, dass eine enge Verbindung theoretischer Inhalte mit den Implementationsprozessen in die schulischen Praxisfelder, z. B. in Form von *Lesson Study*, eine besondere Rolle spielt (vgl. Sokal & Sharma 2017), und dabei besitzen die schon genannten positiven Praxiserfahrungen bei der Implementation neuer Kompetenzen eine hohe Bedeutung. Aus den Studien zu solchen Formen der Qualifizierung wird deutlich, dass die Intensität und die qualitativ hochwertige Strukturierung praxisfeldbezogenen Lernens entscheidender ist als der zeitliche Umfang.

2.5 Perspektiven: Elemente hochwirksamer Praxis

Wenn also zahlreiche Forschungsergebnisse für die Realisierung inklusiver Bildung zwar bekannt sind, aber eine systematische Verbreitung von Qualifikationsangeboten fehlt, sowie die bisherigen Angebote nicht als hilfreich eingeschätzt werden, stellt sich die Frage nach den Hindernissen. Ein potentieller Faktor ist dabei die Komplexität von Implementationsprozessen im Prozess des Transfers von Wissenschaft in Praxis (vgl. Cook & Odom 2013). Auch die Implementation sonderpädagogischer Expertise stellt einen komplexen Prozess dar, in dem Faktoren als Gelingensbedingung eine entscheidende Rolle spielen, die nicht in der Hand der einzelnen Lehrkraft liegen (Durlak & DuPre 2008).

Ein weiterer Faktor könnte die Lehrkräftebildung selbst sein, die den Transfer vom Wissen zum Handeln erschwert (vgl. *Research-to-Practice-Gap*; McLeskey et al. 2018). Die Betonung der theoriegeleiteten Aneignung und Reflexivität und die damit verbundene Praxisferne der Lehrkräftebildung gelten als Problem, infolgedessen wird in Studien und Institutionen eine grundlegende Änderung verlangt:

> »These changes require that teacher preparation programs move away from specifying knowledge related to instruction (i. e., learning *about* teaching), and move toward the identification of a set of complex practices that become the core curriculum of teacher preparation« (McLeskey et al. 2018, S. 6).

Der Lernprozess ist dann in engem Kontakt zu feldbasierten Erprobungen zu validieren.

Als Beitrag zur Überwindung des *Research-to-Practice-Gap* im Kontext der Lehrkräftebildung für inklusive Schulen und sonderpädagogische Förderung initiierte der *Council für Exceptional Children* einen Prozess zur Erstellung eines Curriculums auf der Basis der Identifikation von hochwirksamen Praxiselementen für inklusive wie auch spezielle Schulformen. Ein großes Expertenteam formulierte einen Satz von hochwirksamen Maßnahmen, die in einem mehrstufigen Prozess mit Expertinnen und Experten aus Forschung, Lehrerinnen- und Lehrerbildung und schulischer Praxis überarbeitet, im Kontext des *CEC* diskutiert und in seinem Auftrag publiziert wurden (vgl. McLeskey et al. 2017). Darauf basieren Qualifikationsmodule, die in sehr unterschiedlichen Formaten, z. B. auch als digitale Lernmöglichkeiten, angeboten werden und dadurch für die individuellen Kompetenzen und spezifischen Aufgabenstellungen adaptiert werden können (nachzulesen unter https://highleveragepractices.org/). Hier können auch die unterschiedlichen Zielgruppen, neben Lehrkräften auch Schulleitungen und Assistenzkräfte, relevante Qualifikationen abrufen.

Der Schwerpunkt dieses Ansatzes liegt in der konsensualen Bestimmung relevanter Inhalte, die natürlich auch die Ergebnisse der Evaluationsforschung aufgreift: Die identifizierten, hochwirksamen Praxiselemente für Lehrkräfte der Klassen K-12 sollen sowohl in inklusiven Klassen als auch in speziellen Settings anwendbar sein. Als Voraussetzung wird nachdrücklich und mehrfach die kulturelle Adaption und milieubezogene Sensitivität des pädagogischen Handelns gefordert (vgl. Aronson & Laughter 2016), durch die solche Praxiselemente erst ihre Wirksamkeit entfalten können (vgl. McLeskey et al. 2018). Die Konzeption der hochwirksamen Praxiselemente fordert also explizit die fundamentale Beachtung diverser kultureller, sprachlicher und sozioökonomischer Faktoren, die im Kontext der Schule zu Benachteiligungen führen können.

Die hochwirksamen Praxiselemente gelten damit als zentrale Themen der Qualifikation für inklusive Schulen in allen Phasen der Lehrkräftebildung, die methodisch als praxisbasierte Lehrkräftebildung vermittelt werden sollen. Sie sind eingeteilt in vier Komponenten der Tätigkeit von Lehrkräften:

- Kooperation (Collaboration)
- Assessment,
- sozial-emotionale, verhaltensbezogene Praxiselemente
- Instruktion

Der folgende Kasten stellt dieses Kerncurriculum der Lehrkräftebildung für inklusive und spezialisierte Schulen dar (vgl. McLeskey et al. 2018).

Hochwirksame Praxiselemente der Lehrerinnen- und Lehrerbildung nach CEC (McLeskey et al. 2018)

Zusammenarbeit

1. Mit Fachleuten zusammenarbeiten, um den Erfolg der Schüler zu steigern
2. Effektive Kooperationsformen mit Fachleuten und Familien organisieren und unterstützen
3. Mit Familien zusammenarbeiten, um das Lernen der Schüler zu unterstützen und benötigte Dienstleistungen zu sichern

Assessment

1. Mehrere Informationsquellen verwenden, um ein umfassendes Verständnis für die Stärken und Bedürfnisse eines Schülers zu entwickeln
2. Diagnostische Informationen mit den Beteiligten interpretieren und kommunizieren, um gemeinsam Bildungsprogramme zu entwerfen und umzusetzen
3. Daten zur Schülerbeurteilung für die Analyse von Unterrichtspraktiken verwenden und für notwendige Anpassungen, um die Ergebnisse der Schüler zu verbessern

Sozial-emotionale und verhaltensbezogene Praktiken

1. Eine konsistente, organisierte und respektvolle Lernumgebung schaffen
2. Positives und konstruktives Feedback geben, um das Lernen und Verhalten der Schülerinnen und Schüler zu steuern (Verhaltensfokus)
3. Soziale Verhaltensweisen lehren
4. Funktionale Verhaltensbeurteilungen durchführen, um individuelle Pläne zur Unterstützung des Schülerverhaltens zu entwickeln

Instruktion

1. Lang- und kurzfristige Lernziele identifizieren und priorisieren
2. Unterricht systematisch auf ein bestimmtes Lernziel ausrichten
3. Aufgaben und Materialien des Lehrplans für spezifische Lernziele anpassen

4. Kognitive und metakognitive Strategien zur Unterstützung des Lernens und selbstgesteuerter Lernprozesse vermitteln
5. Unterstützende Begleitung der Lernprozesse (Scaffolding)
6. Explizite Anweisungen verwenden
7. Flexible Gruppeneinteilungen verwenden
8. Strategien zur Förderung des aktiven Engagements der Schülerinnen und Schüler verwenden
9. Assistive und instruierende Technologien verwenden
10. Lernergebnisse über Zeit und Umgebung hinweg sichern und verallgemeinern
11. Intensive Formen der Instruktion anbieten
12. Positives und konstruktives Feedback geben, um das Lernen und Verhalten der Schüler zu steuern (Lernfokus)

Die Implementation eines solchen Kerncurriculums der Qualifikation für inklusive Schulen verlangt die Berücksichtigung der fachlichen Lerninhalte des Curriculums und ihrer spezifischen Kontextbedingungen (vgl. ebd.). Die Berücksichtigung der vielfältigen fachdidaktischen Standards über die Jahrgänge hinweg stellt eine Herausforderung für die feldbasierte Erprobung der Konzepte dar. Ergänzungen, etwa durch sonderpädagogische Kompetenzen bei seltenen Bedarfen (z. B. Sehen, Hören), sind möglich und vorgesehen. Die Identifikation von hochwirksamen Praxiselementen gilt nur als erster Schritt, dem der Einsatz wirksamer Verfahren zur Gestaltung von Lernprozessen und hilfreichen Tools für das Qualifizierungsangebot in den verschiedenen Phasen der Lehrerinnen- und Lehrerbildung folgen müssen (vgl. McLeskey 2018). Die damit entstehende Aufgabe, feldbasierte Erfahrungen mit den Praxiselementen zu ermöglichen, bildet große Herausforderungen für die Akteurinnen und Akteure der Lehrkräftebildung in allen Phasen. Hilfreich sind dafür die in anderen Studien erprobten Ansätze, die neben primären Erfahrungen im Feld (Lesson Study, Co-Teaching-Formen) auch Formen simulierter Praxis (Video-Analysen) zum Einsatz bringen (vgl. ebd.).

Der Ansatz bei hochwirksamen Praxiselementen ist dann idealerweise eine Brücke für Lehrkräfte gerade zu Beginn ihrer Tätigkeit in inklusiven Schulen, die durch gut konzipierte Programme und Mentorinnen- und Mentorensysteme weitere Qualifizierungsprozesse weitergeführt werden, sodass sie sich zu Fachleuten entwickeln, die ein breites Spektrum an wirksamen Praktiken beherrschen, die das Lernen und die sozial-emotionale Entwicklung aller Lernenden, insbesondere bei besonderen Bedarfen, Beeinträchtigungen und Behinderungen, erfolgreich unterstützen. Der Erfolg dieser langfristigen Qualifikationsprozesse für inklusive Schulen hängt selbstverständlich auch von Ressourcen, Rahmenbedingungen sowie der positiven Kooperation der Akteure ab.

2.6 Ergebnis

Der Versuch eines aktuellen Überblicks, auf Basis der früheren Expertise, über die Projekte und Forschungen zur Qualifikation für inklusive Schulen belegt eine hohe Dynamik, die im deutschen Sprachraum insbesondere von großen Förderlinien profitiert. Umso bedauerlicher ist das Auslaufen solcher Förderprogramme! Die Verpflichtung zum Aufbau eines inklusiven Bildungssystems, die Deutschland mit der Unterzeichnung der UN-BKRK eingegangen ist, fordert jedoch die Kontinuität fundierter Qualifikationsangebote für inklusive Schulen, die über Projektfinanzierungen hinaus gehen muss. Die internationalen Studien belegen einerseits die Notwendigkeit wissenschaftlich fundierter Lehrkräftebildung und machen andererseits die Komplexität in den Themen und Maßnahmen zur Professionalisierung von Fachkräften in der Schule deutlich. Damit steht nicht weniger als die grundsätzliche Frage der inhaltlichen und methodischen Gestaltung der Lehrerinnen- und Lehrerbildung zur Disposition; dabei darf die Qualifikation für Schulleitungen und Assistenzkräfte nicht vergessen werden.

In diesem Kontext spielt nicht die Struktur der Lehrerinnen- und Lehrerbildung die entscheidende Rolle, vielmehr geht es um die Frage der Überbrückung von Forschung zu Praxis. Die Bestimmung der relevanten Inhalte wird je nach Inklusionsverständnis und je nach Forschungskonzeption in der deutschsprachigen Diskussion sehr divergent beantwortet werden: Hochwirksame Praxiselemente stehen eher in Kontrast zu rekonstruktiv-reflexiven Konzeptionen. Zukünftige Forschungsansätze werden diesen Kontrast aushalten und ihre jeweiligen Stärken unter Beweis stellen müssen. Qualifizierung für inklusive Schulen ist eine unverzichtbare Bedingung, um das Ziel eines inklusiven Bildungssystems Realität werden zu lassen.

Literatur

Aronson, B. & Laughter, J. (2016): The Theory and Practice of Culturally Relevant Education: A Synthesis of Research Across Content Areas. Review of Educational Research, 86, 163–206.

Asmussen, S. & Ehlers, A. (2019): Empfehlungen zur schulischen Bildung von Kindern und Jugendlichen mit sonderpädagogischem Bildungs-, Beratungs- und Unterstützungsbedarf im Schwerpunkt LERNEN – Entstehungsgeschichte, inhaltliche Weiterentwicklung und Diskussion der überarbeiteten »Empfehlungen zum Förderschwerpunkt Lernen«, Zeitschrift für Heilpädagogik, 70, 339–342.

Baumert, J. & Kunter, M. (2011): Das Kompetenzmodell von COACTIV. In: M. Kunter et al. (Hrsg.), Professionelle Kompetenz von Lehrkräften (29–53). Münster u. a.: Waxmann.

Billingsley, B. S. & McLeskey, J. (2014): What a Are the Roles of Principals in Inclusive Schools? In: J. McLeskey, N. L. Waldron, F. Spooner & B. Algozzine (Hrsg.), Handbook of Effective Inclusive Schools (67–79). New York: Routledge.

Blasse, N., Budde, J., Demmer, C., Gasterstädt, J., Heinrich, M., Lübeck, A., Rißler, G. Rohrmann, A., Strecker, A., Urban, M. & Weinbach, H. (2019): Zwischen De/Kategorisierung und De/Professionalisierung – Komplexe Spannungen professionellen Handelns in der schulischen Inklusion. *QfI – Qualifizierung für Inklusion*, 1.

Blazer, C. (2017): Review of the Research on Inclusive Classrooms: Academic and Social Outcomes for Students with and without Disabilties; Best Practices, and Parents Perceptions of Benefits and Risks. Information Capsule, 1701. Online verfügbar unter: https://eric.ed.gov/?id=ED587808, Zugriff am 20.11.2020.

Bless, G. (2017): Integrationsforschung. Entwurf einer Wissenskarte. Zeitschrift für Heilpädagogik, 68, 216–227.

BMAS (2011): Unser Weg in eine inklusive Gesellschaft. Der Nationale Aktionsplan der Bundesregierung zur Umsetzung der UN-Behindertenrechtskonvention. Berlin: BMAS.

BMAS (2016) : Unser Weg in eine inklusive Gesellschaft. Nationaler Aktionsplan 2.0 der Bundesregierung zur UN-Behindertenrechtskonvention. Berlin: BMAS.

Brodesser, E., Frohn, J., Welskop, N., Liebsch, A.-C., Moser, V. & Pech, D. (2020): Inklusionsorientierte Lehr-Lern-Bausteine für die Hochschullehre. Ein Konzept zur Professionalisierung zukünftiger Lehrkräfte. Bad Heilbrunn: Klinkhardt.

Bromme, R. (1997): Kompetenzen, Funktionen und unterrichtliches Handeln des Lehrers. In: F. E. Weinert (Hrsg.), Enzyklopädie der Psychologie. Pädagogische Psychologie. Bd. 3: Psychologie des Unterrichts und der Schule (177–212). Göttingen: Hogrefe.

BMBF – Bundesministerium für Bildung und Forschung (2018): Perspektiven für eine gelingende Inklusion. Beiträge der »Qualitätsoffensive Lehrerbildung« für Forschung und Praxis. Berlin: BMBF.

Cook, B. G. (2002): Inclusive Attitudes, Strengths, and Weaknesses of Pre-Service General Educators Enrolled in a Curriculum Infusion Teacher Preparation Program. Teacher Education and Special Education, 25, 262–277.

Cook, B. G. & Odom, S. L. (2013): Evidence-Based Practices and Implementation Science in Special Education. Exceptional Children, 79, 135–144.

Deutschlandfunk (2019): Institut für Menschenrechte: Inklusion vorerst gescheitert. Online verfügbar unter: https://www.deutschlandfunk.de/institut-fuer-menschenrechte-inklusion-vorerst-gescheitert.680.de.html?dram:article_id=444140, Zugriff am 20.03.2019.

Döbert, H. & Weishaupt, H. (Hrsg.) (2013): Inklusion professionell gestalten. Münster: Waxmann.

Durlak, J. A. & DuPre, E. P. (2008): Implementation Matters: A Review of Research on the Influence of Implementation on Program Outcomes and the Factors Affecting Implementation. American Journal of Community Psychology, 41, 237–350.

Dworschak, W. (2015): Zur Bedeutung von Kontextfaktoren im Hinblick auf den Erhalt einer Schulbegleitung – Eine empirische Analyse im Förderschwerpunkt geistige Entwicklung an bayerischen Förderschulen. Empirische Sonderpädagogik, 7, 56–72.

Elliott, J. (1991): A Model of Professionalism and Its Implications for Teacher Education. British Educational Research Journal, 17 (4), 309–318.

Engelbrecht, P. (2013): Teacher Education for Inclusion, International Perspectives, European Journal of Special Needs Education, 28, 115–118.

EU-Commission (Hrsg.) (2019): Access to Quality Education for Children with Special Educational Needs. Luxemburg: European Union.

Felder, F. (2017): Zwei Kritikpunkte und ein Vorschlag für ein anderes Verständnis von Inklusion. Sonderpädagogische Förderung heute, 62, 301–311.

Forlin, C. & Cooper, P. (2013): Student Behaviour and Emotional Challenges for Teachers and Parents in Hong Kong. British Journal of Special Education, 40, 58–64.

Forlin, C., Keen, M. & Barrett, E. (2008): The Concerns of Mainstream Teachers: Coping with Inclusivity in an Australian context. International Journal of Disability Development & Education, 55 (3), 251–264.

Forlin, C., Kawai, N. & Higuchi, S. (2015): Educational Reform in Japan towards Inclusion: Are We Training Teachers for Success?, International Journal of Inclusive Education, 19, 314–331.

Forlin, C., Loreman, T., Sharma, U. & Earle, C. (2009): Demographic Differences in Changing Pre-Service Teachers' Attitudes, Sentiments and Concerns about Inclusive Education. International Journal of Inclusive Education, 13, 195–209.
Frey, A. & Jung, C. (2011): Kompetenzmodelle und Standards in Lehrerbildung und Lehrerberuf. In: E. Terhart, H. Bennewitz & M. Rothland: Handbuch der Forschung zum Lehrerberuf (540–573). Münster: Waxmann.
Frohn, J., Brodesser, E., Moser, V. & Pech, D. (2019): Inklusives Lehren und Lernen. Allgemein- und fachdidaktische Grundlagen. Bad Heilbrunn: Klinkhardt.
Grosche, M. (2015): Was ist Inklusion? In: Kuhl, P., Stanat, P., Lütje-Klose, B., Gresch, C., Pant, H. A. & Prenzel, M. (Hrsg.), Inklusion von Schülerinnen und Schülern mit sonderpädagogischem Förderbedarf in Schulleistungserhebungen (17–39). Wiesbaden: Springer.
Hartke, B. (Hrsg.) (2017): Handlungsmöglichkeiten schulische Inklusion. Das Rügener Modell kompakt. Stuttgart: Kohlhammer.
Heimlich, U. & Hillenbrand, C. (im Druck): Sonderpädagogische Bildung, Beratung und Förderung des Lernens: Die Empfehlungen der Ständigen Konferenz der Kultusminister für die Sonderpädagogik mit dem Schwerpunkt Lernen 2019. In. Blumenthal, S. Blumenthal Y & Mahlau, K. (Hrsg.), Im Schnittfeld von Lern- und emotional-sozialen Entwicklungsauffälligkeiten. Entwicklungen und Trends in Theorie und Praxis. Stuttgart: Kohlhammer.
Heimlich, U., Ostertag, C. & Wilfert de Icaza, K. (2016): Qualität inklusiver Schulentwicklung. In: U. Heimlich, J. Kahlert, R. Lelgemann & E. Fischer (Hrsg.), Inklusives Schulsystem. Analysen, Befunde, Empfehlungen zum bayerischen Weg (87–106). Bad Heilbrunn: Klinkhardt.
Heinrich, M., Urban, M. & Werning, R. (2013): Grundlagen, Handlungsstrategien und Forschungsperspektiven für die Ausbildung und Professionalisierung von Fachkräften für inklusive Schulen. In: Döbert, H. & Weishaupt, H. (Hrsg.), Inklusive Bildung professionell gestalten. Situationsanalyse und Handlungsempfehlungen (69–133). Münster: Waxmann.
Hennemann, T., Casale, G., Fitting-Dahlmann, K., Hövel, D.C., Hagen, T., Leidig, T., Melzer, C., Grosche, M., Hillenbrand, C., Vierbuchen, M.-C. & Wilbert, J. (2017): »Schulen auf dem Weg zur Inklusion«. Konzeption, Evaluation und erste Befunde eines landesweiten Qualifizierungsprogramms zur Umsetzung von Inklusion in Nordrhein-Westfalen. Zeitschrift für Heilpädagogik, 68, 532–544.
Herzog, W. & Makarov, E. (2011): Anforderungen an und Leitbilder für den Lehrerberuf. In: E. Terhart, H. Bennewitz & M. Rothland (Hrsg.), Handbuch der Forschung zum Lehrerberuf (63–78). Münster: Waxmann.
Hillenbrand, C., Käter, T. & Vierbuchen, M.-C. (2017): Schulleitungsqualifikation für inklusive Bildung in Niedersachsen. Ergebnisse der wissenschaftlichen Begleitung. In: Sonderpädagogische Förderung heute, 2, 151–167.
Hillenbrand, C., Melzer, C. & Hagen, T. (2013): Bildung schulischer Fachkräfte für inklusive Bildungssysteme. In: Döbert, H. & Weishaupt, H. (Hrsg.), Inklusive Lehrerbildung professionell gestalten. Situationsanalyse und Handlungsempfehlungen (33–68). Münster: Waxmann.
Hoppey, D. & McLeskey, J. (2013): A Case Study of Principal Leadership in an Effective Inclusive School. The Journal of Special Education, 46 (4), 245–256.
Hosford, S. & O'Sullivan, S. (2016): A Climate for Self-Efficacy: The Relationship between School Climate and Teacher Efficacy for Inclusion, International Journal of Inclusive Education, 20, 604–621.
InTASC (2011): Model Standards for Beginning Teacher Licensing and Development: A Ressource for State Dialogue. Washington: Council of Chief State Officer. Online verfügbar unter: http://www.ccsso.org/Resources/Publications/InTASC_Model_Core_Teaching_Standards_A_Resource_for_State_Dialogue_%28April_2011%29.html, Zugriff am 05.01.2013.
Jordan, A., Glenn, C. & McGhie-Richmond, D. (2010): The SET Project: Effective Teaching and Its Relationship to Teachers' Epistemological Beliefs and Inclusive Teaching Practices. Teaching and Teacher Education, 26, 259–266.

Kissgen, R., Limburg, D., Hübner, C. & Carlitscheck, J. (2019): Implementierung eines Pool-Modells in der Schulbegleitung an einer Förderschule Geistige Entwicklung. Evaluationsergebnisse aus Sicht der Schulbegleitungen. Zeitschrift für Heilpädagogik, 1, 25–36.
Kiuppis, F. (2016): From Special Education, via Integration, to Inclusion: Continuity and Change in UNESCO's Agenda Setting. ZEP Zeitschrift für internationale Bildungsforschung und Entwicklungspädagogik, 39 (3), 28–33.
KMK – Ständige Konferenz der Kultusminister der Länder (2011): Inklusive Bildung von Kindern und Jugendlichen mit Behinderungen in Schulen. (Beschluss der KMK vom 20.10.2011). o. O.
KMK – Ständige Konferenz der Kultusminister der Länder (2013): Rahmenvereinbarung über die Ausbildung und Prüfung für ein sonderpädagogisches Lehramt. (Lehramtstyp 6). (Beschluss der KMK vom 06.05.1994 i. d. F. vom 10.10.2013). Berlin: Sekretariat der KMK.
KMK – Ständige Konferenz der Kultusminister der Länder (2019): Standards für die Lehrerbildung: Bildungswissenschaften. (Beschluss der KMK vom 16.12.2004 i. d. F. vom 16.05.2019). Berlin: Sekretariat der KMK.
KMK & HRK – Ständige Konferenz der Kultusminister der Länder & Hochschulrektorenkonferenz (2015): Lehrerbildung für eine Schule der Vielfalt. Gemeinsame Empfehlung von Hochschulrektorenkonferenz und Kultusministerkonferenz. (Beschluss der KMK vom 12.03.2015/Beschluss der HRK vom 18.03.2015). o. O.
Kopp, B. (2009): Inklusive Überzeugung und Selbstwirksamkeit im Umgang mit Heterogenität – Wie denken Studierende des Lehramts für Grundschulen? Empirische Sonderpädagogik, 1, 5–25.
Krull, J., Urton, K., Wilbert, J. & Hennemann, T. (2018): Der Kreis Mettmann auf dem Weg zum inklusiven Schulsystem. Zentrale Ergebnisse der wissenschaftlichen Begleitung. Zeitschrift für Heilpädagogik, 69, 17–39.
Kudva, P. (1999): Relevance of a Knowledge Base for a Teacher as a Professional. Report. Online verfügbar unter: https://files.eric.ed.gov/fulltext/ED429932.pdf, Zugriff am 20.12. 2020.
Kunina-Habenicht, O. & Terhart,E. (2020): Erziehungswissenschaft und Bildungswissenschaften im Lehramtsstudium aus der Sicht der empirischen Lehrerbildungsforschung. Erziehungswissenschaft, H. 60, Jg. 31, 41–50.
Lancaster, J. & Bain, A. (2019): Designing University Courses to Improve Pre-Service Teachers' Pedagogical Content Knowledge of Evidence-Based Inclusive Practice. Australian Journal of Teacher Education, 44 (2), 51–65.
Laubner, M., Lindmeier, B. & Lübeck, Anika (Hrsg.) (2017): Schulbegleitung in der inklusiven Schule. Grundlagen und Praxis. Weinheim: Beltz.
Lindsay, G. (2007): Educational Psychology and the Effectiveness of Inclusive Education/ Mainstreaming. British Journal of Educational Psychology, 77, 1–24.
Loreman, T., Sharma, U. & Forlin, C. (2013): Do Pre-Service Teachers Feel Ready to Teach in Inclusive Classrooms? A Four Country Study of Teaching Self-efficy. Australian Journal of Teacher Education, 38 (1), 27–44.
Male, D. B. (2011): The Impact of a Professional Development Programme on Teachers' Attitudes towards Inclusion. British Journal of Learning Support, 26 (4), 182–186.
Malm, B. & Löfgren, H. (2006): Teacher Competence an Students' Conflict Handling Strategies. Research in Education, 76, 62–73.
McLeskey, J., Barringer, M-D., Billingsley, B., Brownell, M., Jackson, D., Kennedy, M., Lewis, T., Maheady, L., Rodriguez, J., Scheeler, M. C., Winn, J. & Ziegler, D. (2017): High-Leverage Practices in Special Education. Arlington, VA: Council for Exceptional Children & CEEDAR Center.
McLeskey, J., Billingsley, B. & Ziegler, D. (2018): Using High-Leverage Practices in Teacher Preparation to Reduce the Research-to-Practice Gap in Inclusive Settings. Australasian Journal of Special and Inclusive Education, 42, 3–16.
McLeskey, J., Landers, E., Williamson P. & Hoppey, D. (2012): Are We Moving toward Education with Disabilities in Less Restrictive Environments? The Journal of Special education, 46, 131–140.

Meijer, C. (2011): Vorwort. In: European Agency European Agency for Development in Special Needs Education: Inklusionsorientierte Lehrerbildung in Europa. Chancen und Herausforderungen (5–6). Odense: European Agency.
Melzer, C., Hillenbrand, C., Sprenger, D. & Hennemann, T. (2015): Aufgaben von Lehrkräften in inklusiven Bildungssystemen – Review internationaler Studien. Erziehungswissenschaft, 26 (51), 61–80.
Moser, V. (2013): Professionsforschung als Unterrichtsforschung. In: H. Döbert, & H. Weishaupt (Hrsg.), Inklusive Bildung professionell gestalten. Situationsanalyse und Handlungsempfehlungen (135–146). Münster: Waxmann.
Nilholm, C. & Göransson, K. (2017): What is Meant by Inclusion? An Analysis of European and North American Journal Articles with High Impact. European Journal of Special Needs Education, 32, 437–451.
OECD (2018): Teaching in Focus 2018/23. Online verfügbar unter: www.oecd.org/talis, Zugriff am 20.12.2020.
Oelkers, J. (2014): Rückblick nach vorn: Lehrerausbildung heute. In U. Erdsiek-Rave & M. John-Ohnesorg (Hrsg.), Lehrerbildung im Spannungsfeld von Schulreformen und Inklusion (26–35). Berlin: Friedrich-Ebert-Stiftung.
Rödder, A. (2016): 21.0: Eine kurze Geschichte der Gegenwart (4. Aufl.). München: Beck.
Scheer, D. (2019): Schulleitung und Inklusion. Empirische Untersuchung zur Schulleitungsrolle im Kontext schulischer Inklusion. Wiesbaden: Springer.
Scheffler, I. (1971): Die Sprache der Erziehung. Düsseldorf: Schwann.
Scriven, M. (1994): Duties of Teacher. Journal of Personnel Evaluation in Education, 8, 154–184.
Shulman, L. S. (1986): Those Who Understand: Knowledge Growth in Teaching. Educational Researcher, 15 (2), 4–14.
Sokal, L. & Sharma, U. (2017): »Do I Really Need a Course to Learn to Teach Students with Disabilities? I've Been Doing It for Years«. Canadian Journal of Education, 40, 739–760.
Stanovich, P. J. & Jordan, A. (1998): Canadian Teachers' and Principals' Beliefs about Inclusive Education as Predictors of Effective Teaching in Heterogeneous Classrooms. Elementary School Journal, 98, 221–238.
Sternberg, R. J. & Horvath, J. A. (1995): A Prototype View of Expert Teaching. Educational Researcher, 24 (6), 9–17.
Swanson Gehrke, R. & Cocchiarella, M. (2013): Preservice Special and General Educators' Knowledge of Inclusion. Teacher Education and Special Education, 36, 204–216.
Terhart, E. (2011): Lehrerberuf und Professionalität. Gewandeltes Begriffsverständnis – neue Herausforderungen. In: W. Helsper & Tippelt, R. (Hrsg.), Pädagogische Professionalität (202–224). Weinheim: Beltz.
Tschannen-Moran, M. & Woolfolk Hoy, A. (2001): Teacher Efficay: Capturing an Elusive Construct. Teaching and Teacher Education, 17, 783–805.
UNESCO (1994): The Salamanca Statement and Framework for Action on Special Needs Education. o. O.: UNESCO.
UNESCO (2005): Guidelines for Inclusion. Paris: UNESCO.
United Nations (2006): Convention of the Rights of Persons with Disabilities. New York: United Nations.
Urton, K., Wilbert, J. & Hennemann, T. (2014): Der Zusammenhang zwischen der Einstellung zur Integration und der Selbstwirksamkeit von Schulleitungen und deren Kollegien. Empirische Sonderpädagogik, 6, 3–16.
Urton, K., Wilbert, J. & Hennemann, T. (2015): Die Einstellung zur Integration und die Selbstwirksamkeit von Lehrkräften. Psychologie in Erziehung und Unterricht, 62, 147–157.
vbe (Hrsg.) (2020): Umfragen: Inklusion 2020. Online verfügbar unter: https://www.vbe.de/service/meinungsumfragen/inklusion-2020, Zugriff am 06.01.2021.
Vereinte Nationen CRPD (2015): Ausschuss für die Rechte von Menschen mit Behinderungen. Dreizehnte Tagung 25. März.–17. April 2015. Abschließende Bemerkungen über den ersten Staatenbericht Deutschlands. o. O.

Weinert, F. E. (2001): Concept of Competence: A Conceptual Clarification. In: D. S. Rychen & L. H. Salganik (Hrsg.), Defining and Selecting Key Competencies. (45–65). Seattle: Hogrefe & Huber.
Weiß, S., Muckenthaler, M., Heimlich, U., Küchler, A. & Kiel, E. (2019): Welche spezifischen Bedarfe einer Qualifizierung und Professionalisierung haben Lehrer*innen in inklusiven Schulen? QfI – Qualifizierung für Inklusion, 1 (1), o. S.
Wilkins, T. & Nietfeld, J. L. (2004): The Effect of a School-Wide Inclusion Training Programme upon Teachers' Attitudes about Inclusion. Journal of Research in Special Education, 4 (3), 115–121.
World Health Organization & World Bank (2011): World Report on Disability. Malta.

3 Qualifikation für inklusiven Unterricht

Tatjana Eckerlein & Stephanie Lutz

Einführung

Die internationale Staatengemeinschaft hat das Recht von Menschen mit Behinderung auf gesellschaftliche Teilhabe bereits 1955 in der *Declaration on the Rights of Disabled People* angemahnt. Der Weg zur Realisierung eines inklusiven Schulsystems wurde in Deutschland jedoch erst über ein halbes Jahrhundert später geebnet, als es 2009 zur UN-BRK-Ratifizierung kam. Seither ist eine Dekade vergangen und es erlauben sich folgende Fragen: Hat sich das Unterrichten im Zuge der Inklusion verändert? Was ist inklusiver Unterricht überhaupt? Und: Wie wird er umgesetzt?

Inklusives Lehren und Lernen ist in jedem Fall ein großes Vorhaben – und darauf soll nun der Blick gerichtet werden.

3.1 Inklusion und Leistungsgesellschaft

In der UN-BRK wird Inklusion zum Menschenrecht erhoben. Sie hat »Bedeutung für die Humanisierung der Gesellschaft im Ganzen« (Bielefeldt 2008, S. 15), da sie von der Gleichwertigkeit und Würde aller Individuen ausgeht und Heterogenität als Reichtum begreift. Inklusion verzichtet von vorneherein auf jede Form von Ausgrenzung, bejaht menschliche Vielfalt und schließt im wahrsten Sinne des Wortes (lat. includere = einschließen) alle Menschen ein (vgl. Schor 2010).

Doch ist unsere Wissens- und Leistungsgesellschaft in Deutschland wirklich mit dem inklusiven Gedanken in Einklang zu bringen? Bielefeldt proklamiert dazu:

> »Indem sie Menschen mit Behinderungen davon befreit, sich selbst als ›defizitär‹ sehen zu müssen, befreit sie zugleich die Gesellschaft von einer falsch verstandenen Gesundheitsfixierung, durch die all diejenigen an den Rand gedrängt werden, die den durch Werbewirtschaft und Biopolitik vorangetriebenen Imperativen von Fitness, Jugendlichkeit und permanenter Leistungsfähigkeit nicht Genüge tun. In diesem Sinne kommt der diversity Ansatz, für den die Behindertenrechtskonvention steht, zuletzt uns allen zugute« (Bielefeldt 2008, S. 15).

Und in unserem mehrgliedrigen Schulsystem, das zweifelsfrei von Wettbewerb und Konkurrenz geprägt ist – kann hier Inklusion gelingen? Laut Schor sind eine »humane Leistungsschule« und Inklusion durchaus kompatibel, wenn man »Schritte zur Unvoreingenommenheit« (Schor 2010, S. 101 f.) geht. Es muss klarwerden, dass inklusives Lehren und Lernen für alle Beteiligten von Vorteil ist: Lehrkräfte der allgemeinen Schule entwickeln im Zusammenwirken mit Sonderpädagoginnen und Sonderpädagogen individualisierende Unterrichtsformen, die sich nicht nur für Kinder und Jugendliche mit sonderpädagogischem Förderbedarf gewinnbringend erweisen. Es ist bestätigt, dass sich für Schülerinnen und Schüler ohne sonderpädagogischen Förderbedarf infolge des inklusiven Unterrichts keine negativen Auswirkungen auf ihre schulischen Leistungen ergeben (vgl. Gebhardt 2015). Kinder und Jugendliche ohne sonderpädagogischen Förderbedarf verinnerlichen »überdies vorurteillose Handlungs- und Verhaltensweisen als Grundlage für gelebte Normalität« (Schor 2010, S. 101).

Immer wieder wird die hohe Bedeutung der Sozialkompetenz betont.

> »Sie genießt vor allem mit Blick auf die Berufs- und Arbeitswelt als unentbehrliche Schlüsselqualifikation höchste Priorität. Diese emotional-soziale Fähigkeit kann im inklusiven Lerngeschehen, also im Umgehenkönnen mit Verschiedenheit vortrefflich angebahnt und entwickelt werden. Es gibt wohl kaum ein effektiveres Erprobungsfeld für den Erwerb dieser Fähigkeit als das inklusive Lernen von Kindern und Jugendlichen mit und ohne Behinderungen und dies in möglichst früher Lebensphase« (ebd., S. 102).

Vor allem für Sprösslinge der postmodernen Ein-Kind-Familie ist das gemeinsame Leben und Lernen, das mit- und füreinander Handeln in einer inklusiven Lerngemeinschaft essentiell. Somit bleibt festzuhalten: Inklusiver Unterricht ist auch in einer leistungsorientierten Gesellschaft und Schule nicht nur möglich, sondern vielmehr nötig, denn er fördert den Zusammenhalt auf vielen Ebenen.

3.2 Grundlagen inklusiven Unterrichts

Die Schulen müssen einen Beitrag zur Inklusion leisten und sind bei der Umsetzung dieser durchaus als Vorreiter zu sehen. Das Bestreben einer bestmöglichen individuellen Förderung ist als pädagogischer Auftrag nicht neu. Neu ist allerdings die Dimension, in der dieser Anspruch verwirklicht werden soll (vgl. Kahlert & Grasy 2019).

> »Die Pädagogen an der Basis, stehen jetzt vor ganz praktischen Herausforderungen. Ausgebildet und erfahren im traditionellen Schulsystem, in dem je nach Schulform die ›passenden‹ Schüler unterrichtet werden, fragen sich viele: Wie soll das in der Praxis funktionieren, so unterschiedliche Schüler gemeinsam in einer Klasse?« (Stangier & Thoms 2012, S. 8 f.).

Anstatt die Schülerinnen und Schüler dem Lernstoff anzupassen, haben die Lehrkräfte nun die Aufgabe, unterschiedliche Lernwege, Lernformen und Ziele zu eröffnen und Vielfalt als positive Ressource zu erblicken. Dies gelingt, wenn sich alle mit ihren Fähigkeiten in den Unterricht einbringen können und wertgeschätzt werden. Aus dem Lernen im Gleichschritt muss also ein pluralistisches Lernen werden (vgl. ebd.).

Das heißt u. a. offene Unterrichtsformen zu fokussieren, da durch die Öffnung des Unterrichts auf die individuellen Stärken und Förderbedürfnisse der Kinder und Jugendlichen besonders gut eingegangen werden kann. Projekte, Arbeit mit dem Wochenplan, Freiarbeit, Lerntheken, Lernzirkel, Lernparcours, Stationenarbeit und Arbeit in der Förderwerkstatt haben aber auch hohe Anforderungen an die Lehrkräfte: Sie müssen sowohl einen Spagat zwischen Vorgaben aus den Lehrplänen und den individuellen Förderplänen vollbringen als auch die örtlichen, räumlichen, personellen und materiellen Begebenheiten ihrer Schule einbeziehen (vgl. Eckerlein 2020). Dennoch dürfen frontale Phasen nicht ganz vernachlässigt werden. Sie vermitteln inhaltliche Grundlagen, die in offenen Unterrichtsformen vertieft werden können. Da im inklusiven Unterricht »eine Rhythmisierung des Schultages von großer Bedeutung ist, sollte der lehrerzentrierte Unterricht als traditionelle Unterrichtsform nur kurzphasig stattfinden und sich mit anderen Formen [...] abwechseln« (ebd.).

Über den Unterricht hinauskommen aber auch innovative Prozesse auf den verschiedenen Ebenen der Schulentwicklung zustande.

3.2.1 Ökologisches Mehrebenenmodell der inklusiven Schulentwicklung

Die Grundlage für das Mehrebenenmodell der inklusiven Schulentwicklung nach Heimlich bildet eine

> »ökosystemische Perspektive [...], bezugnehmend auf das Modell von Urie Bronfenbrenner (1981). Darin wird zum Ausdruck gebracht, dass Individuen, hier Kinder und Jugendliche in der Schule, in der Entwicklung und im Lernen, nicht isoliert gesehen werden dürfen, sondern stets im Verhältnis zu bzw. in Interaktion mit der sie umgebenden Umwelt« (Heimlich et al. 2016, S. 7).

Inklusive Schulentwicklung stellt dabei die Bedürfnisse der Schülerinnen und Schüler in den Mittelpunkt und versucht diesen individuell zu begegnen. Der komplexe Prozess der Schulentwicklung erfordert dabei Veränderungen auf *allen* Ebenen: der Kinder und Jugendlichen mit ihren Bedürfnissen, des (inklusiven) Unterrichts, der multiprofessionellen Zusammenarbeit im Team, des inklusiven Schulkonzepts und -lebens sowie der externen Unterstützungssysteme und der Vernetzung mit dem Umfeld (vgl. Heimlich et al. 2018). Diese fünf Ebenen sind anschaulich in folgender Abbildung dargestellt (▶ Abb. I.2).

3.2.2 Inklusiver Unterricht als Mikroebene inklusiver Schulentwicklung

Inklusiver Unterricht ist eine der fünf Ebenen der inklusiven Schulentwicklung nach Heimlich (vgl. ebd.). Sonderpädagogische Lehrkräfte gestalten dabei mit ih-

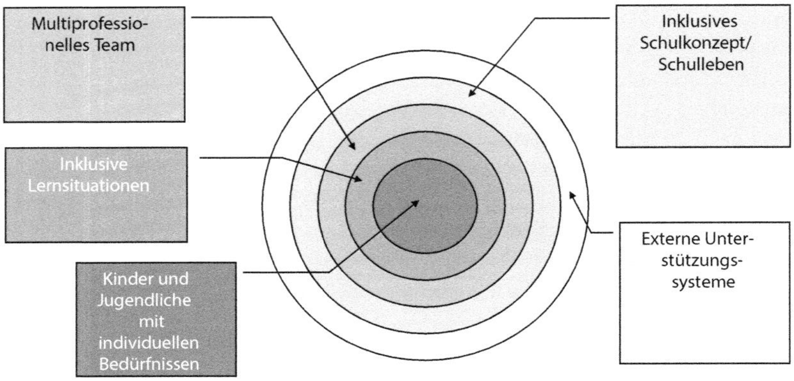

Abb. I.2: Ökologisches Mehrebenenmodell der inklusiven Schulentwicklung (aus: Heimlich, U. (2019): Inklusive Pädagogik. Stuttgart: Kohlhammer, S. 176)

ren Schülerinnen und Schülern inklusive Lernsituationen, die eine kognitive, sensomotorische und emotionale Betrachtung des Lerngegenstands ermöglichen. Neben förderdiagnostischen und planerischen Kompetenzen benötigen sonderpädagogische Lehrkräfte unterrichtliche und erzieherische Kompetenzen zur Bereitstellung individualisierter und differenzierter Lernhilfen, um den Bedürfnissen aller Kinder und Jugendlichen gerecht zu werden (vgl. ebd.).

Die Qualität eines inklusiven Unterrichts kann dabei durch Standards überprüft werden, die »die Berücksichtigung der individuellen Zugänge zu den Lerninhalten, die Orientierung an den unterschiedlichen Lern- und Leistungsvoraussetzungen, die Klarheit und Transparenz des Unterrichts, die Organisation des Lern- und Entwicklungsraumes sowie die Bemühungen zur Sicherung eines lernförderlichen Klimas« (Heimlich et al. 2018, S. 8) erfassen.

3.2.3 Wertschätzung im inklusiven Unterricht

Ein entscheidender Faktor für ein lernförderliches Klima stellt der Aspekt der Wertschätzung dar. Im inklusiven Unterricht gilt es, die Vielfalt der Gemeinschaft wahrzunehmen, wertzuschätzen und zu nutzen.

> »Eine ›Schule für alle‹ funktioniert nur mit engagierten Lehrern, die Heterogenität zu schätzen wissen, die methodisch differenziert auf Schüler eingehen können, die differenzierte Anforderungen stellen und die differenzierte Leistungsrückmeldungen geben. Für diese oft anstrengende und belastende Arbeit müssen die Lehrer zuerst einmal selbst Wertschätzung erfahren. […] Nur ein Lehrer, der sich selbst wertgeschätzt fühlt, kann auch Wertschätzung gegenüber den Schülern aufbringen« (Stangier & Thoms 2012, S. 25).

Dies gilt jedoch nicht nur für die Lehrenden, sondern auch für die Lernenden. Wertschätzung im inklusiven Unterricht muss gleichermaßen unter den Kindern und Jugendlichen gelebt werden: z. B. durch offenes Kommunizieren, respektvolles miteinander Umgehen, die Übernahme von Patenschaften, die Anwendung von Konfliktlösestrategien, das Anerkennen von Lernerfolgen und die Übernahme von Verantwortung. Wesentlich ist dabei immer eine positive Grundhaltung, die die Stärken und Kompetenzen der Individuen im Blick hat und eine wohlwollende Atmosphäre ermöglicht.

Neben der Wertschätzung durch Personen können Schülerinnen und Schüler diese auch durch ihre Lernumgebung erfahren. Darunter fallen die baulichen Gegebenheiten der Schule, die Ausstattung und die Gestaltung des Klassenzimmers sowie ein Arbeitsplatz, der den individuellen Bedürfnissen gerecht wird. Letztendlich geht es um eine kindgerechte Schule mit genügend Lern-, Bewegungs-, Erholungs- und Rückzugsräumen.

3.3 Umsetzung des inklusiven Unterrichts

Auf der Grundlage reformpädagogischer Unterrichtskonzepte etablierte sich zunehmend ein inklusiver Unterricht, der alle Kinder und Jugendliche wertschätzt und ihre eigenaktiven und selbstständigen Lernprozesse betont. Die Schülerinnen und Schüler bringen ihre Kompetenzen aus verschiedenen Entwicklungs- und Wissensbereichen ein. Sie gestalten gemeinsam Lernsituationen unter Teilhabe und Teilgabe aller in allen Unterrichtsphasen. Wesentlich ist dabei die Qualität an Lernerfahrungen, die ein Lernen von- und miteinander ermöglichen (vgl. Heimlich & Bjarsch 2020).

3.3.1 Sonderpädagogische Gestaltungsprinzipien

Prinzipien stellen Orientierungshilfen im Unterricht dar. Für den inklusiven Unterricht beschreibt Heimlich Grundsätze, die handlungsleitend für die Lehrkräfte sein können. Prinzipien des inklusiven Unterrichts sind Handlungsorientierung, Alltagsnähe, Differenzierung und Individualisierung, Lernen mit vielen Sinnen, Soziales Lernen, Fächerverbindung, Selbsttätigkeit sowie Zielorientierung (vgl. Heimlich 2019).

Wember hingegen führt drei curriculare und vier methodische Prinzipien an: praktischer Problembezug, Sprache der Schülerin bzw. des Schülers, entwicklungsgemäße Sequenzierung von Unterrichtsinhalten und Lehrzielen, aktives und handelndes Lernen, schrittweise Verinnerlichung, sozialkooperative Erarbeitung und operative Übung (vgl. Wember 2020).

Die Prinzipien des inklusiven Unterrichts von Heimlich werden nachfolgend mit den Prinzipien von Wember in den sonderpädagogischen Gestaltungsprinzipien vereint. Diese bilden dann einen Rahmen um ein inklusionsdidaktisches Netz (▶ Abb. I.2).

3.3.2 Inklusionsdidaktisches Netz

Wie kann nun ein gemeinsamer Lerngegenstand unter Berücksichtigung dieser sonderpädagogischen Gestaltungsprinzipien so vorbereitet und angeboten werden kann, dass er (sonder-)pädagogischen *und* fachwissenschaftlichen Ansprüchen genügt?

Heimlich und Kahlert entwickelten dafür das Planungsmodell der inklusionsdidaktischen Netze – eine Metapher, die beim Lesenden unweigerlich das Bild eines Spinnennetzes ins Gedächtnis ruft, ist bewusst gewählt. Darin werden die vielfältigen fachlichen Perspektiven eines Lernbereichs *und* die unterschiedlichen Entwicklungsbereiche der Schülerinnen und Schüler miteinander verwoben (vgl. Heimlich & Kahlert 2014). Ein Unterrichtsthema wird demnach aus politischer, naturwissenschaftlicher, geographischer, geschichtlicher, technischer, wirtschaftlicher, ethischer, soziologischer und ästhetischer Sicht beleuchtet (vgl. ebd.). Ergänzend dazu werden auf Basis der modernen Entwicklungspsychologie »gemeinhin die Entwicklungsbereiche unter kognitiven, kommunikativen, emotionalen, sozialen und senso-motorischen Aspekten strukturiert« (Heimlich 2019, S. 171) und in das Modell eingebunden.

Dieses Planungsinstrument soll Lehrerinnen und Lehrern helfen, die Potenziale ihrer Schülerinnen und Schüler mit den Potenzialen der zu behandelnden Inhalte lerngruppenspezifisch zu erschließen (vgl. Heimlich & Kahlert 2014).

3.3.3 Exemplarisches Unterrichtsvorhaben

Um diesen Planungsprozess exemplarisch abzubilden, wird das zentrale Thema »Brandschutzerziehung« eingehend analysiert.

»Aufklärung über Feuer- und Brandgefahren darf nicht nur im Elternhaus stattfinden. Auch die Schule muss einen wesentlichen Beitrag leisten« (Eckerlein & Schneider 2020, S. 37), denn

> »6.000 Kinder erleiden deutschlandweit jedes Jahr Verbrennungen und Verbrühungen. Dabei sind die Kinder selbst häufig die Verursacher von Bränden mit zum Teil verheerenden Folgen. Laut Polizeilicher Kriminalstatistik (PKS) beträgt der Tatverdächtigenanteil der unter 14-Jährigen an den Brandstiftungsdelikten seit vielen Jahren ca. 25 %. Damit gehören Brandstiftungen zu den Straftaten mit dem höchsten Kinderanteil unter den Tatverdächtigen« (Stolt 2019, o. S.).

Bei der schematischen Darstellung des inklusionsdidaktischen Netzes werden zum einen lebensweltliche Dimensionen und fachbezogene Potenziale aufgeführt. Zum anderen finden sich dort themenbezogene Informationen zu den Entwicklungsbereichen. Sinnvoll erscheint, das Netz noch um sonderpädagogische Gestaltungsprinzipien zu erweitern, um sonderpädagogische Expertise einfließen lassen und so den individuellen Bedürfnissen der Schülerinnen und Schüler entsprechen zu können.

Stehen die Inhalte des inklusionsdidaktischen Netzes fest, so wird im nächsten Schritt entschieden, welche Angebote unter Berücksichtigung der jeweiligen Schülerinnen- und Schülergruppe und der Rahmenbedingungen sinnvoll und realistisch sind (vgl. Heimlich & Kahlert 2014).

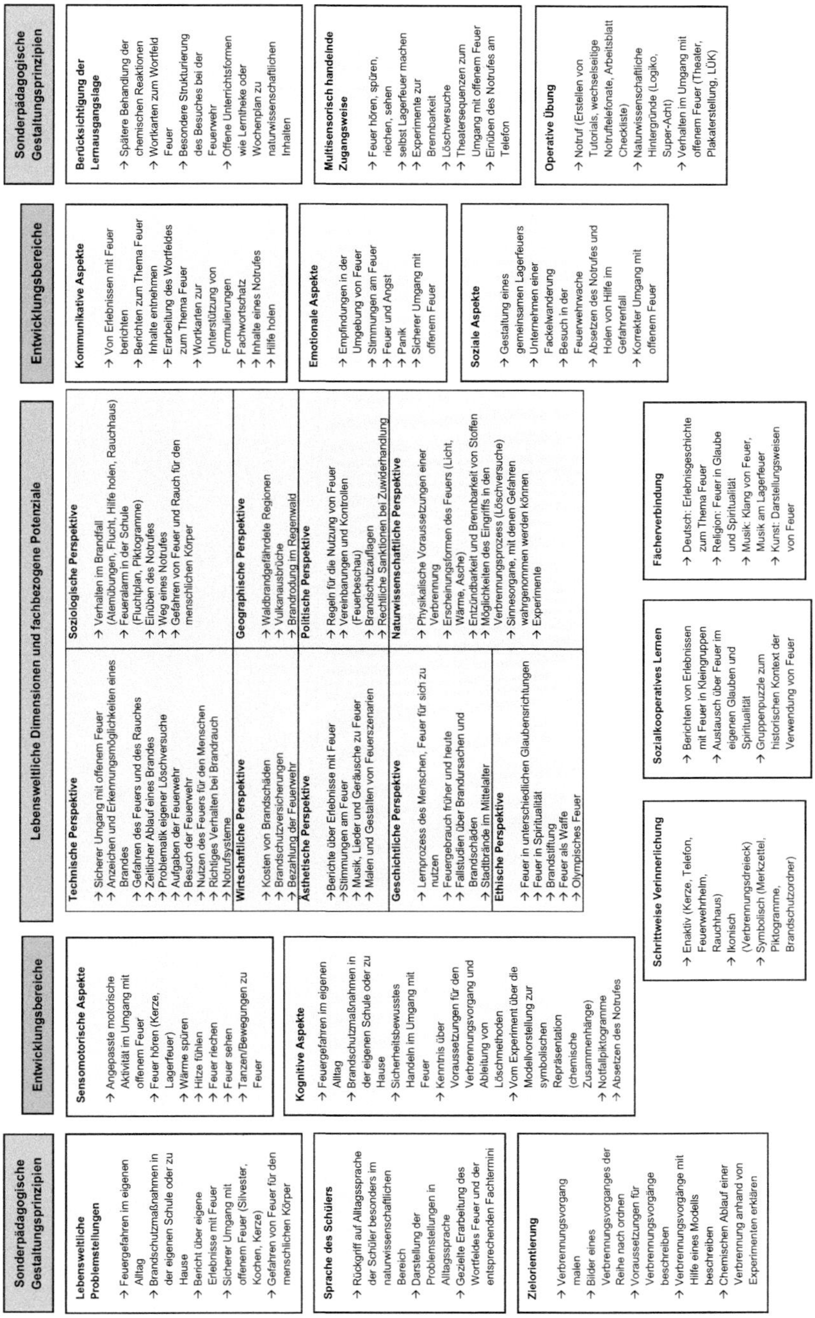

Abb. I.3: Inklusionsdidaktisches Netz zur Planung der Brandschutzerziehung (aus: Eckerlein, T. & Schneider, M. (2020): Wo brennt's? Brandschutzerziehung in der Sonderpädagogik. In: Spuren, 63 (2), 36-41, hier S. 39)

Eine Unterrichtseinheit kann sich beispielsweise mit dem Themenbereich *Eingriffe in den Verbrennungsprozess* (naturwissenschaftliche Perspektive) beschäftigen. Im Unterricht werden dann anhand von Experimenten und des Verbrennungsdreiecks (schrittweise Verinnerlichung) physikalische Voraussetzungen für eine Verbrennung untersucht (naturwissenschaftliche Perspektive). Im Anschluss lassen sich Löschmethoden ableiten (kognitiver Aspekt), die es im Hinblick auf eigene Fähigkeiten und Mittel kritisch zu beleuchten gilt (technische Perspektive). Hier muss die Gefahr, die vom Element Feuer für den menschlichen Körper ausgeht, thematisiert werden (soziologische Perspektive, lebensweltliche Problemstellungen). Bei einem Besuch bei der ortsansässigen Feuerwehr (sozialer Aspekt) können Löschversuche beobachtet und selbst durchgeführt werden (multisensorisch handelnde Zugangsweise). Individuell ausgerichtete didaktische Maßnahmen spielen bei der Planung (Berücksichtigung der Lernausgangslage) eine Rolle.

So entsteht schließlich ein Vernetzungsprozess, der in der folgenden Graphik deutlich wird (► Abb. I.4).

Für die inklusive Unterrichtsplanung eignet sich ein konkretes »Spinnen« von inklusionsdidaktischen Netzen, denn sie sind ein »heuristisches, ideengenerierendes Instrument« (Kahlert & Heimlich 2014, S. 184). Dabei ist nicht wichtig, die generierten Facetten und Ideen zu einem gemeinsamen Lernvorhaben vollständig abzubilden und abzuarbeiten. Oft wird bewusst ein Überschuss an Möglichkeiten produziert. Auf dieser Basis kann dann, fachlich gehaltvoll und den Individuen und Räumlichkeiten angepasst, ein qualitativ hochwertiger inklusiver Unterricht entworfen und durchgeführt werden (vgl. ebd.).

3.4 Schluss

Infolge der Ratifizierung der UN-BRK 2009 fordert das Bayerische Gesetz über das Erziehungs- und Unterrichtswesen (BayEUG) an zentraler Stelle: »Inklusiver Unterricht ist Aufgabe aller Schularten« (BayEUG 2000/2020, Art. 2). Zunächst prophezeite man im Zuge dessen nicht selten die Auflösung aller Förderschulen. Solange jedoch noch immer die Inklusionsmaßnahmen im Stadium der knapp bemessenen vierjährigen Grundschulzeit oder maximal in der Mittelschule zu versanden drohen, ist über die mobilen sonderpädagogischen Angebote hinaus ein intaktes, subsidiäres Förderschulsystem weiterhin erforderlich. Es gibt Kinder und Jugendliche,

> »die diesen Lern- und Lebensort als ›Schonraum‹ dringend brauchen. [...] Dieses doppelte, gewiss kostenaufwendige Bildungsangebot ist im vorfindbaren gegliederten Bildungswesen auch deshalb noch nötig, um jenen Eltern, die für ihr behindertes Kind eine inklusive Bildungsofferte verneinen, den Zugriff auf ein komplementäres und professionelles Förderschulangebot zu gewähren« (Schor 2010, S. 104).

Letztendlich müssen in unserer Brust also zwei sonderpädagogische Herzen schlagen: eins für die Verfolgung des hehren Ziels der Inklusion und eins um

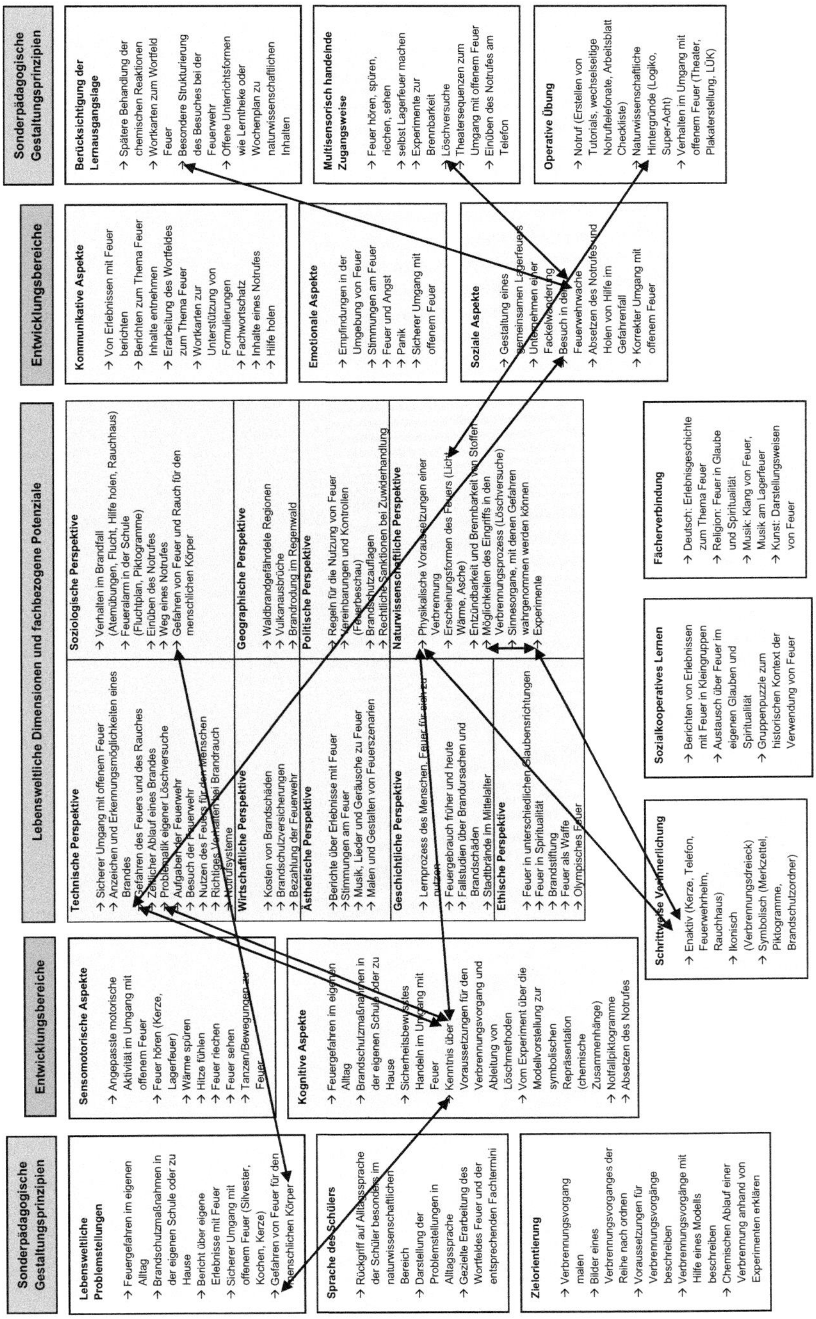

Abb. I.4: Veranschaulichung des Vernetzungsprozesses am Unterrichtsbeispiel *Brandschutzerziehung* (aus: Eckerlein, T. & Schneider, M. (2020): Wo brennt's? Brandschutzerziehung in der Sonderpädagogik. In: Spuren, 63 (2), 36-41, hier S. 40)

benachteiligten Kindern und Jugendlichen den Schonraum zu bieten, den sie sich wünschen oder brauchen – beides mit dem Bestreben, dass kein Kind verloren gehen darf.

Literatur

BayEUG – Bayerisches Gesetz über das Erziehungs- und Unterrichtswesen. München 2000/2020. Online verfügbar unter: https://www.gesetze-bayern.de/Content/Document/BayEUG, Zugriff am 01.10.2020.

Bielefeldt, H. (2008): Zum Innovationspotential der UN-Behindertenrechtskonvention. Deutsches Institut für Menschenrechte (2. Aufl.). Online verfügbar unter: https://www.dvfr.de/uploads/media/UN-Behindertenrechtskonvention_Beitrag_Bielefeld.pdf, Zugriff am 01.10.2020.

Eckerlein, T. (2020): Unterrichtsplanung. In: U. Heimlich & F. B. Wember (Hrsg.), Didaktik des Unterrichts bei Lernschwierigkeiten (381–402) (4. Aufl.). Stuttgart: Kohlhammer.

Eckerlein, T. & Schneider, M. (2020): Wo brennt's? Brandschutzerziehung in der Sonderpädagogik. In: Spuren, 63 (2), 36–41.

Gebhardt, M. (2015): Gemeinsamer Unterricht von Schülerinnen und Schülern mit und ohne sonderpädagogischen Förderbedarf – ein empirischer Überblick. In: E. Kiel (Hrsg.), Inklusion im Sekundarbereich (39–52). Stuttgart: Kohlhammer.

Heimlich, U. (2019): Inklusive Pädagogik. Stuttgart: Kohlhammer.

Heimlich, U. & Bjarsch, S. (2020): Inklusiver Unterricht. In: U. Heimlich & E. Kiel (Hrsg.), Studienbuch Inklusion (248–294). Bad Heilbrunn: Klinkhardt.

Heimlich, U. & Kahlert, J. (2014): Inklusionsdidaktische Netze – Konturen eines Unterrichts für alle (dargestellt am Beispiel des Sachunterrichts). In: U. Heimlich & J. Kahlert (Hrsg.), Inklusion in Schule und Unterricht. Wege zur Bildung für alle (153–190) (2. Aufl.). Stuttgart: Kohlhammer.

Heimlich, U., Kahlert, J., Lelgemann, R. & Fischer, E. (2016): Begleitforschungsprojekt inklusive Schulentwicklung (B!S) – Ausgangslage und theoretischer Bezugsrahmen. In: U. Heimlich, J. Kahlert, R. Lelgemann & E. Fischer (Hrsg.), Inklusives Schulsystem. Analysen, Befunde, Empfehlungen zum bayerischen Weg (7–11). Bad Heilbrunn: Klinkhardt.

Heimlich, U., Wilfert, K., Ostertag, C. & Gebhardt, M. (2018): Qualitätsskala zur inklusiven Schulentwicklung (QU!S®) – eine Arbeitshilfe auf dem Weg zur inklusiven Schule. Bad Heilbrunn: Klinkhardt.

Kahlert, J. & Grasy, B. (2019): Vom inklusiven Anspruch zum inklusionsorientierten Handeln – Anmerkungen zu einigen Missverständnissen in der Inklusionsdebatte. In: J. Kahlert (Hrsg.), Die inklusionssensible Grundschule (11–31). Stuttgart: Kohlhammer.

Schor, B. (2010): Inklusive Bildung – wenn nicht jetzt, wann dann? SchulVerwaltung Bayern, 30 (4), 101–104.

Stangier, S. & Thoms, E.-M. (2012): Zu Beginn: Schlüssel zur Inklusion. In: mittendrin e. V. (Hrsg.), Eine Schule für alle (8–31). Mühlheim an der Ruhr: Verlag an der Ruhr.

Stolt, F. D. (2019): Kinderbrandstiftung – das gefährliche Spiel mit dem Feuer. Online verfügbar unter: https://www.veko-online.de/55-archiv/ausgabe-2-13/184-kinderbrandstiftung.html, Zugriff am 01.10.2020.

Wember, F. B. (2020): Didaktische Prinzipien und Qualitätssicherung im inklusiven Unterricht. In: U. Heimlich & F. B. Wember (Hrsg.), Didaktik des Unterrichts bei Lernschwierigkeiten (88–107) (4. Aufl.). Stuttgart: Kohlhammer.

II Inklusion und Qualifikation für Förderdiagnostik, -planung und Beratung

4 Qualifizierung für Förderdiagnostik

Franz B. Wember

Im Jahre 1981 fand in Heidelberg eine Konferenz statt, die den Begriff der *Förderungsdiagnostik* in die Fachdiskussion einführen wollte. Der Begriff war kritisch und programmatisch gemeint. Die traditionelle sonderpädagogische Diagnostik, die in Statusdiagnosen vorrangig Persönlichkeitseigenschaften in den Blick nahm und Kinder und Jugendliche in behinderte und nicht behinderte Schülerinnen und Schüler klassifizierte, diente den Selektionsinteressen des Schulsystems. Sie sollte ersetzt werden durch eine Förderdiagnostik, die in dynamischen Prozessdiagnosen die Förderung von Lernprozessen in den Blick nehmen würde und zu einer Verbesserung der Lern- und Lebensbedingungen aller Lernenden in Schule und Unterricht beitragen und das gemeinsame Lernen von- und miteinander befördern könnte. Schon damals warnte Schlee (1981) vor den »Illusionen sogenannter Förderdiagnostik«, indem er darauf hinwies, dass jede diagnostische Erhebung Zustände beschreibe und dass auch Förderdiagnostik zur Legitimation von Selektionsentscheidungen genutzt werden könne. Aus deskriptiven Daten lassen sich grundsätzlich keine Handlungsanweisungen ableiten, so Schlee weiter, Diagnosen sind nur in Verbindung mit validiertem Handlungswissen und in Relation zu akzeptierten pädagogischen Zielvorstellungen sinnvoll. »Diagnostik? Nein danke!«, schrieb Hans Wocken (1983). Wer das gemeinsame Lernen aller Kinder miteinander und voneinander fördern wolle, benötige keine summative, sondern eine formative, den Unterricht begleitete Evaluation der Lernfortschritte, einfühlendes Verstehen der Lernenden statt objektiven Messens von Lernergebnissen und eine differenzierte Untersuchung und sorgfältige Dokumentation der situativen Bedingungen schulischen Lebens und Lernens mit dem Ziel der Verbesserung ebendieser Bedingungen.

Gut 30 Jahre später hatte sich eine vermittelnde Position durchgesetzt. »Diagnostik an sich kann nicht fördern,« konstatiert Schuck (2014), aber »sie kann eine die Förderung vorbereitende und begleitete Erkenntnistätigkeit nach Maßgabe eines pädagogischen Konzepts sein« (ebd., S. 123). Inzwischen werden zwei legitime Aufgabenbereiche sonderpädagogischer Diagnostik unterschieden, die Diagnostik zur Feststellung und Begründung sonderpädagogischen Förderbedarfs und die Förderdiagnostik zur Begleitung und Verbesserung von Erziehung und Unterricht, und beides ist in enger Verbindung mit der Förderplanung zu sehen. Heimlich hat mit seinen Mitarbeiterinnen praxisorientierte Handreichungen zur Förderdiagnostik und zur Förderplanung verfasst, die mehrere Auflagen erlebt haben (vgl. Heimlich, Lutz & Wilfert 2016; 2020). Das vorliegende Kapitel ist Fragen der Förderdiagnostik vorbehalten – um die zu behandelnden Fragen dem Umfang des Kapitels anzupassen, begrenzt auf den Förderschwerpunkt Lernen und hier auf die Diagnose von Lernvoraussetzungen und Lernfortschritten. Das Kapitel diskutiert vor dem Hintergrund der bereits zitierten kritischen Argumente zunächst einige grundsätzliche, vor allem methodische Probleme, betrachtet ausgesuchte empirische Befunde zur Diagnostik durch Lehrerinnen und Lehrer in der Schulpraxis, stellt praxisrelevante Varianten von Förderdiagnostik und deren Vermittlung an Lehrkräfte vor und endet mit einem optimistischen Ausblick.

4.1 Methoden und methodische Probleme der Förderdiagnostik

Pädagogische Diagnostik umfasst nach einer häufig zitierten Definition von Ingenkamp und Lissmann alle die »Tätigkeiten, durch die bei einzelnen Lernenden und den in einer Gruppe Lernenden Voraussetzungen und Bedingungen planmäßiger Lehr- und Lernprozesse ermittelt, Lernprozesse analysiert und Lernergebnisse festgestellt werden, um individuelles Lernen zu optimieren« (Ingenkamp & Lissmann 2008, S. 13). Um sonderpädagogische Diagnostik handelt es sich dann, wenn dies in Fällen von Bildung und Erziehung unter erschwerten Bedingungen geschieht, um Förderdiagnostik, wenn die Diagnostik im Dienste der besonderen pädagogischen Förderung steht, und um wissenschaftlich fundierte Diagnostik, wenn die verwendeten Verfahren theoretisch begründet und methodisch geprüft werden (vgl. Schuck 2014). In der förderdiagnostischen Situation möchte man von Daten aus Verhaltensstichproben auf die dahinter liegenden Kompetenzen und insbesondere auf die Lernmöglichkeiten eines Individuums schließen. Ein solcher Schluss ist immer und grundsätzlich unsicher. Es lassen sich vier methodische Probleme der diagnostischen Urteilsbildung ausmachen (vgl. Wember 1998):

- Diagnosen sind aspekthaft selektiv und nicht umfassend und vollständig. Sie beschreiben momentane Zustände in selektiver Weise, z. B. im Hinblick auf bestimmte Lernziele, die Lernende erreichen sollen. Selbst umfassend angelegte Kind-Umfeld-Diagnosen (s. u.) können nicht die Lebenswirklichkeit eines oder einer Lernenden *ganzheitlich* als solche und in allumfassender Weise erfassen, sondern nur bestimmte und gezielt ausgewählte Aspekte des Erlebens und Verhaltens, den Gesundheitszustand, die kognitiven und motorischen Leistungen, die motivationale Lage und die emotionale Gestimmtheit, die familiäre und schulische Situation, die soziale Position in der Lerngruppe usw. Eine solche Aspekthaftigkeit von Diagnosen ergibt sich als erkenntnistheoretische und pragmatische Notwendigkeit, denn wir Menschen sind nicht in der Lage, die Wirklichkeit eines anderen Menschen vollständig zu verstehen und zu beschreiben, und es ergibt wenig Sinn, irgendwie möglichst viele Daten zu sammeln, sondern nur solche, die für schulisches Lernen relevant sind, falls das schulische Lernen analysiert und unterstützt werden soll.

- Diagnosen sind nicht wertneutral, sondern wertgeleitet. Wenn ein Kind von 20 Additionsaufgaben neun nicht korrekt löst, kann dies eine gute, eine passable oder eine unzureichende Leistung sein, je nach Leistungserwartung – der Beurteilung gehen Wertentscheidungen voraus, nämlich dass die Aufgaben und das Aufgabenformat für das Kind überhaupt relevant sind und dass das Kind diese Aufgaben nach bestimmten Gütekriterien (z. B. mehr oder minder schnell, mehr oder minder fehlerfrei) beherrschen sollte. Solche Wertentscheidungen werden von Lehrpersonen entweder bewusst gefällt oder mehr oder minder unkritisch aus dem Schulbuch oder aus dem Lehrplan übernommen, sie sind in jedem Fall konstituierend für eine Diagnose.
- Diagnosen sind nicht in einem grundsätzlichen Sinne wahr oder falsch, sondern im Lichte von Theorien oder, wie Schuck (2014) es ausgedrückt hat, in ihrer Konzeptgebundenheit zu beurteilen. Welche Stärken und Schwächen sind zu prüfen, welche personalen und situativen Aspekte sollten betrachtet und welche dürfen vernachlässigt werden, wenn eine Schülerin bzw. ein Schüler beim Lesenlernen unterstützt werden soll? Je nach ihrer theoretischen Orientierung wird die Lehrkraft diese Merkmale der Person oder der Situation für wichtig, jene für unwichtig halten und dementsprechend wird sie diagnostische Daten einholen. Die theoretischen Überlegungen bzw. professionellen Überzeugungen können mehr oder weniger gut ausformuliert, reflektiert und wissenschaftlich geprüft sein. Es sind solche theoretischen Überlegungen und Überzeugungen, die im Einzelfall darüber entscheiden, welche Daten zu diagnostischen Zwecken erhoben werden und welche nicht.
- Diagnosen sind allein und für sich genommen nicht geeignet pädagogische Maßnahmen zu begründen oder zu leiten. Aus Diagnosen können keine Ziele und keine Fördermaßnahmen abgeleitet werden. Diagnosen, darauf hat vor allem Schlee (2008) wiederholt hingewiesen, machen nur im Verbund mit Zielvorstellungen und Handlungswissen einen Sinn, aber sie führen nicht direkt zu Zielen und nicht zu Handlungswissen. Was heißt das schon, wenn eine Schülerin bzw. ein Schüler 30 Wörter pro Minute korrekt bei acht falsch gelesenen Wörtern liest? Falls sie bzw. er sich im Leselernprozess befindet, kann das eine erfreuliche Leistung sein, falls er bzw. sie die Sekundarstufe besucht, weist diese Leistung auf gravierende Leistungsausfälle hin. Und nicht nur das: Die Lehrkraft muss darüber hinaus wissen, wie sich das Lesenlernen wirksam unterstützen lässt. Dem pädagogischen Handlungswissen gebührt der Primat vor der Diagnostik: Nicht Diagnosen führen zu Interventionen, sondern unser Handlungswissen leitet uns an, bestimmte Wissensbestände, Fertigkeiten und Fähigkeiten diagnostisch zu prüfen, bevor wir handeln. Nimmt unser Handlungswissen zu, erweitern wir in aller Regel auch unsere diagnostischen Möglichkeiten.

Die Verhaltensstichproben, auf deren Grundlage diagnostische Entscheidungen getroffen werden, können spontan oder geplant, informell oder standardisiert, mehr oder minder kontrolliert in Gesprächen, in Interaktionen oder in Testsituationen gewonnen werden. Heimlich, Lutz & Wilfert (2016) unterscheiden fünf Methoden der Förderdiagnostik:

- die teilnehmende oder nicht-teilnehmende, offene oder verdeckte *Beobachtung* des sichtbaren Verhaltens eines oder mehrerer Lernender, die zielgerichtet erfolgt, zuvor definierten Kriterien genügt und systematisch protokolliert und dokumentiert wird;
- die offen-explorative oder gezielte *Befragung* in einem diagnostischen Gespräch, das einfühlsam geführt wird und in vertrauensvoller Atmosphäre stattfindet und in dessen Verlauf eine oder mehrere Lernende z. B. eine Aufgabe bearbeiten und ihre Lösungsschritte kommentieren;
- die *Analyse von Produkten*, welche die Lernenden bei der Bearbeitung von Aufgaben erstellt haben, insbesondere unter dem Aspekt der Fehleranalyse, bei der das Ziel darin besteht, im Falle von fehlerhaften oder unvollständigen Lösungen zu erkennen, welche fehlenden oder irreführenden Vorstellungen hinter diesen Lösungen stehen und ihnen einen subjektiv schlüssigen Sinn geben;
- die Erhebung von informellen oder formellen, mehr oder minder standardisierten *Testverfahren*, bei denen die Inhalte und Aufgaben vorgegeben und die Auswertung, Interpretation und Beurteilung der Aufgabenlösungen festgelegt sind;
- die Zusammenführung aller Ergebnisse in einer *Kind-Umfeld-Analyse*, in der die Befunde zum Lernen und Verhalten des Kindes als persönliche Ressourcen und die Befunde zu seiner familiären, sozialen und schulischen Situation als situativ-kontextuelle Ressourcen zusammenfassend interpretiert werden, um individuell geeignete Hilfsangebote planen zu können.

Keine dieser fünf Methoden ist frei von Fehlern. Die *Kind-Umfeld-Analyse* nach Sander (2002), die oft mit dem Anspruch einer ganzheitlichen Sicht auf das Kind betrieben wird, führt zwar zu einer integrierenden Zusammenschau vieler Einzelbefunde, aber kaum zu einer wirklich vollständigen und keineswegs zwingend zu einer korrekten Sicht auf das Individuum, nicht zuletzt weil die Verfahrensschritte, die zu beachtenden Daten und die Art und Weise der Interpretation in die Beliebigkeit der Gutachtenden gestellt sind (vgl. Schlee 2008). Für Beobachtungen, Befragungen und für die Analyse von Schülerinnen- und Schülerfehlern (vgl. Wellenreuther 1986) gilt gleichermaßen die Warnung vor trügerischer Sicherheit, denn grundsätzlich droht Selbsttäuschung, weil Menschen bestimmten Beurteilungstendenzen unterliegen (vgl. Helmke 2009):

- Bei *Tendenz zur Mitte* werden extreme, besonders positive oder besonders negative Urteile vermieden und Urteile im mittleren, gemäßigten Wertebereich bevorzugt, bei *Tendenz zu extremen Urteilen* werden hingegen besonders positive oder negative Urteile bevorzugt. Von Milde- oder Härte-Effekt spricht man, wenn solche Tendenzen generalisiert bei einer Schülerin oder einem Schüler auftreten und diese bzw. dieser grundsätzlich milde bzw. hart beurteilt wird.
- Bei *Referenzfehlern* orientiert sich die Lehrkraft nicht an objektiven und validen Bezugsnormen, sondern an subjektiven und unzuverlässigen Kriterien, etwa an der durchschnittlichen Leistung einer konkreten Schulklasse oder an persönlichen Vorstellungen darüber, was ein Kind dieser oder jener Klassenstufe können sollte.

- Bei *Logischen Fehlern* schließt die Lehrkraft unzulässiger Weise von einem Merkmal auf ein anderes, etwa wenn sie annimmt, wer nicht orthographisch korrekt schreibe, sei wenig intelligent und könne vermutlich auch nicht gut rechnen. Wenn solche fehlerhaften Generalisierungen immer wieder auf einen Schüler oder eine Schülerin projiziert werden, spricht man von einem *Hof-Effekt*, demzufolge die Wahrnehmung des oder der Lernenden insgesamt positiv oder negativ verzerrt ist.

Testverfahren, vor allem wenn sie standardisiert und normiert sind, bieten der Lehrkraft auf den ersten Blick mehr Sicherheit, denn sie werden vor ihrem Einsatz in der Praxis systematisch entwickelt und sorgfältig geprüft und selbst die Interpretation von Antworten und Aufgabenlösungen und deren vergleichende Bewertung wird auf der Basis von zuvor erhobenen statistischen Vergleichsdaten und nicht subjektiv vorgenommen. Solche Tests können den anspruchsvollen methodischen Gütekriterien der Objektivität, Reliabilität und Validität genügen, aber sie können in der Regel nicht an die konkreten diagnostischen Fragen im Hinblick auf ein individuelles Kind angepasst werden und verlieren so im Einzelfall an förderdiagnostischer Validität. In dieser Hinsicht empfehlen sich die informellen Verfahren, die von der Lehrperson gestaltet und an die Inhalte und Methoden des aktuellen Unterrichts und sogar an Fragen des individuellen Förderbedarfs in ausgewählten Lernbereichen angepasst werden können. Das führt zu der Frage, wie kompetent Lehrerinnen und Lehrer im Schulalltag diagnostizieren.

4.2 Diagnostische Kompetenzen in der Theorie und im Schulalltag

Über welche Kenntnisse und Fertigkeiten sollte eine diagnostisch kompetente Lehrkraft verfügen? In Anlehnung an international etablierte Standards (vgl. Helmke 2009), lassen sich fünf Kernkompetenzen formulieren:

- Lehrkräfte verfügen über grundlegende Begriffe und Methoden der Förderdiagnostik, über deren Gütekriterien sowie über typische Fehler und Verzerrungen beim Urteilen.
- Lehrkräfte wählen Fragebögen, Beobachtungs- und Gesprächsstrategien und Testverfahren nach diagnostischer Zielsetzung begründet aus und setzen sie kompetent ein.
- Lehrkräfte entwickeln unterrichtsbegleitend curricular valide Tests, setzen sie ein und werten sie aus, melden die Ergebnisse an die Lernenden und ihre Eltern zurück und schlagen geeignete Fördermaßnahmen vor.
- Lehrkräfte reflektieren diagnostische Informationen im Bewusstsein von Fehlerquellen und nutzen sie zur individuellen Förderung der Schülerinnen und

Schüler, aber auch zur Planung des Klassenunterrichts und zur selbstkritischen Evaluation und Weiterentwicklung des Unterrichts.
- Lehrkräfte integrieren diagnostische Informationen in einer zusammenfassenden Beurteilung, geben Prognosen für künftige Entwicklungen ab und vermitteln diese verständlich und konstruktiv an die Lernenden und ihre Eltern bzw. Erziehungsberechtigten sowie an andere Lehrerinnen und Lehrer.

Wie steht es, gemessen an diesen theoretisch begründeten Kompetenzen, um die diagnostische Praxis in Schule und Unterricht? Die Diagnose von Lernvoraussetzungen mit Hilfe standardisierter Tests gilt als relativ unproblematisch, solange die Lehrperson geeignete Instrumente auswählt und sachgerecht anwendet, aber empirische Befunde dazu sind Mangelware (vgl. Schrader 2014). Im Zentrum der aktuellen Forschung steht eine andere Diagnostik, nämlich die relativ spontane, in den Unterricht integrierte, unter Zeitdruck verlaufende Urteilsbildung von Lehrkräften im Schulalltag, die oft unmittelbar auf die Unterrichtsgestaltung rückwirkt und wesentlich darüber entscheiden kann, ob für ein Kind passende Lernarrangements gefunden werden – mithin der Kern von Förderdiagnostik. Südkamp, Kaiser und Möller (2012) haben 75 empirische Studien zu der Frage ausgewertet, wie genau Lehrkräfte die Schulleistungen ihrer Lernenden einschätzen können. Es ergab sich eine recht hohe mittlere Korrelation von .63, deutlich höher als die Schätzungen der Intelligenz (.50), der Motivation (.20), der Interessen an Deutsch- oder Mathematikunterricht (.30 resp. .37) oder des Fähigkeitsselbstkonzepts von Lernenden (.25 Schreiben, .52 Lesen, .55 Mathematik). Lehrerinnen und Lehrer können folglich die Leistungen ihrer Schülerinnen und Schüler relativ zutreffend einschätzen, aber die Werte streuten je nach Lehrkraft und Schulklasse erheblich von –.03 bis .84 (vgl. Schrader 2014) und sie fallen fachspezifisch und nicht fachübergreifend aus. Lorenz und Artelt (2009) konnten bei Grundschullehrerinnen und -lehrern zeigen: Wer Lese- oder Rechtschreibleistungen zu beurteilen weiß, kann deshalb keineswegs die Leistungen im Kopf- oder Sachrechnen prognostizieren.

Weitaus schwerer tun sich Lehrkräfte bei der didaktisch wichtigen Einschätzung von Aufgabenschwierigkeiten, gemessen in den sogenannten Leistungsfächern Deutsch und Mathematik. Hier liegen die Korrelationen zwischen den geschätzten und den tatsächlichen Aufgabenschwierigkeiten bei .33 bis .56. Vergleicht man schließlich die sogenannte aufgabenspezifische Beurteilung auf individueller Basis, bei der die Lehrkraft bestimmte Aufgaben für bestimmte Lernende einschätzen muss, stellt man fest, dass Lehrerinnen und Lehrer die Kompetenzen ihrer Schülerinnen und Schüler eher über- als unterschätzen. Diese Befunde sind praktisch relevant, denn Metaanalysen wie die von Hattie (2014) haben ergeben, dass die Leistungsrückmeldung der Lehrerinnen und Lehrer an die Lernenden eine zentrale Bedingung für wirksamen Unterricht darstellt. Es ist folglich sinnvoll, die förderdiagnostischen Kompetenzen in der Aus- und Weiterbildung von Lehrkräften zu stärken.

4.3 Die Vermittlung förderdiagnostischer Kompetenzen

Expertise kann entstehen, wenn eine angehende Lehrkraft die förderdiagnostischen Grundbegriffe und Methoden theoretisch studiert, praktisch exploriert und im Lichte bekannter Beurteilungsfehler selbstkritisch reflektiert. Sie sollte Beobachtungs- und Gesprächsverfahren theoretisch kennenlernen und praktisch erproben, um sich in diesen komplexen Situationen zu erleben. Die Entwicklung von curricular validen Tests will ebenfalls gelernt sein – einerseits Aufgabe der sonderpädagogischen Lehrerinnen- und Lehrerbildung, aber angesichts der empirisch belegten fächerspezifischen Gebundenheit auch der Ausbildung aller Lehrkräfte in den Fachdidaktiken. Überhaupt, und besonders im Förderschwerpunkt Lernen, ist zu empfehlen, dass sich die förderdiagnostische und die fachdidaktische Ausbildung kooperativ annähern und diagnostische Verfahren entwickeln, die fachdidaktisch gegenstandsorientiert fundiert und zugleich sonderpädagogisch differenziert sind. Besonders instruktiv sind ausgearbeitete diagnostische Verfahren, die nicht nur quantitative Daten erheben, sondern auch qualitative Daten, insbesondere Lernstrategien, die in der Auseinandersetzung eines bzw. einer Lernenden mit gezielt ausformulierten Aufgaben deutlich werden können.

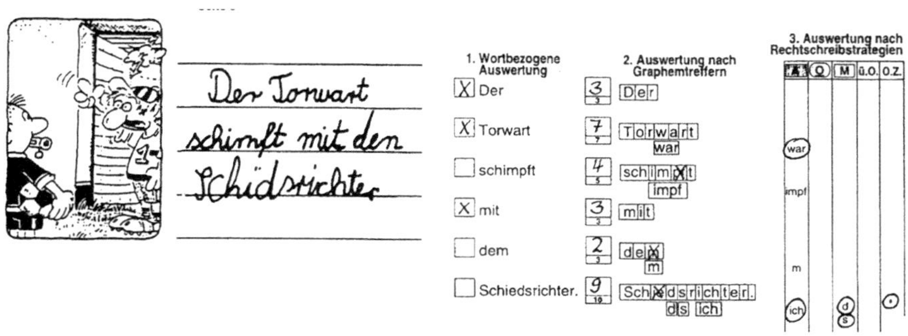

Abb. II.1: Diagnose schriftsprachlichen Strategiewissens in der HSP 1–10 (aus: http://www.peter-may.de/Komponenten/hsp.htm, © Peter May)

Die Abbildung zeigt einen Satz, den ein Kind im Rahmen der *Hamburger Schreib-Probe 1–10* (vgl. HSP 1–10; May, Malitzky & Vieluf 2018) zu Papier gebracht hat (► Abb. II.1). Die HSP liegt für die Klassen 1 bis 10 vor. Sie will das orthographische Strukturwissen und die grundlegenden Rechtschreibstrategien eines Kindes erkunden, indem sie einerseits die Anzahl richtig geschriebener Wörter und Grapheme erfasst, andererseits die strategischen Zugriffsweisen auf die Schrift beschreibt und mit einem Entwicklungsmodell der zunehmend kompetenten Verschriftlichung gesprochener Sprache abgleicht, das alphabetische, orthographische, morphematische und wortübergreifende Strategien ermittelt. Es gibt Auswertungshilfen, die in sogenannten Lupenstellen besonders markante Rechtschreibprobleme ausweisen und bei der Interpretation möglicher Verschriftlichungen helfen, um ein Strategieprofil der individuellen Stärken und Schwächen eines oder einer Lernenden zu entwickeln. Wer in der förderdiagnostischen Ausbildung mit diesem Instrument arbeitet, lernt viel über das Lesen und Schreiben, über Strategien des Schriftspracherwerbs und über seine Hürden und Schwierigkeiten.

Tab. II.1: Inhalte des BIRTE 2 (© Westermann Gruppe, Germany, Bielefelder Rechentest, abrufbar unter: https://www.bielefelder-rechentest.de/index.php/birte-2/inhalte)

Modulgruppe	Modul	Modulsymbol
Orientierung im Zahlenraum	Rückwärtszählen Zahlen einordnen Zahlenstrich	
Basiskompetenzen	Schnelles Sehen (schnelle Zahlenauffassung Spielstein (Zahldarstellung) Zahlenhäuser (Zahlzerlegung) Verdoppeln und Halbieren	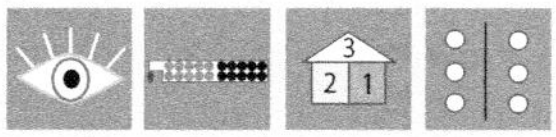
Rechnen	Addition Subtraktion Aufgabenbeziehungen	
Grundvorstellungen	Größen Operation wählen Rechengeschichten	

Die Abbildung gibt die Inhalte der 13 Module des *Bielefelder Rechentests für 2. Klassen* (BIRTE 2) (vgl. Schipper, Wartha & v. Schroeders 2011) wieder, ein computergestütztes Verfahren, das die arithmetischen Kompetenzen des zweiten Schuljahres erfasst und vor allem solche Inhaltsbereiche überprüft, die für Schwierigkeiten beim Rechnenlernen besonders kritisch sind, weil sie die Grundlagen für ein erfolgreiches Weiterlernen darstellen (▶ Tab. II.1). Das Verfahren wird am Computer durchgeführt und ausgewertet, die Ergebnisse eines Kindes können quantitativ hinsichtlich Genauigkeit und Geschwindigkeit mit statistischen Normen verglichen werden und darüber hinaus lassen sich besonders markante Fehler qualitativ analysieren, denn das Programm registriert in allen Modulen typische Fehler und ordnet diese sieben Kategorien zu (z. B. fehlerhafte Zählstrategien als mögliche Hinweise auf zählendes Rechnen oder Zahlendreher als mögliche Hinweise auf Schwierigkeiten mit dem Verständnis des Stellenwertsystems). Wer in der Ausbildung mit diesem Instrument arbeitet, vielleicht sogar in klinisch-explorativen Interviews vermuteten Fehlerstrategien nachgeht (vgl. Selter & Spiegel 1997), lernt viel über das Rechnen und über Rechenstrategien, über tragfähige mathematische Grundvorstellungen und über typische Stolpersteine und nicht zuletzt über Möglichkeiten der gezielten Förderung, denn fehlerspezifisch werden vom BIRTE 2 auch Tipps für die weitere Diagnose- und Förderarbeit vorgeschlagen.

Die beiden genannten Verfahren sind exemplarisch ausgewählt, weil sie curricular valide, methodisch geprüft und statistisch geeicht sind und weil sie quantitative Daten mit qualitativen Daten zur einfühlend verstehenden Erfassung von Lernstrategien und typischen Fehlern verbinden. Sie bieten folglich gerade zu Anfang der Ausbildung Hilfe und Sicherheit bei der Durchführung und Interpretation der Verfahren und zugleich einen Einstieg in die unterrichtsintegrierte diagnostisch-pädagogische Tätigkeit. Es gibt sogar Programme, welche die Diagnose mit der Förderung aufs Engste verknüpfen, indem sie curricular valide Lernstandsmessungen mit darauf abgestimmten Interventionen verbinden und über wiederholte Messungen eine prozessorientierte Lernfortschrittsdiagnose möglich machen. Exemplarisch für den schriftsprachlichen Bereich sei der computergestützte Leseverständnistest ELFE 1–6 (vgl. Lenhard & Schneider 2006) genannt, der das sinnerfassende Lesen in drei Subtests auf Wort-, Satz- und Textebene erfasst, während die darauf abgestimmten *Lesespiele mit Elfe und Mathis* (vgl. Lenhard, Lenhard & Küspert 2015) passende Übungen zum Erkennen und Benennen von Buchstaben, Wortbestandteilen und Reimen, Wort-Bildzuordnungen, das Erlesen von Wortstämmen und die Silbensegmentierung, das Erkennen von syntaktischen Fehlern auf Satzebene und das schnelle und verstehende Erlesen von Texten anbieten. Im Lernbereich Mathematik thematisiert das Diagnose- und Förderkonzept *Mathe sicher können* von Prediger, Selter, Hußmann und Nührenbörger (2014/2017) in drei umfangreichen Materialsammlungen die Kenntnisse und Fertigkeiten, die für das Mathematiklernen auf der Sekundarstufe instrumentell wichtig sind. In sogenannten Standortbestimmungen werden grundlegende arithmetische Kompetenzen beim Rechnen mit Natürlichen Zahlen, mit Brüchen, Prozenten und Dezimalzahlen und beim Sachrechnen mit passend ausgearbeiteten Förderbausteinen verknüpft, die auf der Basis der diagnostischen Ergebnisse differenziert eingesetzt und adaptiv variiert werden können.

Wer mit Programmen, wie den gerade genannten, erste Erfahrungen gesammelt und Sicherheit gewonnen hat, kann diagnostisch zunehmend eigene Wege gehen und selbst Aufgaben formulieren, diesen Kindern geben, das Verhalten derer bei der Aufgabenlösung beobachten und in klinisch-explorativen Gesprächen erkunden und hinterfragen, die Ergebnisse analysieren und Fehllösungen nachvollziehen. Auch dabei sind angehende Lehrkräfte nicht auf sich selbst gestellt, denn es gibt hilfreiche Fachliteratur, im schriftsprachlichen Lernbereich z. B. die Lernbeobachtungen von Dehn (2013), die Hinweise für das Erkennen von Lese- und Rechtschreibstrategien gibt, Hilfen bei der Fehleranalyse anbietet und Tipps für Förderaktivitäten bereithält. Im mathematischen Lernbereich haben Selter und Spiegel (1997) in vielen eindrucksvollen Beispielen gezeigt, wie sich das mathematische Denken von Kindern erkunden lässt. Götze, Selter und Zannetin (2019) haben für den Mathematikunterricht der vier Grundschuljahre dargestellt, welche mathematischen Begriffe und Operationen Kinder erwerben sollten, was typische Denkweisen und Rechenwege und was typische Fehlvorstellungen und Rechenfehler sind, wie man diese einfühlsam erkundet und wie man Lernenden gezielt hilft, diese selbst zu erkennen und möglichst eigenständig zu korrigieren.

Förderdiagnostik ist, wie gezeigt, verknüpft mit (sonder-)pädagogischer Förderung und deshalb komplex. Sie ist am individuellen Lernen orientiert und kann deshalb nicht theoretisch angeeignet werden, sie bedarf der praktischen Erfahrung. Probieren geht in der Förderdiagnostik über studieren, denn die Nagelprobe jeder Förderdiagnostik ist deren Bewährung in der praktischen Förderung. Ob sich eine Förderdiagnose als hilfreich und somit förderlich erweist, lässt sich an der Diagnose selbst, an den Daten oder deren Interpretation nicht erkennen, sondern nur an Erfolg oder Versagen in der sich anschließenden Förderung (vgl. Helmke 2009). Qualifizierung für Förderdiagnostik ist offensichtlich eine schwierige und langwierige Aufgabe.

4.4 Ein optimistischer Ausblick

Wirkt sich förderdiagnostische Kompetenz der Lehrkräfte auf den Lernerfolg der Lernenden aus, oder kommt es letztlich gar nicht darauf an? Erste empirische Untersuchungen zeigen, dass diagnostische Sensibilität allein wenig bewirkt. Es reicht nicht, dass eine Lehrkraft individuelle Bedarfe differenziert und zutreffend diagnostiziert, sondern es kommt darauf an, was die Lehrkraft mit diesen Erkenntnissen anfängt. Erst wenn hohe diagnostische Kompetenz auf didaktisch-methodische Kompetenz traf, erst wenn die Lehrkraft ihr Förderangebot differenziert strukturierte und kompetente fachliche Unterstützung individuell adaptierte, ergab sich in einer Studie an Hauptschulen hoher Lernerfolg (vgl. Schrader & Helmke 2001). Das zeigte sich auch in einer Videostudie, in der pädagogisch-diagnostische Situationen mit Grundschullehrkräften alltagsnah simuliert wurden, um die Ergebnisse mit der Einschätzung des Unterrichts durch die Lernenden und mit dem realen Leistungszuwachs zu vergleichen (vgl. Brühwiler & Vogt 2020). Diagnostische Kompetenz wirkte sich auch in dieser Studie nicht direkt, sondern nur vermittelt über differenzierten, qualitativ guten Unterricht aus. Nur dann, wenn es einer Lehrkraft gelang, diagnostische Erkenntnisse in adaptiven Unterricht umzusetzen, wurde ihr Unterricht von den Lernenden positiv bewertet, und nur dann stellten sich im Unterricht höhere Lernerfolge ein. Dabei kommt es im schulischen Alltag gar nicht so sehr darauf an, argumentieren auf der Basis ihrer Erfahrungen aus empirischen Studien Schrader und Helmke (2001), dass die Lehrerinnen und Lehrer möglichst genau urteilen. Wenn sie – wie gesehen – die Leistungsmöglichkeiten ihrer Lernenden eher überschätzen, führt das zu einem förderlichen pädagogischen Optimismus, und da die Lehrkräfte ihre Schülerinnen und Schüler nahezu täglich im Unterricht erleben, bieten sich Ihnen viele Gelegenheiten, ihre diagnostischen Eindrücke zu korrigieren und zu revidieren. Mit der Zeit können sie erfahrungsbasiert zu zutreffenderen Diagnosen und zu immer besser angepassten Förderangeboten kommen.

Literatur

Brühwiler, C. & Vogt, F. (2020): Adaptive Teaching Competency: Effects on Quality of Instruction and Learning Outcomes. Journal for Educational Research Online, 12 (1), 119–142.

Dehn, M. (2013): Zeit für die Schrift – Lesen und Schreiben im Anfangsunterricht. Berlin: Cornelsen Scriptor.

Götze, D., Selter, C. & Zannetin, E. (2019): Das KIRA-Buch: Kinder rechnen anders. Verstehen und Fördern im Mathematikunterricht. Seelze: Kallmeyer.

Hattie, J. (2014): Lernen sichtbar machen für Lehrpersonen. Baltmannsweiler: Schneider Hohengehren.

Heimlich, U., Lutz, S. & Wilfert, K. (2016): Ratgeber Förderdiagnostik. Feststellung des sonderpädagogischen Förderbedarfs im Förderschwerpunkt Lernen (1.–9. Klasse) (3. Aufl.). Hamburg: Persen.

Heimlich, U., Lutz, S. & Wilfert, K. (2020): Ratgeber Förderplanung. Individuelle Lernförderung im Förderschwerpunkt Lernen (1.–9. Klasse) (4. Aufl.). Hamburg: Persen.

Helmke, A. (2009): Unterrichtsqualität und Lehrerprofessionalität. Diagnose, Evaluation und Verbesserung des Unterrichts (2., aktual. Aufl.). Seelze-Velber: Klett Kallmeyer.

Ingenkamp, K. & Lissmann, U. (2008): Lehrbuch der pädagogischen Diagnostik (6. Aufl.). Weinheim: Beltz.

Lenhard, A., Lenhard, W. & Küspert, P. (2015): Lesespiele mit Elfe und Mathis. Computerbasierte Leseförderung für die erste bis sechste Klasse. Göttingen: Hogrefe.

Lenhard, W. & Schneider, W. (2006): ELFE 1–6: Ein Leseverständnistest für Erst- bis Sechstklässler. Göttingen: Hogrefe.

Lorenz, C. & Artelt, C. (2009): Fachspezifität und Stabilität diagnostischer Kompetenz von Grundschullehrkräften in den Fächern Deutsch und Mathematik. Zeitschrift für Pädagogische Psychologie, 23 (34), 211–222.

May, P., Malitzky, V. & Vieluf, U. (2018): Hamburger Schreib-Probe 1–10. Hamburg: Verlag für pädagogische Medien.

Prediger, S., Selter, C., Hußmann, S. & Nührenbörger, M. (Hrsg.) (2014/2017): Mathe sicher können. Diagnose- und Förderkonzept zur Sicherung mathematischer Basiskompetenzen, 5.–7. Schuljahr. Berlin: Cornelsen.

Sander, A. (2002): Kind-Umfeld-Analyse: Diagnose bei Schülern und Schülerinnen mit besonderem Förderbedarf. In: W. Mutzeck (Hrsg.), Förderdiagnostik bei Lern- und Verhaltensstörungen. Konzepte und Methoden (12–24). Weinheim: Dt. Studien-Verlag.

Schipper, W., Wartha, S. & Schroeders, N. v. (2011): BIRTE 2 – Bielefelder Rechentest für das zweite Schuljahr. Braunschweig: Schroedel.

Schlee, J. (1983): Illusionen sogenannter Förderdiagnostik. In: R. Kornmann, H. Meister & J. Schlee (Hrsg.), Förderungsdiagnostik. Konzept und Realisierungsmöglichkeiten (48–57). Heidelberg: Schindele.

Schlee, J. (2008): 30 Jahre »Förderdiagnostik« – eine kritische Bilanz. Zeitschrift für Heilpädagogik, 59 (4), 122–131.

Schrader, F.-W. (2014): Lehrer als Diagnostiker. In: E. Terhart, H. Bennewitz & M. Rothland (Hrsg.), Handbuch der Forschung zum Lehrerberuf (2., überarb. u. erw. Aufl.) (865–882). Münster: Waxmann.

Schrader, F.-W. & Helmke, A. (2001): Alltägliche Leistungsbeurteilung durch Lehrer. In: F. E. Weinert (Hrsg.), Leistungsmessungen in Schulen (45–58). Weinheim: Beltz.

Schuck, K. D. (2014): Förderdiagnostik. In: F. B. Wember, R. Stein & U. Heimlich (Hrsg.), Handlexikon Lernschwierigkeiten und Verhaltensstörungen (122–125). Stuttgart: Kohlhammer.

Selter, C. & Spiegel, H. (1997): Wie Kinder rechnen. Leipzig: Klett.

Südkamp, A., Kaiser, J. & Möller, J. (2012): Accuracy of Teachers' Judgements of Students' Academic Achievement: A Meta-Analysis. Journal of Educational Psychology, 104, 743–762.

Wellenreuther, M. (1986): Zur Methodologie der Fehleranalyse in der mathematikdidaktischen Forschung. Journal für Mathematikdidaktik, 7 (4), 269–303.

Wember, F. B. (1998): Zweimal Dialektik: Diagnose und Intervention, Wissen und Intuition. Sonderpädagogik, 28 (2), 106–120.

Wocken, H. (1983): Diagnostik? Nein Danke! Über Funktionen und Tendenzen der pädagogischen Diagnostik in Alternativschulen. In: R. Kornmann, H. Meister & J. Schlee (Hrsg.), Förderungsdiagnostik. Konzept und Realisierungsmöglichkeiten (61–66). Heidelberg: Schindele.

5 Qualifikation für Förderplanung

Conny Melzer

»Lehrerinnen und Lehrer unterstützen das Kind, seinen eigenen Lernweg zu finden, und beziehen es in Entscheidungsprozesse ein. Unter der Maxime der Mitverantwortung und der Partizipation gestalten Kinder ihr Von- und Miteinanderlernen, das Schulleben und ihren Alltag. So entsteht eine Grundschule, in der Kinder gemeinsam lernen, Unterschiedlichkeit als Bereicherung empfinden und Alltagskompetenz erwerben.« (KMK 2015, S. 26)

Die Nachfrage zu Anleitungen für die Gestaltung dieser (inklusiven) Bildungsprozesse ist sehr hoch (vgl. Popp, Melzer & Methner 2017) und bezieht sich häufig auf die Gestaltung von Förderplänen sowie Förderplanungsprozessen, da diese konsekutiv an Diagnostik sowie deren Ergebnissen anschließen und die Lücke zwischen Diagnostik und Förderung schließen kann. Dieser Beitrag geht auf die Gestaltung von Fortbildungen zur Förderplanung ein. Dabei wird auf mögliche Inhalte, die methodische Gestaltung sowie Fragen zur Fortbildungsplanung in den Schulen abgehoben.

5.1 Förderplanung im Kontext inklusiver Bildung

»Ein Förderplan kann keine positive Einstellung zur Inklusion schaffen und er verändert auch nicht die personellen und materiellen Rahmenbedingungen, aber er kann ein wichtiges Hilfsmittel bei der Gestaltung inklusiver Bildungsprozesse sein« (Popp et al. 2017, S. 9). So gilt der Förderplan international als Standard zur Umsetzung von Inklusion. Dies bezieht sich auch und vor allem auf die Einbeziehung von Erziehungsberechtigten und den Schülerinnen und Schülern selbst in die Förderplanung (vgl. z. B. Norwich & Eaton 2015). In Deutschland sind der Förderplan und die Förderplanung ebenso bedeutsam und rechtlich in den Verordnungen zur sonderpädagogischen Förderung der einzelnen Länder verankert. Es kann somit eine Dokumentar- sowie Legitimationsfunktion angenommen werden (vgl. Heidenreich 2004; Popp et al. 2017). Sie ergibt sich aus dem Anspruch, dass der Bedarf an sonderpädagogischer Unterstützung dokumentiert und regelmäßig überprüft werden muss: Wie wurde *vor* und *nach* der Feststellung dieses Bedarfs (sonder-)pädagogisch gearbeitet und wie wurde ihm in der Schule entsprochen? Der Förderplan dient also durchaus der Kontrolle der

Legitimation der gewährten Ressourcen im Zuge der individuellen Förderung und ist zugleich oft Grundlage für die Leistungsbewertung. Als Beispiel für die zentrale Rolle des Förderplans wird die Verordnung des Landes Nordrhein-Westfalen (NRW, AO-SF) angeführt:

- Sowohl mit als auch ohne formelles Verfahren ist ein Förderplan unter Einbeziehung aller an der Förderung beteiligten Personen zu erstellen (AO-SF, § 21, Abs. 7) und (mind.) jährlich zu überprüfen.
- Bei zieldifferentem Gemeinsamen Lernen (die nordrhein-westfälische Bezeichnung des Inklusiven Unterrichts) ist der Förderplan die Grundlage für die Leistungsbewertung (AO-SF, § 32, Abs. 1; § 40).
- Bei einem Wechsel von der Grundschule auf eine weiterführende Schule wird der Förderplan weitergegeben, wenn es kein formelles Verfahren, aber sonderpädagogische Förderung gab, es wird den Erziehungsberechtigten die Weitergabe des Förderplans durch die Schule empfohlen (§ 17, Abs. 6).

Es stellt sich nun die Frage, wie Förderplanung im Kontext inklusiver Bildung umgesetzt werden kann. Ganz allgemein können vier Prozessformen unterschieden werden (vgl. Popp et al. 2017), die sich vor allem darin unterscheiden, wer für den Prozess verantwortlich zeichnet und wer involviert ist. Dies reicht von einer Einzelperson (z. B. der Klassenlehrkraft) bis hin zu allen an der Förderung Beteiligten, und je nach Situation kann es bedeutsam sein, mehr oder weniger Personen in die Erstellung, Umsetzung und Fortschreibung eines individuellen Förderplans einzubeziehen. Die *Kooperative Förderplanung*, bei der möglichst viele an der Förderung Beteiligte den Förderplanungsprozess gestalten, kann als eine für die Inklusion besonders bedeutsame Form angesehen werden. So wird die *Kooperative Förderplanung* als zielführender Weg der Systematisierung von Fördermaßnahmen zugunsten von Schülerinnen und Schülern mit Förderplänen (IEPs) empfohlen (vgl. Webster & Blatchard 2018). Sie sollte eine gemeinsame Aufgabe von allgemeinpädagogischen und sonderpädagogischen Lehrkräften sein (vgl. Melzer, Hillenbrand, Sprenger & Hennemann 2015). Wenngleich es international Tendenzen gibt, die Umsetzung und die Erstellung von Förderplänen in unterschiedliche Verantwortlichkeiten zu geben (Erstellung durch die sonderpädagogischen Lehrkräfte und Umsetzung der Förderung durch allgemeinpädagogische Lehrerinnen und Lehrer) und diese Tendenzen auch im Alltag deutscher Schulen sichtbar sind, ist diese Trennung fachlich nicht sinnvoll. Das heißt, die Erstellung von Förderplänen wird häufig delegiert, sie werden selten evaluiert (vgl. Idel, Lütje-Klose & Grüter et al. 2019) und Lernende nehmen kaum am Förderplanungsprozess teil (vgl. Albers 2013).

Wird die internationale Praxis Kooperativer Förderplanung (z. B. Durchführung von IEP-Meetings in den USA) genauer betrachtet, so zeigen sich in aktuellen Forschungen einige Schwierigkeiten und Probleme.

- *Inhaltliche Passung von Förderplänen*: »[T]he majority of IEPs were non-compliant with IDEIA requirements« (Blackwell & Rosetti 2009, S. 9). Zudem berücksichtigen sie zu wenig die Übergänge zwischen den Schulen. Weiterhin wird herausgestellt, dass digitale Lösungen zur Förderplanung zwar eine Unterstützung sind, allerdings ist die inhaltliche Passung eines Förderplans mit den individuellen Bedürfnissen der Schülerinnen und Schüler stark vom Wissen und den Fähigkeiten der Beteiligten abhängig. Fortbildungen können aber die inhaltliche Qualität von Förderplänen erhöhen können (vgl. ebd; siehe auch Melzer 2009).

- *Diagnostische Informationen* werden von Lehrkräften weniger gut mit Förderplanzielen in Verbindung gesetzt (vgl. Blackwell & Rosetti 2014).
- *Gesprächsgestaltung und Gesprächsanteile*: In Förderplangesprächen weisen die sonderpädagogischen Lehrkräfte sehr hohe Gesprächsanteile auf (vgl. Martin, van Dycke & Christensen 2006). Eltern sowie Schülerinnen und Schüler nehmen zwar teil, haben aber *»wenig inhaltliche Gesprächsanteile«* (Blackwell & Rosetti 2014, S. 9). Es existieren zugleich bereits Erkenntnisse zu Gesprächsprozessen, die zu einer erhöhten Teilhabe von Eltern führen (vgl. Mueller & Vick 2019).
- *Teilhabe von Schülerinnen und Schülern an Förderplangesprächen*: Im Zuge der UN-Konvention über die Rechte von Menschen mit Behinderung rückt auch der Grundsatz »Nichts ohne uns über uns« in den Fokus von Förderplanung. Die Teilhabe an Förderplangesprächen ist aber sehr herausfordernd (Test et al. 2004; Zeitlin & Curcic 2014). Studien zeigen jedoch, dass die Teilhabe von Schülerinnen und Schüler durch die selbst geleitete (*self-directed*) Förderplangespräche stark erhöht wird (vgl. Blackwell & Rosetti 2014). Wenn die Schülerinnen und Schüler auf die Gespräche vorbereitet werden (vgl. ebd.; Popp et al. 2017; Test & Neale 2004), kann es langfristig zu einer Verbesserung des Selbstwertgefühls kommen (vgl. Wehmeyer et al. 2013). Dies ist vermutlich mit einer erlebten Teilhabe und das in ihre Fähigkeiten gesetzte Vertrauen durch die Erwachsenen begründet.

Diese Erkenntnisse verschiedener Studien weisen auf notwendige Fortbildungsinhalte zur Qualifikation der Förderplanungskompetenzen von Lehrkräften hin, die im nächsten Abschnitt genauer beschrieben werden.

5.2 Mögliche Inhalte der Qualifikation im Bereich Förderplanung

Eine Fortbildung zur Förderplanung sollte an mehreren Bereichen ansetzen:

a) den Grundlagen der Förderplanung,
b) dem prozeduralen Wissen zum Förderplanungsprozess und damit zusammenhängend dem Einüben von Gesprächsführungselementen,
c) der systematischen Erhebung der Lernvoraussetzungen und Lernprozessen,
d) dem Wissen zu verschiedenen Fördermaßnahmen,

Tab. II.2: Inhaltsbereiche und beispielhafte Inhalte für Fortbildungen zur Förderplanung

Inhaltsbereich	Inhalte des Inhaltsbereichs	Inhalts- und Literaturbeispiele
a) Grundlagen der Förderplanung	Funktionen von Förderplänen (auch rechtliche Aspekte) Inhalte von Förderplänen Stellenwert von Diagnostik, Förderplanung und Unterricht Qualitätskriterien von Förderplanung Ablauf einer Förderplanung (Erstellen, Umsetzen, Evaluieren und Fortschreiben von Förderplänen)	Zusammenstellung dieser Inhalte sind zu finden bei Popp et al. (2017)
b) Förderplanungsprozess	Schrittfolgen zur kooperativen Erstellung und Fortschreibung individueller Förderpläne	KEFF-Modell: Kooperative Erstellung und Fortschreibung individueller Förderpläne (vgl. Mutzeck & Melzer 2007; Melzer 2019)
	Anwendung von Gesprächsführungselementen	▶ Kap. 6: Qualifikation für Beratung in der schulischen Inklusion
	Anwendung von Möglichkeiten der Moderation	Muller & Vick 2019: Ablaufplan, Gesprächsregeln festlegen, Visualisierung der Diskussion, »Fragenparkplatz« für zum Thema gehörende Fragen (vgl. auch Mutzeck & Melzer 2007)
	Formulieren von Förderzielen, die verständlich sind und evaluiert werden können	SMARTe Förderziele (Popp et al. 2017, S. 75)
	Förderkonzept: Wie sind Diagnostik, Förderplanung und individuelle Förderung in das Schulkonzept eingebunden?	Dies ist vor allem im Rahmen inklusiver Bildung von Bedeutung. Bestandteile eines Förderkonzepts sind zu finden bei Popp et al. 2017, S. 163 f.

Tab. II.2: Inhaltsbereiche und beispielhafte Inhalte für Fortbildungen zur Förderplanung – Fortsetzung

Inhaltsbereich	Inhalte des Inhaltsbereichs	Inhalts- und Literaturbeispiele
c) Erhebung von Lernvoraussetzungen und Lernprozessen	Kennen und Anwenden diagnostischer Methoden zur Erhebung von Lernvoraussetzungen	Gesprächsmethoden (Exploration, Anamnese) Testverfahren (z. B. Schultests) Rating- und Screeningverfahren Freie und systematische Beobachtung (zusammenfassend in Hesse & Latzko 2017 sowie Flüchter et al. 2020)
	Wissen zu Lernvoraussetzungen für erfolgreiches Lernen Wissen zu Lernvoraussetzung bei verschiedenen Behinderungsarten	Lernvoraussetzungen, z. B. Matthes 2018; Gold 2011
	Diagnostische Methoden zur Erhebung von Lernprozessen	Curriculum-basiertes Messen (Diehl, Hartke & Knopp 2009; Anderson, Jungjohann & Gebhardt 2020) Direkte Verhaltensbeurteilung (Casale et al. 2019)
d) Wissen zu Fördermaßnahmen	Fördermaßnahmen bei Verhaltensschwierigkeiten und Lernschwierigkeiten Handlungswissen zu verschiedenen Förderschwerpunkten	Verhaltensschwierigkeiten: z. B. Hartke & Vrban 2019 Lernschwierigkeiten: z. B. Lauth, Grünke & Brunstein 2014
e) Einbeziehung von Fachkräften, Erziehungsberechtigten sowie Schülerinnen und Schülern	Vorbereitung der Familien auf ein kooperatives Förderplanungsgespräch	Vorbereitung von Familien (Muller & Vick 2018)
	Vorbereitung von Schülerinnen und Schülern auf kooperative Förderplanung	IPLAN: Test & Neale 2004; Übersetzung in Popp et al. 2017 Selbst-moderierte Förderpläne (Self-directed IEP): Wehmeyer et al. 2013
	Prozedurales Wissen zur Gesprächsführung mit Kindern und Jugendlichen	z. B. Melzer & Methner 2012

e) der Sensibilisierung für die Perspektiven und Zuständigkeiten der pädagogischen Fachkräfte sowie der Eltern und Schülerinnen und Schüler.

Die nachfolgende Tabelle listet zu den genannten Bereichen mögliche Inhalte auf. Diese haben keinen Anspruch auf Vollständigkeit, haben sich bislang aber in Fortbildungen und in der Ausbildung angehender Lehrkräfte bewährt (► Tab. II.2).

Es ist deutlich, dass diese zahlreichen Inhalte nicht in nur einer Fortbildung integriert werden können, sondern dass die Tabelle II.2 mehr Wissen und Handlungskompetenzen aufzeigt, die für eine gelingende und qualitativ hochwertige Durchführung individueller Förderplanung in ihrem Bezugsrahmen zu Förderung und Diagnostik notwendig sind. Daher wird im folgenden Abschnitt darauf eingegangen, welche Fortbildungsformate sinnvoll erscheinen.

5.3 Fortbildungsplanung in Schulen

Qualifikation beinhaltet immer Aus-, Fort- und Weiterbildung von Lehrkräften. Die Ausbildung wird an dieser Stelle außen vorgelassen. Es ist sicher wünschenswert, dass angehende sonderpädagogische Lehrkräfte im Laufe ihres Lehramtsstudiums und des Vorbereitungsdiensts mit den in Tabelle II.2 genannten Inhalten und entsprechend ihrer studierten sonderpädagogischen Schwerpunkte ausgebildet werden (► Tab. II.2). Für angehende Lehrkräfte der Lehramtstypen 1–5 ist das sicher nicht immer gegeben, sodass gerade im Zuge inklusiver Bildung Fortbildungen von besonderer Bedeutung sind und an dieser Stelle auf diese näher eingegangen wird.

Grundsätzlich können Schulen bzw. die für Fortbildungen in der Schule zuständige Gruppe entsprechend ihrer Voraussetzungen und Bedarfe entscheiden, welche Art der Fortbildung sinnvoll erscheint. Es gibt die Möglichkeit einer (über-)regionalen Fortbildung, an der lediglich wenige (mindestens zwei) Lehrkräfte der eigenen Schulen teilnehmen. Diese benötigen entweder individuelle Schulung, um den Wissens- und Kenntnisstand des übrigen Kollegiums zu erlangen, oder sollen als Multiplikatoren eingesetzt werden. Weiterhin kann sich für eine schulinterne Fortbildung entschieden werden, bei der das gesamte Kollegium eine Weiterqualifizierung erhält (vgl. Popp et al. 2017). Die dritte Variante ist eine Schulung (von Teilen) des Kollegiums durch eigene Lehrkräfte. Dies kann durch die bereits o. g. Multiplikatoren (vgl. Melzer 2009) oder durch sonderpädagogische Lehrkräfte als *Training-on-the-Job* geschehen. Die Tabelle stellt die Möglichkeiten und Chancen gegenüber (► Tab. II.3).

Tab. II.3: Fortbildungsformate

Art der Fortbildung	Anbieter und Teilnehmende	(Schulentwicklungs-)Ziel
Überregionale oder regionale Fortbildung	*Anbieter:* Landesinstitute der Bundesländer oder Fortbildungseinrichtungen von Schulämtern, Fortbildungsangebote von Fachverbänden (z. B. vds), freiberufliche Lehrerfortbildnerinnen und -fortbildner	Fortbildung von Kolleginnen und Kollegen in begrenzten Wissens- und Kompetenzbereichen, um an den Wissensstand des Kollegiums anzuschließen, individuelle Kompetenzlücken zu schließen.
	Teilnehmende: (nach Möglichkeit) zwei oder mehr Kolleginnen und Kollegen der Schule	Auswahl von zwei oder mehr Lehrkräften des Kollegiums, um sie als Multiplikatorinnen und Multiplikatoren ausbilden zu lassen, damit diese einen Wissenstransfer in das Kollegium leisten; zum Austausch und zur gemeinsamen Vorbereitung müssen dies mindestens zwei Personen sein.
Schulinterne Lehrerinnen- und Lehrerfortbildung	*Anbieter:* Landesinstitute der Bundesländer oder Fortbildungseinrichtungen von Schulämtern, Fortbildungsangebote von Fachverbänden (z. B. vds), freiberufliche Lehrerfortbildnerinnen und -fortbildner	Für einen bestimmten Inhaltsbereich wurde im gesamten Kollegium bzw. bei sehr vielen Lehrkräften, Mitarbeitenden ein Fortbildungsbedarf festgestellt. Die Fortbildung wurde ggf. in der Lehrerinnen- und Lehrerkonferenz beschlossen.
	Teilnehmende: ein bestimmter Teil eines Kollegiums (z. B. Stufenteams, Fachkonferenz) oder das gesamte Kollegium	Bei mehreren Inhaltsbereichen, die geschult werden sollen, ist es ratsam ein Fortbildungskonzept und einen Fortbildungsplan mit einer zeitlichen Priorisierung zu erstellen. Die Inhalte der Tabelle II.2 können hier in einen Befragungsbogen oder eine Checkliste umformuliert werden (▶ Tab. II.2).

Tab. II.3: Fortbildungsformate – Fortsetzung

Art der Fortbildung	Anbieter und Teilnehmende	(Schulentwicklungs-)Ziel
Train-on-the-Job	*Anbieter:* Lehrkräfte der eigenen Schule oder abgeordnete Lehrkräfte (z. B. abgeordnete oder im Rahmen des inklusiven Unterrichts beratende sonderpädagogische Lehrkräfte)	Wenn sich für die Variante der Multiplikatorinnen und Multiplikatoren entschieden wurde, dann können diese eine schulinterne Lehrerinnen- und Lehrerfortbildung anbieten. Somit gelten hier ähnliche Voraussetzungen wie bei den schulinternen Lehrerinnen- und Lehrerfortbildungen.
	Teilnehmende: Das gesamte Kollegium oder einzelne Lehrkräfte	Gerade im Zuge inklusiver Bildung, in deren Rahmen sonderpädagogische Lehrkräfte Wissen zur Förderplanung bereits im Studium erhalten haben und mit an die allgemeine Schule bringen, ist es sinnvoll, kooperative Förderplanung als »Train-on-the-Job« zu vermitteln, indem diese gemeinsam durchgeführt und dabei die entsprechenden Kompetenzen vermittelt werden. Es geschieht ein »Learning-by-Doing«, und zwar anhand eigener Fälle und strukturierter Anwendung.

5.4 Zusammenfassung und Ausblick

Förderplanung ist einerseits rechtlich verankert, aber noch nicht vollends in den Schulen, vor allem nicht in allgemeinen Schulen, umgesetzt. Es liegt nahe, dies mit der inhaltlichen Komplexität dieses Kompetenzbereichs (▶ Tab. II.2) zu begründen. Das heißt aber nicht, dass das Konzept Förderplanung gescheitert wäre. Im Gegenteil: Mittlerweile gibt es – gerade international – mehrere Ansätze, den Schwierigkeiten zu begegnen. Die Schlussfolgerungen für Fortbildungsformate wurden im Abschnitt 5.3 und Tabelle II.3 gezogen. Was fehlt, sind noch mehr nationale Studien und klar zugeschnittene Fortbildungskonzepte, die sich an den genannten Punkten orientieren. Außerdem zeigt sich in einem immer komplexer werdenden Berufsfeld der Lehrkräfte mit zunehmender Aufgabenvielfalt die Notwendigkeit, die Fortbildungen auf die Bedarfe und Bedürfnisse der Lehrkräfte und Schulen abzustimmen. Ein erster Aspekt, der immer wieder in Fortbildungen als grundlegend für die Zufriedenheit der Teilnehmenden genannt wird, ist die Orientierung am tatsächlichen Tätigkeitsfeld und Ausrichtung an den Bedingungen vor Ort. Der zweite Schritt ist die direkte Anwendbarkeit von Fortbildungsinhalten. So sollte bei Fortbildungen zur Förderplanung mindestens ein Förderplan erstellt (evaluiert, fortgeschrieben) werden, der direkt im Alltag umgesetzt werden kann. Die Arbeit an den aktuellen ›Fällen‹ bzw. den aktuell unterrichteten und geförderten Schülerinnen und Schüler stellt sich als unabdingbarer Gelingensfaktor für einen Transfer und die Anwendung im schulischen Alltag heraus. Hier setzen auch *Train-on-the-Job*-Formate an. Allerdings müssen sonderpädagogische Lehrkräfte für diese Tätigkeit erst einmal aus- und fortgebildet werden. Ein großes Feld der Qualifizierung von sonderpädagogischen Lehrkräften als *Trainer on the Job* könnte sich hier auftun. Wie sinnvoll dieser Ansatz aus professionstheoretischer und wie erfolgreich aus schulaufsichtlicher Sicht ist, muss allerdings noch praktisch und wissenschaftlich erprobt und evaluiert werden.

Literatur

Albers, T. (2013): Individuelle Entwicklungspläne (IEP) in inklusiven Settings. Internationale Befunde zur Partizipation von Kind und Familie im Prozess der schulischen Förderplanung. VHN, 3, 202–212.

Anderson, S., Jungjohann, J. & Gebhardt, M. (2020): Effects of Using Curriculum-Based Measurement (CBM) for Progress Monitoring in Reading and an Additive Reading Instruction Second Classes. Zeitschrift für Grundschulforschung, 13, 151–166. Online verfügbar unter: https://doi.org/10.1007/s42278-019-00072-5, Zugriff am 13.12.2020.

Blackwell, W. H. & Rosetti, Z. S. (2014): The Development of Individualized Education Programs: Where Have We Been and Where Should We Go Now? SAGE open, 1–15. Online verfügbar unter: DOI: 10.1177/2158244014530411, Zugriff am 13.12.2020.

Casale, G., Huber, C., Hennemann, T. & Grosche, M. (2019): Direkte Verhaltensbeurteilung in der Schule. Eine Einführung für die Praxis. München: Reinhardt.
Diehl, K., Hartke, B. & Knopp, E. (2009): Curriculum-Based Measurement & Leerlingonderwijsvolgsysteem – Konzepte zur theoriegeleiteten Lernfortschrittsmessung im Anfangsunterricht Deutsch und Mathematik. Zeitschrift für Heilpädagogik, 60, 122–133.
Flüchter, I., van Dorland, B., Aschermann, E. & Melzer, C. (2020): Diagnostik und Self-Monitoring – Methoden und Anlässe. Bonn: Raabe-Verlag.
Gold, A. (2011): Lernschwierigkeiten. Stuttgart: Kohlhammer.
Hartke, B. & Vrban, R. (2019): Schwierige Schüler – Was kann ich tun? 49 Handlungsmöglichkeiten bei Verhaltensauffälligkeiten (12. Aufl.). Hamburg: Persen Verlag.
Heidenreich, R. (2004): Entwicklung von Förderplankonzepten für Schülerinnen und Schüler mit sonderpädagogischem Förderbedarf aus Sicht der Schulaufsicht (Erwartungen und Beratung). In: Verband Sonderpädagogik Nordrhein-Westfalen e. V. (vds-NRW) (Hrsg.), Förderplanung in der sonderpädagogischen Arbeit (10–12). Gladbeck.
Hesse, I. & Latzko, B. (2017): Diagnostik für Lehrkräfte (3. Aufl.). Opladen & Farmington Hills: Budrich UTB.
Idel, T.-S., Lütje-Klose, B., Grüter, S., Mettin, C., Meyer, A. & Neumann, P. et al. (2019): Inklusion im Bremer Schulsystem. In: K. Maaz, M. Hasselhorn, T.-S. Idel, E. Klieme, B. Lütje-Klose, P. Stanat et al. (Hrsg.), Zweigliedrigkeit und Inklusion im empirischen Fokus. Ergebnisse der Evaluation der Bremer Schulreform (121–161). Münster: Waxmann.
KMK – Kultusministerkonferenz (Hrsg.) (2015): Empfehlungen zur Arbeit in der Grundschule. Beschluss der Kultusministerkonferenz vom 02.07.1970 i. d. F. vom 11.06.2015. Berlin, Bonn.
Lauth, G., Grünke, M. & Brunstein, J. C. (2014): Interventionen bei Lernstörungen. Förderung, Training und Therapie in der Praxis (2. Aufl.). Göttingen: Hogrefe.
AO-SF – Ministerium für Schule und Bildung des Landes Nordrhein-Westfalen (MSB) (2016): Verordnung über die sonderpädagogische Förderung, den Hausunterricht und die Schule für Kranke (Ausbildungsordnung sonderpädagogische Förderung – AO-SF). Vom 29. April 2005, zuletzt geändert durch Verordnung vom 1. Juli 2016. Online verfügbar unter: https://bass.schul-welt.de/6225.htm, Zugriff am 30.11.2020.
Martin, J. E., van Dycke, J. & Christensen, W. R. (2006): Direct Observation of Teacher-Directed IEP Meetings: Establishing the Needs for Student IEP Meeting Instruction. Council for Exceptional Children 72 (2), 187–200.
Matthes, G. (2018): Förderkonzepte einfühlsam und gelingend. Psychologische Grundlagen und Methoden der Entwicklung individueller Förderkonzepte. Dortmund: verlag modernes lernen.
Melzer, C. (2009): Die Kooperative Erstellung und Fortschreibung individueller Förderpläne – Entwicklung und Evaluation einer transferorientierten Trainingskonzeption. Unveröffentlichte Dissertation. Universität Leipzig.
Melzer, C. (2019): Das KEFF-Modell. Kooperative Erstellung und Fortschreibung individueller Förderpläne als Grundlage individueller Entwicklungsförderung. Schule inklusiv. Vielfalt nutzen – Bildungsgerechtigkeit schaffen (3), 34–37.
Melzer, C. & Methner, A. (2012): Gespräche führen mit Kindern und Jugendlichen. Methoden schulischer Beratung. Stuttgart: Kohlhammer.
Melzer, C., Hillenbrand, C., Sprenger, D. & Hennemann, T. (2015): Aufgaben von Lehrkräften in inklusiven Bildungssystemen – Review internationaler Studien. Erziehungswissenschaft, 26 (51), 61–80.
Mueller, T. G. & Vick, A. M. (2019): An Investigation of Facilitated Individualized Education Program Meeting Practice: Promising Procedures That Foster Family-Professional Collaboration. Teacher Education and Special Education, 42 (1), 67–81. Online verfügbar unter: https://doi.org/10.1177/0888406417739, Zugriff am 13.12.2020.
Mutzeck, W. & Melzer, C. (2007): Kooperative Förderplanung – Erstellung und Fortschreibung individueller Förderpläne (KEFF). In: W. Mutzeck (Hrsg.), Förderplanung. Grundlagen, Methoden, Alternativen (199–239). Weinheim: Beltz.
Norwich, B. & Eaton, A. (2015): The New Special Educational Needs (SEN) Legislation in England and Implications for Services for Children and Young People with Social, Emo-

tional and Behavioural Difficulties. Emotional and Behavioural Difficulties, 20 (2), 117–132.

Popp, K., Melzer, C. & Methner, A. (2017): Förderpläne entwickeln und umsetzen (3. Aufl.). München: Reinhardt.

Test, D. W. & Neale, M. (2004): Using des Self Advocacy Strategy to Increase Middle Graders' IEP Participation. Journal of Behavioral Education, 2, 135–145.

Test, D. W., Mason, C., Hughes, C., Konrad, M., Neale, M. & Wood, W. M. (2004): Student Involvement in Individualized Education Program Meetings. Exceptional Children 70 (4), 391–412.

Webster, R. & Blatchford, P. (2018): Making Sense of ›Teaching‹, ›Support‹ and ›Differentiation‹: The Educational Experiences of Pupils with Education, Health and Care Plans and Statements in Mainstream Secondary Schools. European Journal of Special Needs Education, 34 (1), 98–113.

Wehmeyer, M. L., Palmer, S. B., Shogren, K., Williams-Diehm, K. & Soukup, J. H. (2013): Establishing a Causal Relationship beetween Intervention to Promote Self-Determination and Enhanced Student Self-Determination. The Journal of Special Education, 46 (4), 195–210.

Zeitlin, V. M. & Curcic, S. (2014): Parental Voices on Individualized Education Programs: ›Oh, IEP Meeting Tomorrow? Rum Tonight!‹. Disability & Society, 2 (3), 373–387.

6 Qualifikation für Beratung in der schulischen Inklusion

Kathrin Wilfert & Conny Melzer

6.1 Beratung als zentrale Kompetenz für eine gelingende schulische Inklusion

Die Umsetzung inklusiver Bildung stellt auch mehr als zehn Jahre nach der Ratifizierung der UN-Konvention über die Rechte von Menschen mit Behinderung (UN-BRK 2006) eine große Herausforderung für alle Akteurinnen und Akteure dar, und zwar in allen gesellschaftlichen Bereichen. In diesem Buch liegt das Hauptaugenmerk auf schulischer Inklusion und Professionalisierung von Lehrkräften.

Damit stellt sich die wichtige Frage, welche Voraussetzungen Lehrkräfte mitbringen müssen, um die im Rahmen inklusiver Bildung an sie (neuen bzw. erweiterten) gestellten Anforderungen erfolgreich bewältigen zu können (vgl. König et al. 2019). Mittlerweile gibt es einige Kompetenzkataloge aus Reviews sowie Studien, die Aufgabenkataloge gerade auch hinsichtlich dieser Veränderungen aufstellen (vgl. z. B. Moser, Schäfer & Redlich 2011; Melzer & Hillenbrand 2013; Melzer & Hillenbrand 2015; Melzer, Hillenbrand, Sprenger & Hennemann 2015). Die zahlreichen Aufgaben lassen sich zu vier zentralen Anforderungsbereichen verdichten: »Diagnose, Intervention (im Sinne didaktisch-methodischer Anforderungen, oft auch als Förderung bezeichnet), Management und Organisation, Beratung und Kommunikation« (König et al. 2019, S. 46). Dabei wird der Anforderungsbereich *Beratung und Kommunikation* in (fast) allen Aufgaben- bzw. Kompetenzkatalogen als zentral benannt. Diese zentrale Stellung von Beratung ist nicht neu, sondern wird bereits seit den ersten Bemühungen um (schulische) Integration proklamiert und diskutiert. So hat Reiser (1996) beschrieben, dass es zu mehr Beratung und weniger Arbeit »an den Kindern« kommt. Auch hebt er die zentrale Rolle der sonderpädagogischen Lehrkraft als Expertin für Interaktion im Beratungsprozess hervor (vgl. Reiser 1998).

In diesem Beitrag möchten wir die zentrale Stellung von Beratung im Rahmen inklusiver Bildung näher darstellen und inhaltliche sowie methodische Aspekte der Aus-, Fort- und Weiterbildung hinsichtlich beraterischer Kompetenzen beschreiben. Zunächst muss aber unser Grundverständnis von inklusiver Bildung und Beratung verdeutlicht werden, da es in beiden Bereichen zahlreiche definitorische Ansätze gibt: Beratung ist kein festgesetzter Begriff (vgl. Methner, Melzer & Popp 2013) und zur Inklusion existiert noch immer keine anerkannte Definition (vgl. Grosche 2015), was häufig zu Missverständnissen führt (vgl. Egener, Scheer, Laubenstein & Melzer 2020).

6.1.1 Inklusion bzw. inklusive Bildung

Für uns sind mehrere Aspekte bzw. Eckpunkte leitend, die sich jedoch nicht nur auf die angesprochene schulische Inklusion beziehen, diese aber explizit einschließen. Die nachfolgende Auflistung baut auf der Definition der UNESCO-Kommission von 2014 auf:

- *Inklusion ist ein Menschenrecht*, das jedem Menschen zusteht, sich also nicht – wie oft angenommen – nur auf Menschen mit Behinderung bezieht, wenngleich diese einer vulnerable Gruppe angehören (siehe zweiten Aufzählungspunkt).
- *Inklusion ist ein Prozess*, der zunehmende Partizipation aller Menschen fordert (vgl. ebd.) und die Reduktion von Ausgrenzung in Bezug auf Bildung, Wirtschaft und Gesellschaft anstrebt. Es werden unterschiedliche Differenzlinien, vor allem aber vulnerable Gruppen berücksichtigt (vgl. Lindmeier & Lütje-Klose 2019).
- *Inklusion ist eine gesamtgesellschaftliche Aufgabe*, die die Zusammenarbeit verschiedener Personengruppen sowie institutionelle Akteurinnen und Akteure aus Bildung, Wirtschaft und Gesellschaft erfordert.
- *Ziele von Inklusion* sind die bestmögliche (wirkungsvolle, passgenaue) und individuelle Förderung jedes Menschen sowie die Ermöglichung sozialer Teilhabe, Freiheit, Würde und Anerkennung.

6.1.2 Beratung

In der Schule gibt es zahlreiche Gesprächs- und Kommunikationsanlässe. Der häufigste Anlass ist der Unterricht, denn dieser basiert in aller Regel auf Kommunikation. Auch ist der Austausch von Informationen eine Form von Kommunikation (vgl. Grosche, Fußangel & Gräsel 2020), wobei Kooperationsprozesse kommunikativ gesteuert werden. Letztlich haben alle o. g. Anforderungsbereiche (Intervention, Diagnostik, Beratung, Management und Organisation) Anteile von Kommunikation. Dabei sind nicht alle Gesprächsanlässe in der Schule auch Beratungsgespräche im engeren Sinn, wenngleich es einen großen Überschneidungsbereich gibt, da scheinbar Gespräche zum Informationsaustausch auch Themen mit notwendiger Problemlösung eröffnen können (vgl. Popp et al. 2011). Zum Beispiel könnte eine Lehrkraft mit der Schülerin bzw. dem Schüler darüber informieren, dass sie vermutlich die Klasse aufgrund abfallender Leistungen wiederholen muss. Hier könnte sich eine familiäre Problematik (z. B. kann zuhause er oder sie wegen des neuen kleinen Geschwisterchens nicht schlafen) als Beratungsanlass ergeben. Daher ist es sinnvoll, Beratung enger zu definieren, um diese von allgemeinen schulischen Gesprächsanlässen zu unterscheiden. Als Grundlage unseres Beratungsverständnisses soll folgende Definition gelten:

> »Das Beratungsgespräch kann definiert werden als eine besondere zwischenmenschliche Interaktionsform, die im Gegensatz zum Alltagsgespräch planvoll, fachkundig und methodisch geschult durchgeführt wird und die auf einer beidseitigen Verbindlichkeit, Ver-

antwortung und auf einem arbeitsfördernden Vertrauensverhältnis beruht« (Mutzeck 2008a, S. 14).

Diese Definition macht deutlich, dass zahlreiche Gespräche in der (inklusiven) Schule keine Beratungsgespräche im engeren Sinne sind, weil sie entweder keine beid- bzw. allseitige Verantwortung beinhalten und/oder nicht freiwillig stattfinden. An dieser Stelle schließt sich die Einteilung von Beratung nach ihren Formalisierungsgraden an (vgl. Sickendieck, Engel & Nestmann 2008; Methner et al. 2013):

- informelle, alltägliche Beratung (entspricht den meisten Gesprächen und Gesprächsanlässen in der Schule, z. B. Tür-und-Angel-Gespräche)
- halbformalisierte Beratung (entspricht Informationsgaben in Schulen oder auch einer Expertenberatung über einen bestimmten Sachverhalt, z. B. Informationen über die Unterrichtsgestaltung mit einem Kind im Autismus-Spektrum)
- ausgewiesene und stark formalisierte Beratung (entspricht der o. g. Definition, bei der methodisch – also formalisiert – vorgegangen wird und *gemeinsam* Lösungen entwickelt werden).

6.2 Beratung im inklusiven Kontext

Die *European Agency for Development in Special Education Needs and Inclusive Education* (EA 2012 S. 7) benennt in Anlehnung an den *World Report on Disabilities* (WHO 2011, S. 222) drei Kernkompetenzen für inklusive Bildung:

- *Attitudes* (Einstellungen, Haltungen)
- *Knowledge* (Wissen)
- *Skills* (Fertigkeiten, Handlungsmöglichkeiten)

Diese Kernkompetenzen lassen sich (exemplarisch) auch auf den Anforderungsbereich Beratung übertragen.

6.2.1 Einstellungen – Ein humanistisches Menschenbild als Grundvoraussetzung für gelingende Beratungsprozesse

Die EA (2012, S. 8 f.) legt weiterhin vier zentrale Werte der inklusiven Arbeit zugrunde:

- Wertschätzung der Vielfalt der Lernenden
- Unterstützung aller Lernenden

- Zusammenarbeit mit anderen
- Persönliche berufliche Weiterentwicklung

Beratung als horizontale Beratung mit einem humanistischen Menschenbild (vgl. Methner et al. 2013) impliziert ganz originär die Umsetzung dieser vier Werte. Die nachfolgende Tabelle zeigt eine Übersicht, wie in horizontal gestalteten kommunikativen und beraterischen Settings diese Werte zum Tragen kommen (▶ Tab. II.4).

Tab. II.4: Die zentralen Werte inklusiver Bildung der EA (2012) und horizontaler Beratung

Zentrale Werte für Unterricht und Bildung (vgl. EA 2012)	Horizontal gestaltete Beratung
Wertschätzung der Vielfalt der Lernenden	Als beratende Person betrachte ich mein Gegenüber als gleichwertig und als Expertin bzw. Experten für sich, das Thema und das Umfeld (z. B. Sprache, Kultur, sozioökonomischer Hintergrund, eigene Ressourcen).
Unterstützung aller Lernenden	Als beratende Person mit einem humanistischen Menschenbild sollten die menschlichen Fähigkeiten der themeneinbringenden Person sowie ihre Ressourcen beachtet und gefördert werden. Dabei geht es auch um die Ermöglichung von Autonomie, d. h. selbst Ziele zu stecken, sich für Lösungen zu entscheiden und selbst für die Umsetzung der Lösungen einzutreten.
Zusammenarbeit mit anderen	Beratung kann als Form inklusiver Kooperation (Urban & Lütje-Klose 2014, S. 288) verstanden werden. Diese kann nur gelingen, wenn von einer Gleichwertigkeit der Beteiligten ausgegangen wird. Dabei betrifft Gleichwertigkeit die Aufgabenverteilung (vgl. ebd.) sowie die Kommunikation (Offenheit) (vgl. Philipp 2006).
Persönliche berufliche Weiterentwicklung	Beratung ist für alle Beteiligten eine kontinuierliche Weiterentwicklung im Sinne des lebenslangen Lernens (personale Kompetenz).

Damit ist in einem horizontalen, auf einem humanistischen Menschenbild fußenden Beratungsansatz die Wertschätzung der Diversität aller Personen (pädagogische Fachkräfte, Erziehungsberechtigte wie auch Schülerinnen und Schüler) gemeint, wenn davon ausgegangen wird, dass jeder Mensch grundlegende menschliche Fähigkeiten besitzt. Diese sind zwar nicht bei allen gleich ausgeprägt, aber dennoch in ihrer Verschiedenheit und potenziell bei allen vorhanden. Nur wenn die Beraterin bzw. der Berater der ratsuchenden Person zutraut, autonom und reflexiv zu agieren, über Verbalisierungs- und Kommunikationsfähigkeiten sowie Emotionalität zu verfügen, rational zu entscheiden und planvoll zu handeln, wird die Themeneinbringerin bzw. der Themeneinbringer eigene Lösungen finden. Und dies trifft eben auch für schulische Inklusion zu. Nur wenn ich als Lehrerin oder Lehrer meinen Schülerinnen und Schülern etwas zutraue, werden sie bestmöglich und individuell nach ihren Möglichkeiten lernen.

Dies wird auch im Konzept der *Kooperativen Beratung* nach Mutzeck (2008a) umgesetzt und bei Wilfert in folgender Übersicht zusammengefasst:

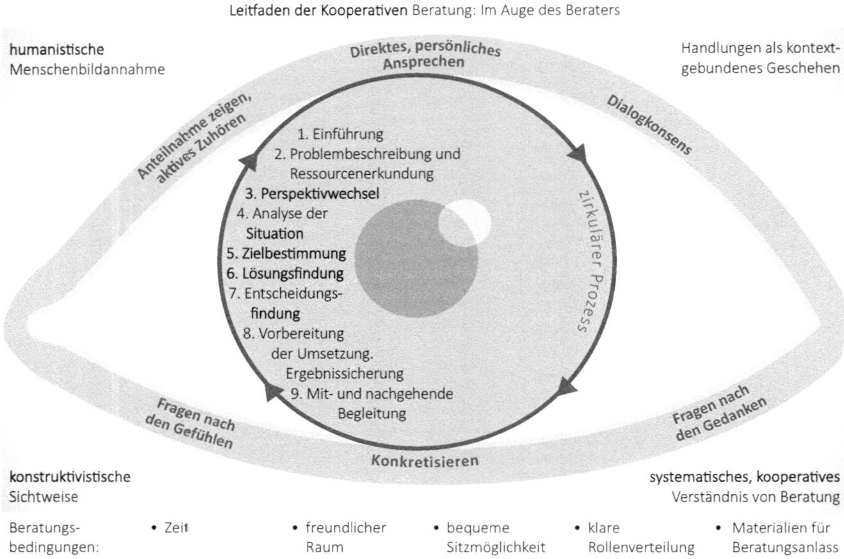

Abb. II.2: Leitfaden der Kooperativen Beratung (Wilfert, K. (2020b): Sonderpädagogische Beratungsstelle. In: U. Heimlich & E. Kiel (Hrsg.), Studienbuch Inklusion (232–241). Bad Heilbrunn: Klinkhardt, hier S. 238)

In diese wichtigen Grundlagen der Einstellungen einer Lehrperson reiht sich ebenso die Grundhaltung der Beraterin bzw. des Beraters nach Rogers als Voraussetzung für die Herstellung einer vertrauensvollen Beziehung ein. Diese ist gekennzeichnet durch die drei Aspekte *Empathie* (Verstehen), *Akzeptanz* (bedingungslose Wertschätzung) und *Kongruenz* (Echtheit) (vgl. Rogers 2007). Sie zeigen sich in Verbindlichkeit, Verantwortung und Vertrauen bezogen auf die Person und den Prozess (sei es die Beratung oder der inklusive Unterricht).

6.2.2 Wissen – Feldspezifisches Wissen zur Inklusiven Bildung als Voraussetzung gelingender Beratungsprozesse

»Ohne Kommunikation ist Wissen nicht möglich. Wissen setzt immer voraus, dass etwas gesprochen, geschrieben oder gezeigt werden kann, also kommuniziert wird« (Blättner 2005, S. 181). Damit hängen Wissen und Beratung bzw. Kommunikation wechselseitig zusammen: Wissen wird durch Kommunikation geschaffen und Beratung setzt Wissen voraus. Es stellt sich allerdings die Frage, welches Wissen bedeutsam ist, um Beratung durchführen zu können. Bruder und Kollegen (vgl. Bruder, Klug, Hertel & Schmitz 2010) haben in einer Studie fünf Bereiche von Beratungskompetenzen zugrunde gelegt und empirisch überprüft; sie werden in der nachfolgenden Aufzählung mit eigenen Erklärungen in den Klammern ergänzt werden.

- Berater-Skills (Kompetenzen zum Führen von Beratungsgesprächen, siehe nachfolgender Abschnitt).
- Pädagogisches Wissen und Diagnostizieren (hierzu zählt Setting-spezifisches Wissen in den Bereichen Schule und Inklusion. Benkmann (2010) benennt im Rahmen inklusiver Bildung explizit fachdidaktisches Wissen als essenziell für gelingende Beratungen).
- Ressourcen und Lösungsorientierung (Wissen um vorhandene und mögliche Ressourcen sowie Handlungsansätze zur Lösung pädagogischer Fragestellungen ist die Grundlage für die Anwendung als Beratungskompetenz in diesem Bereich).
- Kooperation (dies betrifft Wissen um die Grundlagen von Kooperation, wie Kooperation angebahnt und mit Konflikten umgegangen werden kann. Zudem umfassen die Beratungskompetenzen im Bereich Kooperation eine systematische Sichtweise auf Probleme).
- Bewältigung (gemeint sind die Fähigkeit mit Kritik des Gegenübers umzugehen sowie Strategien im Umgang mit schwierigen Gesprächssituationen zu haben).

In dem Modell von Bruder et al. (2010) fehlen allerdings aus unserer Sicht Wissensbereiche, die sich Beraterinnen und Berater angeeignet haben sollten, um Beratungen gewinnbringend für alle durchzuführen, die zugleich Grundlage der o. g. Berater-Skills sind: grundlegendes Wissen zum Konstruktivismus und zu Gesprächen im Allgemeinen. Gemeint sind die Aspekte der Informationsverarbeitung bei Gesprächen bzw. in Situationen allgemein (vgl. Schmidt-Atzert & Amelang 2012; Mutzeck 2008a). Ein Sachverhalt wird zwar wahrgenommen, aber von der wahrnehmenden Person selektiv interpretiert und wiedergegeben. Die aufnehmende Person (z. B. die Beraterin bzw. der Berater) interpretiert dies wiederum für sich. Daraus ergibt sich die Konsequenz der inhaltlichen Validierung des Gesagten bzw. Gehörten im Rahmen der Gesprächsführung z. B. in Form des Dialogkonsens (vgl. Mutzeck 2008a).

Zusätzlich stellt sich die Frage, welches Wissen hinsichtlich des Settings Inklusion bedeutsam ist. In einer Interviewstudie haben Greiner und Kollegen (2019, S. 127) inklusionsspezifisches Wissen von 125 Lehrkräften erfragt. Die nachfolgende Auflistung ordnet die Ergebnisse nach der Anzahl ihrer Nennung (prozentuale Häufigkeit in Klammern):

- Wissen in Bezug auf Kooperation (55 %)
- Wissen in Bezug auf spezifische sonderpädagogische Förderschwerpunkte (47 %)

- Wissen über fachdidaktische Adaption (42 %)
- Wissen in Bezug auf Diagnostik (30 %)
- Wissen in Bezug auf Informationsbeschaffung (15 %)
- Wissen über den familiären Hintergrund der Schülerinnen und Schüler (11 %)
- Unterrichtsspezifisches Wissen (4 %)
- Wissen über rechtliche Grundlagen (4 %)
- Wissen über das Konzept des Gemeinsamen Unterrichts (4 %)

Für Lehrkräfte, die in der schulischen Inklusion beratend tätig sind, ist dieses Wissen essentiell. Allerdings hängt der notwendige Wissensumfang auch von der Art des Gesprächsanlasses bzw. vom Formalisierungsgrad der Beratung ab. Bei einer stark formalisierten Beratung sind aus unserer Sicht die weiter o. g. Wissensbereiche besonders bedeutsam (Kooperation, grundlegendes Wissen zu Konstruktivismus und Gesprächsführung). Zusätzlich ist – vor im Hinblick auf die eigenen Grenzen – das Wissen zur Informationsbeschaffung (Netzwerke) hoch bedeutsam. Bei der halbformalisierten Beratung handelt es sich meist um eine Expertenberatung. Je nach Thema sind alle o. g. Wissensbereiche zu berücksichtigen. Aber auch bei stark formalisierter Beratung ist Setting-spezifisches Wissen (z. B. bei der gemeinsamen Lösungssuche) sehr unterstützend und kann zur Selbstreflexion bei der themeneinbringenden Person anregen. Damit stellt ein umfangreiches Setting-spezifisches Wissen eine klare Gelingensbedingung für Gespräche in der Inklusion allgemein dar.

6.2.3 Handlungskompetenzen – Notwendige Beratungskompetenzen zur Umsetzung von Beratung in der Inklusion

Angesichts der unterschiedlichen Personenkreise, die Beratung in Anspruch nehmen, besitzt der komplexe Begriff der Beratung und die damit verbundene Gesprächsführung vielfältige Schwerpunktsetzungen auf inhaltlicher Ebene ebenso wie auf der Ebene der Personen, die Beratung in Anspruch nehmen. Dieser hohe Anspruch verlangt von allen Beraterinnen und Beratern eine gesteigerte Sensibilität sowie zugleich fachliche Professionalität: Einerseits sollen inhaltlich valide Sachinformationen geliefert und bedarfsbezogene Unterstützung angeboten werden. Andererseits gilt es, bei individuellen Entscheidungsprozessen, etwa bei der Wahl des angemessenen Lernorts, nach passgerechten Förderformen kooperativ nach Lösungen zu suchen. Daraus ergeben sich folgende Gelingensbedingungen für Beratung (zusammengefasst nach Schlee 2012, 2017; Bruder et al. 2010; ► Tab. II.5).

»Wer also über mehr Selbstwirksamkeit verfügt, denkt ressourcen-, ziel- und lösungsorientierter« (Bruder et al. 2010, S. 248).

Tab. II.5: Gelingensbedingungen für Beratung

Beratungskompetenzen	Erkennbar durch ...
Personale Ressourcen der Beraterin bzw. des Beraters	• Offenheit und Wertschätzung • humanistische Haltung • Achtsamkeit
Berater-Skills	• analytisches Herausarbeiten des Beratungsproblems • Strukturierung • Einsatz von Gesprächsführungselementen • methodischer Werkzeugkoffer
Ressourcen und Lösungsorientierung	• Zielorientierung
Bewältigungskompetenz	• Kennen der eigenen Grenze • Kritikfähigkeit bei Kritik des Gegenübers • Umgang mit schwierigen Beratungssituationen

6.3 Beratungsanlässe in der schulischen Inklusion

Gesprächsanlässe in inklusiven Kontext sind vielfältig. Baumann und Kollegen bezeichnen diese als »Beratende Tätigkeiten in der Schule«, um ein Fortbildungscurriculum für das Land Hessen zu entwickeln (vgl. Baumann et al. 2013). Hierzu explizieren sie sieben sogenannte Beratende Tätigkeiten (vgl. ebd.), die z. T. Beratungen im Sinne unserer Definition sind, z. T. Gesprächsanlässe, die Methoden der Gesprächsführung und Beratung nutzen, aber nicht alle genannten Merkmale formalisierter Beratung erfüllen. Die Tabelle (vgl. ebd; mit eigenen Ergänzungen) listet diese Tätigkeiten auf, expliziert diese anhand von Ein-Satz-Tätigkeitsbeschreibungen und gibt je ein schulisches Beispiel (▸ Tab. II.6).

Im Zuge von Beratung im engeren Sinne, also mit allen Merkmalen der o. g. Definition, agieren sonderpädagogische Lehrkräfte in einem Netzwerk aus schulischem und außerschulischem Fachpersonal, woraus sich verschiedene Beratungsanlässe ergeben können (▸ Tab. II.7). Für Netzwerkmodelle eignet sich als Systematisierung der Darstellung der ökosystemische Ansatz nach Bronfenbrenner (1989). Wir beschreiben an dieser Stelle nicht alle Ebenen, wenngleich uns sehr bewusst ist, dass sie zumindest inhaltlich und von den Rahmenbedingungen her immer Einfluss auf die konkrete Beratung haben. Weiterhin beschreiben wir Beratungen aus dem Blickwinkel der Schülerin bzw. des Schülers in der konkreten (inklusiven) Schule. Ein Transfer auf andere Systeme (z. B. Sportverein, Familie) ist selbstverständlich möglich.

Tab. II.6: Beratende Tätigkeiten in der Schule

Gesprächsanlässe	Tätigkeitsbeschreibung	Beispiel
Beratungsgespräch	• wir entwickeln • ich unterstütze einen individuellen Urteilsbildungsprozess	Unterrichtsberatung zum Umgang mit einem (verhaltens-) schwierigen Schüler/einer schwierigen Schülerin
Moderation	• ich gebe einen Rahmen • ich strukturiere	Die Schulleitung moderiert die Schulkonferenz
Mediation	• ich sorge für die gegenseitige Wahrnehmung und ein Gleichgewicht	Streitschlichtung innerhalb der Schulfamilie
Fachinformation	• ein anderer will etwas von mir wissen	Information zum Einsatz von Methoden und Hilfsmitteln der unterstützten Kommunikation im Unterricht
Exploration	• ich will etwas wissen	Hausaufgabensituation zuhause
Fachliche Klärung	• ich will etwas ansprechen (einen möglichen Konfliktstoff)	Reflexion einer Unterrichtsstunde im Co-Teaching
Kollegiale Fallberatung	• wir tauschen uns strukturiert aus	Kooperative Förderplanung

Aus der Übersicht wird deutlich, dass es sehr viele unterschiedliche Gesprächs- und Beratungsanlässe gibt, die komplexe Kompetenzen auf personaler, methodischer und inhaltlicher Ebene fordern. Der Erwerb dieser Berater-Skills wird im zweiten Teil vorgestellt.

6.4 Qualifikation von Lehrkräften für Beratung in inklusiven Settings

Die Inhalte von möglichen Qualifikationen für Beraterinnen und Berater sind mit den Ausführungen aus den Kapiteln 2 und 3 bereits umrissen. Gerade für (sonderpädagogische) Lehrkräfte, die in inklusiven Settings tätig sind und beraten, sind zusammenfassend diese Fortbildungsinhalte bedeutsam:

- ein humanistisches Menschenbild,
- Wissen über Beratungsschritte,
- Setting-spezifisches Wissen (z. B. zu Beratungsanlässen und über mögliche Adressatinnen und Adressaten) sowie
- beratungsspezifische Handlungskompetenzen (Gelingensbedingungen von Beratungen, ► Tab. II.3; Anwendung der Beratungskompetenz sowie Reflexion über die eigene Haltung).

Tab. II.7: Beratungsanlässe in der inklusiven Schule

Inklusive Schule	Beratung auf der Mikroebene (schülerzentrierte Beratung)	Beratung auf der Mesoebene (schulhausinterne Beratung)	Beratung auf der Makroebene (vernetzende Beratung)
Beschreibung/ Definition	Im Zentrum steht die Person des Schülers bzw. der Schülerin mit ihren Themen bzw. Problemen, die sowohl im schulischen (Lernen, Leistung oder Verhalten) als auch im familiären Bereich liegen.	Schulleitung, Teams oder Gruppen werden bei der schulinternen Entwicklung begleitet und dabei unterstützt individuelle Lösungen zu erarbeiten.	Angebote für die verschiedenen individuellen Bedarfslagen aller Mitglieder der Schulfamilie sind gemeint, die über die Institution der Schule hinausgehen und zum Ziel haben ein regionales Netzwerk zwischen allen Bereichen aufzubauen.
Anlässe	• bei Entscheidungsfindungen (z. B. Schullaufbahnberatung oder Berufsfindung) • Beratung bei Lern-, Leistungs- oder Verhaltensproblemen • Beratung bei häuslichen Krisen	• für Schulleitungen und Steuergruppen • bei Implementierungsverfahren von Verfahren zur lernprozess-begleiteten Diagnostik • bei der Konzepteinführung von individueller Förderplanung und Förderung • Team- und gruppenbezogene Beratung (z. B. Kollegiale Fallberatung, Supervision) • Unterrichtsberatung • bei der Auswahl des Fort- und Weiterbildungsangebots • beim Ausbau einer Schule zu einer inklusiven Schule	• mit Schulpsychologinnen und Schulpsychologen • mit der Kinder- und Jugendhilfe • mit den Sozialpädiatrischen Zentren • mit Erziehungs- und Familienberatungsstellen • mit Kinder- und Jugendpsychiatrischen Diensten • mit schulischen und außerschulischen Fachkräften • beim Aufbau und der Begleitung schulübergreifender und inklusionspädagogischer Steuerungsgruppen • bei der Auswahl regionaler und überregionaler Fortbildungsangebote • Kooperation mit schulischen und außerschulischen Bildungspartnerinnen und Bildungspartnern
Zielgruppen	Schülerinnen und Schüler, Erziehungsberechtigte, pädagogisches Personal	pädagogisches und fachfremdes Personal der Schule	pädagogische Fachpersonal der Schule, außerschulische Kooperationspartnerinnen und -partner (inter- und intraprofessionell)

Es stellt sich abschließend die Frage, wie die Qualifikation zu gestalten ist und mit welchen Methoden diese gestaltet werden kann und sollte.

Grundsätzlich ist es sinnvoll, Beratungskompetenzen im Rahmen von Lehrerinnen- und Lehrertrainings zu erwerben. Pallasch, Mutzeck und Reimers definieren das Lehrerinnen- und Lehrertraining folgendermaßen: »Training bedeutet den zielgerichteten Erwerb einer spezifischen Qualifikation, die während des Trainings durch Verhaltenseinübung erworben wird und durch Transfer in das Arbeitsfeld eingebracht werden soll« (Pallasch, Mutzeck & Reimers 2002, S. 10). Die Ausbildung in Beratung und Beratungskompetenzen hat damit zum Ziel, die Teilnehmerinnen und Teilnehmer zum Führen von Beratungsgesprächen in ihrem pädagogischen Alltag vorzubereiten.

Beispielhaft führen wir die methodische Schrittfolge in der Ausbildung der Kooperativen Beratung nach Mutzeck an. Das Training besteht aus fünf Teilschritten, die der Transparenz dienen und Orientierungshilfe für die Teilnehmerinnen und Teilnehmer sind (vgl. Mutzeck 2008b):

- Orientierung (O)
- Information (I)
- Demonstration (D)
- Übung (Ü)
- Reflexion (R)

Die *Orientierung* benennt das jeweilige Thema, wie z. B. einen Beratungsschritt, und schildert das dazugehörige methodische Vorgehen. Die *Information* vermittelt Schlüsselbegriffe anhand eines Kurzvortrags mit visueller Unterstützung, wodurch Konzentration und Verarbeitung der Kursteilnehmerinnen und -teilnehmer erleichtert werden. Das Herzstück ist der dritte Schritt *Live-Demonstration*, der den Teilnehmerinnen und Teilnehmern die Möglichkeit bietet, unmittelbar einen Ausschnitt eines Beratungsgesprächs mitzuerleben und zu beobachten (Lernen am Modell). Die Beobachtungen werden im Anschluss ausgewertet und die Erkenntnisse zusammengetragen. Gegebenenfalls werden fehlende Informationen ergänzt. Jede Teilnehmerin bzw. jeder Teilnehmer versucht in der Phase der *Übung* die erworbenen Inhalte in eigenes Handeln umzusetzen. Das Üben in Triaden hat sich als Instrument bewährt, weil hier die Teilnehmerin bzw. der Teilnehmer die Möglichkeit hat, die unterschiedlichen Rollen im Rahmen eines Beratungsgesprächs einzunehmen: die beratende, die themeneinbringende sowie die beobachtende Person (Doppeldeckerprinzip) (vgl. ebd.). Das Prozedere ist ritualisiert: Im Anschluss an die Übung beschreibt zunächst der bzw. die Ratsuchende das Erleben in dieser Rolle und gibt dem Berater bzw. der Beraterin Rückmeldung. Im Anschluss beschreibt die Beraterin bzw. der Berater wie er seine Rolle bzw. sie ihre Rolle erlebt hat und schätzt sich selbst ein. Erst jetzt schildert die beobachtende Person ihre Eindrücke und gibt Rückmeldung. Im besten Falle wird jede Triade durch eine Co-Trainerin bzw. einen Co-Trainer, die bzw. der bereits den Kurs absolviert hat, betreut und kann aus einer Metaebene heraus Rückmeldung erhalten.

Nach der Übung kommen die Teilnehmerinnen und Teilnehmer wieder im Plenum zusammen und berichten über ihre Übungserfahrung. Eine positive Rückmeldung von Seiten der Trainerin bzw. des Trainers ist zentral, auch wenn noch nicht alle Kompetenzen erreicht wurden. Die Rückmeldung wird nur auf methodischer Ebene gegeben (Inhalte der Beratungsgespräche in den Gruppen werden bewusst ausgeklammert). Zugleich wird auf diese Weise nicht nur die Reflexion über den Lernprozess angeregt, sondern auch über die eigene Haltung.

6.5 Zusammenfassung und Ausblick

Beratungskompetenzen sind grundlegend für die Gestaltung inklusiver Bildung. Die genannten zahlreichen Gesprächs- und Beratungsanlässe (► Tab. II.4) zeigen, wie wichtig der Erwerb von Beratungskompetenzen für alle Lehrkräfte ist, und bestätigen damit die schon durch Reiser in den 1990er Jahren proklamierte Ausrichtung auf beraterische Tätigkeiten von Lehrkräften im Rahmen sonderpädagogischer Förderung (vgl. Wilfert 2020a). Für diesen Beitrag waren für uns daraus schlussfolgernd zwei Fragen leitend:

- Was macht Beratung in einem inklusiven Setting aus?
- Was macht die Qualifikation angehender sonderpädagogischer Lehrkräfte im Hinblick auf Beratung und den Erwerb von Beratungskompetenzen aus?

Durch die Verknüpfung der zentralen Werte der EA (vgl. EA 2012) mit grundlegenden Beratungskompetenzen (vgl. Rogers 2007) konnte gezeigt werden, wie eng der Kompetenzbereich Beratung mit der Umsetzung inklusiver Bildung verbunden ist. Wir haben im Beitrag versucht, eine Verbindung und Systematik herzustellen und notwendige Inhalte sowie zu erwerbende Beratungskompetenzen aufzuzeigen. Dabei haben wir auch eingangs aufgezeigt, dass in der Literatur insgesamt vier für inklusive Bildung bedeutsame Anforderungsbereiche benannt werden:

- Unterricht und Intervention,
- Diagnostik,
- Management und Organisation sowie
- Beratung und Kommunikation.

Diese sollten gleichermaßen nicht nur in der Ausbildung angehender und in der Fortbildung bereits ausgebildeter sonderpädagogischer Lehrkräfte, sondern Bestandteil jedes Lehramtsstudiums sein.

Literatur

Baumann, P., Dilcher, D., Hechler, O., Hillenbrand, C., Holzhäuser, K., Luther, M., Melzer, C., Schuhmann-Nolte, B., Thau-Pätz, C. & Rinck-Muhler, S. (2013): Beratende Tätigkeiten in der Schule. Systematisierung des Arbeitsfeldes – ein Fortbildungscurriculum. Erstellt im Auftrag des hessischen Kultusministeriums. Frankfurt: Arbeitsstelle für Diversität und Unterrichtsentwicklung.

Benkmann, R. (2010): Professionalisierung von Sonderschullehrkräften für den Gemeinsamen Unterricht. Zeitschrift für Heilpädagogik, 61 (12), 444–453.

Blättner, B. (2005): Lernen: Erklärungsprinzip eines Beobachters. In: K. Schneider, E. Brinker-Meyendrisch & A. Schneider (Hrsg.), Pflegepädagogik. Für Studium und Praxis (2. Aufl.) (170–196). Heidelberg: Springer.

Bronfenbrenner, U. (1989): Die Ökologie der menschlichen Entwicklung. Natürliche und geplante Experimente. Frankfurt am Main: Fischer.

Bruder, S., Klug, J., Hertel, S. & Schmitz, B. (2010): Modellierung von Beratungskompetenz von Lehrkräften. Projekt Beratungskompetenz. In: E. Klieme; D. Leutner & M. Kenk (Hrsg.), Kompetenzmodellierung. Zwischenbilanz des DFG-Schwerpunktprogramms und Perspektiven des Forschungsansatzes (274–285). Zeitschrift für Pädagogik, Beih. 56. Weinheim: Basel.

Deutsche UNESCO-Kommission e. V. (Hrsg.) (2014): Inklusion: Leitlinien für die Bildungspolitik (3., erweiterte Aufl.). Bonn. Online verfügbar unter: https://www.unesco.de/fileadmin/medien/Dokumente/Bildung/InklusionLeitlinienBildungspolitik.pdf, Zugriff am 23.11.2020.

Egener, L., Scheer, D., Laubenstein, D. & Melzer, C. (2020): Entwicklung und psychometrische Evaluation eines Fragebogens zur Erfassung subjektiver Definitionen von Inklusion (FEDI). In: M. Grosche, J. Decristan, K. Urton, G. Bruns, N. C. Jansen & B. Ehl (Hrsg.), Sonderpädagogik und Bildungsforschung – *Fremde Schwestern?* (203–209). Bad Heilbrunn: Klinkhardt.

EA – European Agency for Development in Special Needs Education (2012): Teacher Education for Inclusion. Profile of Inclusive Teachers. Online verfügbar unter: https://www.european-agency.org/sites/default/files/Profile-of-Inclusive-Teachers.pdf, Zugriff am 23.11.2020.

Greiner F., Sommer S., Czempiel S. & Kracke, B. (2019): Welches Wissen brauchen Lehrkräfte für inklusiven Unterricht? Perspektiven aus der Berufspraxis. Journal für Psychologie, 27 (2), 117–142. Online verfügbar unter: https://www.journal-fuer-psychologie.de/index.php/jfp/article/view/669/801, Zugriff am 23.11.2020.

Grosche, M. (2015): Was ist Inklusion? Ein Diskussions- und Positionsartikel zur Definition von Inklusion aus Sicht der empirischen Bildungsforschung. In: P. Kuhl, P. Stanat, B. Lütje-Klose, C. Gresch, H. A. Pant & M. Prenzel (Hrsg.), Inklusion von Schülerinnen und Schülern mit sonderpädagogischem Förderbedarf in Schulleistungserhebungen (17–40). Wiesbaden: VS Verlag.

Grosche, M., Fußangel, K. & Gräsel, C. (2020): Kokonstruktive Kooperation zwischen Lehrkräften. Zeitschrift für Pädagogik, (4), 461–479.

König, J., Gerhard, K., Kaspar, K. & Melzer, C. (2019): Professionelles Wissen von Lehrkräften zur Inklusion: Überlegungen zur Modellierung und Erfassung mithilfe standardisierter Testinstrumente. Pädagogische Rundschau, 73 (1), 43–64.

Lindmeier, C. & Lütje-Klose, B. (2019): Inklusion. In: M. Harring, C. Rohlfs, C. & M. Gläser-Zikuda (Hrsg.), Handbuch Schulpädagogik (43–53). Münster: Waxmann.

Melzer, C. & Hillenbrand, C. (2013): Aufgaben sonderpädagogischer Lehrkräfte für die inklusive Bildung: empirische Befunde internationaler Studien. Zeitschrift für Heilpädagogik, 64 (5), 194–202.

Melzer, C. & Hillenbrand, C. (2015): Aufgabenprofile. Welche Aufgaben bewältigen sonderpädagogische Lehrkräfte in verschiedenen schulischen Tätigkeitsfeldern? Zeitschrift für Heilpädagogik, 66 (5), 230–242.

Melzer, C., Hillenbrand, C. Sprenger, D. & Hennemann, T. (2015): Aufgaben von Lehrkräften in inklusiven Bildungssystemen – Review internationaler Studien. Erziehungswissenschaft, 26 (51), 61–80.
Methner, A., Melzer, C. & Popp, K. (2013): Kooperative Beratung. Stuttgart: Kohlhammer.
Moser, V., Schäfer, L. & Redlich, H. (2011): Kompetenzen und Beliefs von Förderschullehrkräften in inklusiven Settings. In: B. Lütje-Klose, M. T. Langner, B. Serke & M. Urban (Hrsg.), Inklusion in Bildungsinstitutionen. Eine Herausforderung an die Heil- und Sonderpädagogik (143–149). Bad Heilbrunn: Klinkhardt.
Mutzeck, W. (2008a): Kooperative Beratung. Grundlagen, Methoden, Training, Effektivität. Weinheim: Beltz.
Mutzeck, W. (2008b): Methodenbuch Kooperative Beratung. Weinheim: Beltz.
Pallasch, W., Mutzeck, W. & Reimers, H. (Hrsg.) (2002): Beratung, Training, Supervision. Eine Bestandsaufnahme über Konzepte zum Erwerb von Handlungskompetenz in pädagogischen Arbeitsfeldern. Weinheim: Beltz.
Philipp, E. (2006): Teamentwicklung in der Schule. Konzepte und Methoden. (4. Aufl.) Weinheim, Basel: Beltz.
Popp, K., Melzer, C. & Methner, A. (2011): Die Kooperative Beratung bei Gesprächsanlässen im schulischen Kontext. In: K. Popp, C. Melzer & A. Methner (Hrsg.), Kooperative Beratung. Eine praktische Reflexion (14–26). Weinheim: Beltz.
Reiser, H. (1996): Arbeitsplatzbeschreibungen – Veränderungen der sonderpädagogischen Berufsrolle. Zeitschrift Für Heilpädagogik, 41 (5), 178–186.
Reiser, H. (1998): Sonderpädagogik als Service-Leistung? Perspektiven der sonderpädagogischen Berufsrolle Zur Professionalisierung der Hilfsschul- bzw. Sonderschullehrerinnen. Zeitschrift für Heilpädagogik, 49 (2), 46–54.
Rogers, C. (2007): Die nicht-direktive Beratung (12. Aufl.). Frankfurt a. M.: Fischer Taschenbuch.
Schlee, J. (2012/2004): Kollegiale Beratung und Supervision für pädagogische Berufe. Hilfe zur Selbsthilfe. Ein Arbeitsbuch. Stuttgart: Kohlhammer.
Schlee, J. (2017): Die Menschenbildannahmen des Forschungsprogramms »Subjektive Theorien in ihrer Bedeutung für Haltungen und Sichtweisen von Lehrkräften«. In: J. Standop, D. E. Röhrig & R. Winkels (Hrsg.), Menschenbilder in Unterricht und Schule (213–227). Weinheim, Basel: Beltz Juventa.
Schmidt-Atzert & Amelang (2012): Psychologische Diagnostik. (5. Aufl.). Heidelberg: Springer.
Sickendiek, U., Engel, F. & Nestmann, F. (2008): Beratung. Eine Einführung in sozialpädagogische und psychosoziale Beratungsansätze. Weinheim: Juventa.
United Nations (2006): Convention on the Rights of Persons with Disabilities. Online verfügbar unter: https://www.un.org/development/desa/disabilities/convention-on-the-rights-of-persons-with-disabilities/convention-on-the-rights-of-persons-with-disabilities-2.html, Zugriff am 25.11.2020.
Urban, M. & Lütje-Klose, B. (2014): Professionelle Kooperation als wesentliche Bedingung inklusiver Schul- und Unterrichtsentwicklung. Teil 2: Forschungsergebnisse zu intra- und interprofessioneller Kooperation. VHN, 83, 283–294. Online verfügbar unter: https://doi.org/10.2378/vhn2014.art26d, Zugriff am 23.11.2020.
WHO (2011): World Report on Disabilities. Online verfügbar unter: http://www.who.int/disabilities/world_report/2011/en/, Zugriff am 23.11.2020.
Wilfert, K. (2020a): Beratung und Gesprächsführung für Sonderpädagogen. Hintergrundwissen, Übungen und Vorlagen für den Schulalltag. Hamburg: Persen.
Wilfert, K. (2020b): Sonderpädagogische Beratungsstelle. In: U. Heimlich & E. Kiel (Hrsg.), Studienbuch Inklusion (232–241). Bad Heilbrunn: Klinkhardt.

III Inklusion und Qualifikation an der Hochschule

7 Qualifikation für Inklusionsforschung

David Scheer & Markus Gebhardt

7.1 Inklusionsforschung

Inklusionsforschung erforscht inklusive Bildungs- und Teilhabeprozesse. Im Detail wird Inklusion je nach Zielsetzung, Forschungsrichtung und Bildungsakteur unterschiedlich definiert. Grosche (2015) zeigt in seinem Beitrag eine Vielzahl an unterschiedlichen Sichtweisen, Definitionen und Bezugspunkten für Definitionen aus der Literatur. Auch sind (subjektive) Definitionen von Inklusion von Lehrkräften und Forschenden mittlerweile selbst wiederum Gegenstand der Inklusionsforschung (vgl. Scheer et al. im Druck; Piezunka et al. 2017; Przibilla et al. 2018). Allgemein kann man einen ›weiten‹, auf Diversität im Allgemeinen ausgerichteten, und einen ›engen‹, auf die Differenzlinie Behinderung bezogenen Inklusionsbegriff unterscheiden. Auch wenn diese Dichotomie simplifiziert, stellt sie doch eine der größten Unterscheidungen in den aktuellen Forschungsansätzen dar. Für den vorliegenden Beitrag ist weiterhin von Bedeutung, dass sich das Inklusionsverständnis auf alle Lebensbereiche bzw. alle Bereiche des gesellschaftlichen Lebens beziehen (Wohnen, Arbeit, Partnerschaft und Familie, Freundschaft, Freizeit, Bildung usw.) oder auf den Bildungsbereich eingeschränkt werden kann. Außerdem können sich (insbesondere im Bildungsbereich) unterschiedliche Definitionen auf Platzierungsentscheidungen (z. B. Förderschule vs. allgemeine Schule), auf die Forderung nach wirksamer Förderung/Unterstützung, auf die Forderung nach umfassender Partizipation und Teilhabe oder auf die Idee einer ›inklusiven Gesellschaft als Utopie‹ beziehen (vgl. Grosche 2015; Piezunka et al. 2017).

Demnach ist auch *Inklusionsforschung* kaum eindeutig zu definieren, wie sich auch an der Vielzahl an Zugängen zeigt (siehe verschiedene erziehungswissenschaftliche, sonderpädagogische und psychologische Journals vs. Zeitschrift für Inklusion, Tagungsbände der *InklusionsforscherInnentagung*). Diskutiert wird in diesem Zusammenhang zudem die Frage, ob Inklusionsforschung auch inklusive Forschung im Sinne partizipativer Forschung sein muss (vgl. Hauser 2020). Dagegen besteht Konsens, dass Inklusionsforschung ein interdisziplinäres Forschungsfeld ist, in dem mit theoretischen und empirischen Zugängen der Themenbereich Inklusion in unterschiedlichen Lebensbereichen wissenschaftlich erschlossen wird. Innerhalb dieses Forschungsfelds sind thematische und methodische Eingrenzungen auf Basis der jeweiligen Schwerpunktsetzungen der Forschenden möglich und notwendig.

7.2 Inklusionsforschung aus Sicht der Bildungsforschung

In diesem Beitrag beziehen sich die Autoren auf den Bereich der Inklusionsforschung, der sich aus Sicht der empirischen Bildungsforschung beschreiben und bearbeiten lässt (vgl. Gebhardt 2015; Kuhl et al. 2017). Dabei wird Bildungsforschung selbst wiederum als ein interdisziplinäres Forschungsfeld gesehen (vgl. Gräsel 2015; Deutscher Bildungsrat 1974), in dem aus Sicht unterschiedlicher Disziplinen (Erziehungswissenschaft, Psychologie, Soziologie, Geschichtswissenschaften, Philosophie etc.) problemorientiert mit empirischen Methoden Fragestellungen zur Analyse und Verbesserung des Bildungssystems bearbeitet werden.

Inklusionsforschung aus dieser Sicht untersucht die Teilhabe, Entwicklung und Zugänglichkeiten von Bildungsgütern, -institutionen und -programmen für alle Personen und folgt dabei grundsätzlich den UNESCO-Guidelines für Inklusion im Bildungsbereich (vgl. UNESCO 2009). Inklusionsforschung hebt in der Untersuchung allerdings besonders benachteiligte oder von Benachteiligung bedrohte Gruppen hervor (im Sinne einer partikulären Hervorhebung besonders vulnerabler Gruppen im Sinne von Ainscow & Miles 2009). Damit folgt Inklusionsforschung einem auf alle Lernenden, besonders aber auf vulnerable Gruppen bezogenen Adressatenverständnis (vgl. Lindmeier & Lütje-Klose 2015) von Inklusion und zeigt so ein umfassenderes Bild als eine Untersuchung des Durchschnitts. Im Kern der Inklusionsforschung geht es um die Frage, inwieweit absichtliche oder auch unabsichtliche Benachteiligung vorliegt, verändert werden kann oder muss. Dieser Teil überschneidet sich mit der eher soziologisch orientierten Ungleichheitsforschung. Inklusionsforschung geht im Kontext der Bildungsforschung weiter und fragt, inwieweit Systeme, Standards, Instrumente, Handlungen und Einstellungen verändert werden können und müssen. Daher beinhaltet die Inklusionsforschung neben der deskriptiv beschreibenden Ebene immer auch eine pädagogisch handelnde sowie eine normative Ebene. Ein Beispiel dafür könnte die vereinfachte Aussage sein, dass separierende Lernsettings zu einer Etikettierung und Stigmatisierung führen (können). Diese Hypothese zu überprüfen wäre eine rein deskriptive Untersuchung. Inklusionsforschung im hier vertretenen Sinne muss jedoch weitergehen, die Bedürfnisse der betroffenen Personen, die Wirksamkeit von Förderung sowie die möglichen Folgen vergleichen und sodann alternative pädagogische Settings für diese Schülerinnen und Schüler entwickeln, damit sie sich im inklusiven Setting ihren Bedürfnissen entsprechend entwickeln können (exemplarisch für den Bereich Autismus-Spektrum: Eldar et al. 2009; Johora et al. 2021).

Inklusionsforschung bezieht alle Schülerinnen und Schüler mit ein und hat die Aufgabe, möglichst genau an den Rändern des Sichtbaren zu sein bzw. hier Sichtbarkeit zu schaffen. Eine Fokussierung auf gewisse benachteiligte Gruppen ist dabei unumgänglich. Inklusionsforschung, aus der *Inclusive Education*-Bewegung kommend, steht dabei historisch der Gruppe der Menschen mit Behinderung besonders nahe, da sich diese Gruppe aufgrund ihrer meist nicht freiwillig gewählten Sonderstellung je nach Betrachtung häufig am äußersten Rand des Bildungssystems befindet. Ob es eine Inklusionsforschung unter Ausklammerung dieser Gruppe geben kann, erscheint fraglich, da diese Forschung dann eher eine spezifische Frage der jeweiligen Gruppe (z. B. Genderforschung) erforscht (vgl. Gebhardt et al. 2018). Daher ergeben sich für die Autoren in Bezug auf Inklusionsforschung zwei wichtige Schlussfolgerungen:

- Forschung, die im Sinne eines weiten Inklusionsbegriffs die Kategorie Behinderung ausklammert bzw. nicht explizit in den Fokus rückt, ist eher ein Teilbereich allgemeiner Diversitätsforschung und nicht der Inklusionsforschung im hier vertretenen Sinne.
- Da sich – gerade im Bildungsbereich – der Umgang mit Behinderung nur aus einem historischen Kontext und unter Einbezug entsprechender theoretischer Konzeptionalisierungen verstehen lässt, muss Inklusionsforschung an die Traditionen sowohl der Behinderten- bzw. Sonderpädagogik als auch der Disability Studies anknüpfen.

7.3 Die Bedeutung von Open Science und freien Lizenzen für die Inklusionsforschung

Damit Erkenntnisse aus der Inklusionsforschung für die Praxis nutzbar gemacht werden können, ist aus Sicht der Autoren eine Orientierung an den *Standards von Open Science* sinnvoll, nötig und auch überfällig. Forschung und deren Ergebnisse müssen transparent, nachvollziehbar, offen und auch reproduzierbar sein (vgl. Cock et al. 2018), damit man diesen Ergebnissen und den eingesetzten Methoden vertrauen kann. Diese allgemeinen Voraussetzungen gelten insbesondere für einen so sensiblen und auch umstrittenen Bereich wie die Bildung. Politische Parteien, Regierungen, Interessensvertretungen, Gewerkschaften, Verlage und andere Wirtschaftsunternehmen haben Interessen und verfolgen ihre Ziele, um das Bildungssystem in ihre Richtung zu beeinflussen. Dabei ist es legitim, dass einzelne Gruppen ihre eigene Auftragsforschung finanzieren und durchführen, um ihre Argumente mit Daten zu bekräftigen. Von dieser Auftragsforschung sollte sich aber die freie Forschung von Forschenden an öffentlichen Institutionen unterscheiden. Forschung, die aus öffentlichen Geldern gefördert wird, sollte den *Standard von Open Science* vorleben. Dies bedeutet, dass alle Bereiche der Forschung frei und zugänglich sein sollten. Erst wenn Fragestellung, Methode (*Open Methodology*), Daten (*Open Data*), der fertige Artikel (*Open Access*), der Reviewprozess (*Open Peer Review*), das Produkt (*Open Source*) sowie die Bildungsmaterialien (*Open Education*) frei verfügbar sind, können Außenstehende auch außerhalb der Universität die Forschung und deren Produkte nachvollziehen (vgl. Watson 2015). Im 21. Jahrhundert sollte es in der Bildungsforschung Standard sein, die Daten, Instrumente und Produkte der Kolleginnen und Kollegen aus der Praxis zu bewerten und zu vergleichen (vgl. Cook et al. 2018), um eine inklusive und zugängliche Forschung zu praktizieren. Dagegen ist es erstaunlich, dass in der Vergangenheit und Gegenwart viele Forschungsprojekte nicht nachvollziehbar und offen dokumentiert wurden. So gibt es auch im Bereich der Inklusionsforschung wenig replizierte Forschungsergebnisse bei Interventionsstudien, wenige Interventionsstudien mit keinem Ergebnis (Nullergebnis), und es besteht auch hier die Gefahr eines *Publication Bias* (vgl. Cock et al. 2018). Letztlich sind es sowohl intransparente Forschungsprozesse als auch Bezahlschranken, die den Zugang der eigentlichen Adressaten zu den Erkenntnissen in Teilen verhindern und damit Exklusion (re-)produzieren.

Forschende können hier durch eine Selbstverpflichtung im Sinne des *Commitment to Research Transparency and Open Science* (http://www.researchtransparency.org/) und der *Peer Reviewers' Openness Initiative* (https://opennessinitiative.org/) einen Beitrag zu mehr Transparenz im Forschungs- und Publikationsprozess leisten.

Ziel der Inklusionsforschung ist es auch, Instrumente, Materialien und Produkte weiterzuentwickeln und zu verändern, um inklusive Bildung zu verbessern oder erst zu ermöglichen. Dabei kann das Urheberrecht ein Problem sein, wenn eine Weiterbearbeitung ausgeschlossen ist. So sind viele geschützte Instrumente, Tests und Anwendungen veraltet, werden vergessen oder auch nicht mehr benutzt. Insbesondere bei staatlich geförderten Projekten sollten deren Produkte der Gemeinschaft zugänglich und veränderbar sein. Dies schließt auch die Entwicklung und Forschung auf Seiten der Beteiligten in staatlichen Schulen, Hochschulen und Bildungsinstitutionen mit ein. Im Sinne des Urheberrechts würde dies beispielsweise einer Lizenzierung von Inhalten bzw. Materialien unter der *Attribution-ShareALike-Lizenz* (*CC BY-SA*) entsprechen, die neben der freien Ansicht auch eine Weiterbearbeitung erlaubt, solange man die Erstellerin bzw. den Ersteller nennt und zitiert. Eine Erweiterung dieses Modells ist eine Freigabe der Inhalte bzw. Materialien als gemeinfrei (*Public Domain, CC0*). Ein Beispiel für die Verwendung der *CC*-Lizenz ist das Förder- und Interventionsmaterial in der Onlinetestplattform *Levumi.de*. So ist das Leseabenteuer *Levumi, Malini und das verhexte Dorf* (vgl. Jungjohann et al. 2020) unter einer *CC-BY-NC-SA*-Lizenz veröffentlicht, damit andere Forschungsgruppen und Lehrkräfte diese Materialien sowie das Konzept weiterentwickeln können. Die Lehrerinnen- und Lehrerhandbücher sowie das Förderhandbuch zum Bereich Lesen (vgl. Jungjohann et al. 2017) dagegen sind zwar frei im Internet veröffentlicht, aber zunächst nicht unter einer *Share-A-Like Lizenz* erhältlich, um das Konzept hinter der Plattform zu schützen.

Freie Lizenzen nutzen sowohl der Forschung als auch der Praxis, um wissenschaftlich nachhaltige und nachvollziehbare Arbeiten zu realisieren. Aktuell ist insbesondere die Nachvollziehbarkeit von Ansätzen, Instrumenten und auch Artikeln nicht immer gegeben, da Arbeitsschritte, Instrumente oder Daten nicht veröffentlicht sind. Hier muss ein Umdenken stattfinden, damit interessierte Laien und die wissenschaftliche Gemeinschaft auch die Arbeit der Kolleginnen und Kollegen prüfen, konstruktiv wertschätzen und auf dem bestehenden Ansatz, den Erkenntnissen und Ideen aufbauend weiterarbeiten können. Wilkinson et al. (2016) fordern diesbezüglich, dass sich Forschende beim Umgang mit ihren Rohdaten an den *FAIR*-Prinzipien *Findable* (Auffindbarkeit), *Accessible* (freie Zugänglichkeit), *Interoperable* (Interoperabilität) und *Reusable* (Wiederverwendbarkeit) orientieren. Hilfreich wäre es, wenn mehr (und deutschsprachige) Zeitschriften auch vorab auf *Preprint-Servern* veröffentlichte Manuskripte (*Preprints*) zur Begutachtung und Veröffentlichung annehmen würden, wie dies die Verlage Frontiers, T&F, Wiley und Elsevier bereits vielfach gestatten. Die Transparenz und Glaubwürdigkeit von Forschung würde zudem davon profitieren, wenn auch in der Bildungsforschung Studien vorab unter Angabe der vollständigen Methodik in einer Datenbank registriert werden würden (*Preregistration*) und/oder die Möglichkeit sogenannter *Registered Reports* bestünde: Darunter ist zu verstehen, dass der Theorie- und Methodenteil eines Manuskripts bereits vor Durchführung der Studie gemeinsam mit dem Studienprotokoll von der Zeitschrift begutachtet wird. Fallen die Gutachten positiv aus, so verpflichtet sich die Zeitschrift vorab zur Veröffentlichung des Manuskripts, unabhängig von den späteren Ergebnissen. Gerade diese Option würde dafür Sorge tragen, dass jede methodisch saubere Studie als Beitrag zur Fachdiskussion ernst genommen und der *Publication Bias* reduziert würde.

Zu problematisieren ist in diesem Zusammenhang, dass *Open Access* zumindest im Bereich der Bildungsforschung derzeit überwiegend ein Geschäftsmodell von Verlagen ist, die in Form hoher Bearbeitungsgebühren (*Article Processing Charges*) von der Forderung nach frei zugänglichen Publikationen profitieren – sinnvoll wäre im Sinne echter *Open Science* die verstärkte Etablierung von Zeitschriften, die von der Fachcommunity herausgegeben und deren Infrastruktur von öffentlich-rechtlichen Trägern bereitgestellt wird.

7.4 Wer soll Inklusionsforschung machen?

Forschende unterscheiden sich zwar grundsätzlich darin von Praktikerinnen und Praktiker, dass sie primär ein Erkenntnisinteresse verfolgen, während für Praktikerinnen und Praktiker ein Handlungsinteresse im Vordergrund steht (vgl. Moser & Sasse 2008). Im Bereich der Inklusionsforschung sind Wissenschaft und Praxis aber interdependent aufeinander bezogen: Das Erkenntnisinteresse der Forschenden leitet sich aus Phänomenen bzw. Problemstellungen in der Praxis ab, das Handlungsinteresse der Praktikerinnen und Praktiker erfordert bestimmte Erkenntnisse zur verbesserten Gestaltung der Praxis.

Das Feld der Inklusionsforschung ist demnach ein soziales Anwendungsfeld. Viele Lösungen und Methoden werden in der pädagogischen Praxis erprobt, aber von den beteiligten Bildungsakteuren aus Praxis und Verwaltung nicht unbedingt nach wissenschaftlichen Kriterien dokumentiert und geprüft. Die (akademische) Inklusionsforschung wiederum ist bedingt praxisfern, da viele Projekte und deren Dokumentation aus den Universitäten und Forschungseinrichtungen heraus initiiert bzw. durchgeführt werden. Die Frage besteht daher, wie die pädagogische Praktikerin bzw. der pädagogische Praktiker selbst zu einer Forschenden bzw. einem Forschenden werden kann und soll.

Hierfür gibt es in der sonderpädagogischen Lehrerinnen- und Lehrerbildung mehrere Apelle (vgl. Grosche & Grünke 2008; Kuhl et al. 2017), die an einzelnen Universitäten zum Ausbau der Forschungsmethoden im Lehramt Sonderpädagogik geführt haben. Nach Meinung der Autoren dieses Beitrags ist ein forschungs- und datenbasiertes Handeln auch für die pädagogische Praxis, deren Leitungs- und Verwaltungsebenen sowie für die Gesellschaft an sich dringend erforderlich. Insbesondere bei teuren und aufwendigen Systemreformen, wie sie die Umsetzung von Inklusion benötigt, sollten Entscheidungen nicht nur aufgrund theoretischer, normativer oder rein politischer Überlegungen gefällt werden. Es sollten vor der Implementation Szenarien und Modelle entworfen und im Verlauf überprüft werden. In der aktuellen Diskussion besteht Konsens, dass bezüglich schulischer Inklusion im Vergleich zur Förderschule vorwiegend positive Forschungsergebnisse vorliegen. Welche Modelle, Verfahren und Vernetzungsweisen auf Ebene der Schülerinnen und Schüler, Lehrkräfte und der Schule für welche Zielgruppe wirksame Ergebnisse liefern, ist aber großenteils unbekannt. Meist werden nur einzelne Pilotprojekte evaluiert und nicht mehrere wissenschaftliche Projekte miteinander verglichen. Insgesamt sind insbesondere bei der Implementation von schulischer Inklusion nachvollziehbare Modelle wenig etabliert und dokumentiert. Aus wissenschaftlicher Sicht besteht die aktuelle Situation schulischer Inklusion (ohne dabei den Arbeitseinsatz und das Engagement der Lehr- und Fachkräfte an den konkreten Schulen in Frage zu stellen) eher aus intransparent dokumentierten schulischen Einzelfällen oder einer verallgemeinernden Schulstatistik als aus klaren Modellen mit theoretischen und empirischen Argumenten und Ergebnissen. Eine breitere empirische Prüfung dokumentierter Modelle und Konzepte mit nachvollziehbaren, anerkannten und offenen Instrumenten auf Basis konkreter Indikatoren zu Teilhabe, Zugänglichkeit und Entwicklungschancen der Betroffenen ist daher notwendig und unumgänglich.

7.5 Qualifizierung für Inklusionsforschung

Neben dem Beraten, Fördern, Unterrichten und dem Entwickeln von Fördermaterialien benötigen Lehramtsstudierende in ihrer Ausbildung die Chance, den Umgang mit Forschungsmethoden zu erlernen und in der Praxis anzuwenden (vgl. Gebhardt et al. 2018). Lehrkräfte – insbesondere sonderpädagogische – sollten in die Lage versetzt werden,

1. Artikel in praxisorientierten wissenschaftlichen Zeitschriften (z. B. Zeitschrift für Heilpädagogik, Sonderpädagogische Förderung heute) selbst zu schreiben,

2. Artikel in empirischen Zeitschriften (z. B. Empirische Sonderpädagogik, Zeitschrift für Pädagogische Psychologie) zu verstehen und
3. kleinere Studien und Evaluationen (z. B. kontrollierte Einzelfallstudien im A-B-Design oder kleinere Gruppendesigns mit Wartekontrollgruppe) selber durchzuführen.

Ein gelungenes Beispiel für die Aspekte 1 und 3 ist der Beitrag von Hollerwöger-Kellner (2019). Gerade der zweite Aspekt könnte jedoch in der Lehre eine Herausforderung darstellen: So konstatiert Field (2020), dass zwar einerseits die eingesetzten und berichteten statistischen Verfahren immer komplexer würden (vgl. Nieminen & Kaur 2019), Lehrende andererseits jedoch vermehrt mit der Forderung nach Vereinfachung und Reduzierung der Statistik-Lehrveranstaltungen (hier in der Psychologie) konfrontiert seien. Gerade der komplexe Bereich der Evaluation wird aber für den Bereich der Sonderpädagogik in der schulischen Inklusion ein Schlüsselbereich werden, um wirksame, spezifische oder individuell angepasste Maßnahmen zu dokumentieren und zu evaluieren (siehe UN-BRK § 24 Abs. 2e).

In Tabelle III.1 sind Inhalts- bzw. Kompetenzbereiche des (sonderpädagogischen) Lehramtsstudiums ausdifferenziert, die aus Sicht der Autoren für eine Vermittlung inklusionsforschungsbezogener Forschungskompetenz verankert werden müssten. Dabei wird das Konzept *Scientific Literacy* in Anlehnung an Gräber et al. (2002) bzw. Bybee (2002) genutzt: In den Zeilen sind die Themenfelder *Begriffe*, *Theorien*, *Konzepte*, *Prozesse & Methoden* sowie *Wissenschaftsgeschichte/Forschungstraditionen* für die empirische Forschung dargestellt. Jedes Themenfeld kann auf den drei Ebenen *Wissen*, *Handeln* und *Bewerten* eingeschätzt werden. In die Tabelle haben die Autoren die Relevanz jeder Ebene für den jeweiligen Themenaspekt für die Lehramtsausbildung eingeschätzt (▶ Tab. III.1).

Tab. III.1: Kompetenzbereiche und -ebenen für die Qualifizierung zur Inklusionsforschung im Lehramtsstudium

Empirische Forschung	Wissen	Handeln	Bewerten
Begriffe	XX	X	X
Theorien	XX		X
Konzepte	X	XX	XX
Prozesse & Methoden	X	XX	XX
Wissenschaftsgeschichte/Forschungstraditionen	XX	X	XX

X = relevant, XX = besonders relevant

Um die wichtigen Themenfelder der empirischen Inklusionsforschung in der Ausbildung zu verankern, werden neben der Erweiterung der bisherigen Veranstaltungen zum wissenschaftlichen Arbeiten, zu wissenschaftlichen Methoden und zur Diagnostik auch systematische Ansätze im Bereich des forschenden Lernens benötigt. Im Zuge forschenden Lernens untersuchen die Studierenden als Projekt eine (selbstgewählte) pädagogische Fragestellung im schulischen oder außerschulischen Kontext. Die zu Studienbeginn gelernten Inhalte und Instrumente der quantitativen und qualitativen Forschung werden so vertieft und mit Anleitung möglichst selbstständig angewendet. Ziel ist es, den Forschungsprozess selbst zu erleben und die dahinterliegenden Prozesse zu verstehen. Erst dieses erlebte Handeln ermöglicht es, in weiteren themenbezogenen Seminaren die Schwierigkeiten, aber auch Chancen der empirischen Forschung zu verstehen und eine Bewertung der aktuellen Forschung vorzunehmen. Viele Studienpläne des Lehramts Sonderpädagogik umfassen aktuell bereits Seminare zu den wissenschaftlichen Methoden, während Projektseminare aufgrund der Intensität, des Aufwands und auch des eingeschränkten Feldzugangs deutlich seltener sind und sich meist nur in außerschulischen, forschungsorientierten pädagogischen Studiengängen finden. Setzt man aber als Ziel, dass Lehrkräfte in der Praxis selbst einfache Forschungsmethoden anwenden können und komplexere aktuelle Methoden in Fachzeitschriften verstehen sollen, dann müssen die Studiengänge um manche Inhalte und Praktika gekürzt werden, um neue Inhalte und aufwendigere Veranstaltungen mit aktiv forschendem Zugang praktizieren zu können. Der Sonderpädagoge bzw. die Sonderpädagogin befindet sich auch dank der Inklusion weniger in der Rolle des unterrichtenden Klassenlehrkraft, sondern eher in der Rolle der Lernumgebungsgestalterin bzw. des Lernumgebungsgestalters. Damit sinkt die Anforderung an die Kompetenz Unterrichten in der Praxis, und neue Kompetenzen wie das Gestalten, Begleiten und Evaluieren von Lernumgebungen anhand empirischer Daten werden gefordert.

Literatur

Ainscow, M. & Miles, S. (2009): Developing Inclusive Education Systems: How Can We Move Policies forward? Chapter Prepared for a Book in Spanish to be Edited by Climent Gine et al.. Online verfügbar unter: http://www.ibe.unesco.org/fileadmin/user_upload/COPs/News_documents/2009/0907Beirut/DevelopingInclusive_Education_Systems.pdf, Zugriff am 06.11.2020.

Bybee, R. W. (2002): Scientific Literacy–Mythos oder Realität? In: W. Gräber, P. Nentwig, T. Koballa & R. Evans (Hrsg.), Scientific Literacy (21–43). Online verfügbar unter: https://doi.org/10.1007/978-3-322-80863-9_2, Zugriff am 06.11.2020.

Cook, B. G., Lloyd, J. W., Mellor, D., Nosek, B. A. & Therrien, W. J. (2018): Promoting Open Science to Increase the Trustworthiness of Evidence in Special Education. Exceptional Children, 85 (1), 104–118. Online verfügbar unter: https://doi.org/10.1177/0014402918793138, Zugriff am 06.11.2020.

Deutscher Bildungsrat (1974): Aspekte für die Planung der Bildungsforschung. Empfehlungen der Bildungskommission (Bd. 1). Stuttgart: Klett.

Eldar, E., Talmor, R. & Wolf-Zukerman, T. (2009): Successes and Difficulties in the Individual Inclusion of Children with Autism Spectrum Disorder (ASD) in the Eyes of Their Coordinators. International Journal of Inclusive Education, 14 (1), 97–114. Online verfügbar unter: https://doi.org/10.1080/13603110802504150, Zugriff am 13.12.2020.

Field, A. (2020): So, Review of Psychiatric Jnl Says more Sophisticated Stats are Being Used in Research Papers so We Need to Improve [Tweet]. Twitter. Online verfügbar unter: https://twitter.com/ProfAndyField/status/1298525753911508992?s=08, Zugriff am 06.11. 2020.

Gebhardt, M. (2015): Gemeinsamer Unterricht von Schülerinnen und Schülern mit und ohne sonderpädagogischen Förderbedarf. Ein empirischer Überblick. In: E. Kiel (Hrsg.), Inklusion im Sekundarbereich (39–52). Stuttgart: Kohlhammer.

Gebhardt, M., Kuhl, J., Wittich, C. & Wember, F. B. (2018): Inklusives Modell in der Lehramtsausbildung nach den Anforderungen der UN-BRK. In: S. Hußmann & B. Welzel (Hrsg.), Dortmunder Profil für inklusionsorientierte Lehrerinnen- und Lehrerbildung (279–292). Münster: Waxmann *(Open Access)*.

Gräber, W., Nentwig, P. & Nicolson, P. (2002): Scientific Literacy – Von der Theorie zur Praxis. In: W. Gräber, P. Nentwig, T. Koballa & R. Evans (Hrsg.), Scientific Literacy (135–145). Online verfügbar unter: https://doi.org/10.1007/978-3-322-80863-9_8, Zugriff am 06.11.2020.

Gräsel, C. (2015): Was ist Empirische Bildungsforschung? In: H. Reinders, H. Ditton, C. Gräsel & B. Gniewosz (Hrsg.), Empirische Bildungsforschung (15–30). Online verfügbar unter: https://doi.org/10.1007/978-3-531-19992-4_1, Zugriff am 06.11.2020.

Grosche, M. (2015): Was ist Inklusion? Ein Diskussions- und Positionsartikel zur Definition von Inklusion aus Sicht der empirischen Bildungsforschung. In: P. Kuhl, P. Stanat, B. Lütje-Klose, C. Gresch, H. A. Pant & M. Prenzel (Hrsg.), Inklusion von Schülerinnen und Schülern mit sonderpädagogischem Förderbedarf in Schulleistungserhebungen (17–39). Online verfügbar unter: https://doi.org/10.1007/978-3-658-06604-8. Zugriff am 06.11. 2020.

Grosche, M. & Grünke, M. (2008): Das sonderpädagogische Lehramtsstudium wissenschaftlicher gestalten. VHN, 77 (3), 190–197.

Hauser, M. (2020): Qualität und Güte im gemeinsamen Forschen mit Menschen mit Lernschwierigkeiten. Online verfügbar unter: https://doi.org/10.35468/5800, Zugriff am 06.11.2020.

Hollerwöger-Kellner, G. (2019): Evidenzbasierte Leseförderung mit kooperativen Leseverfahren. Eine Mikrostudie aus der Schulpraxis zum Training der Leseflüssigkeit. Zeitschrift für Heilpädagogik, 70 (3), 122–135.

Johora, F. T., Fleer, M. & Hammer, M. (2021): Understanding the Child in Relation to Practice and Rethinking Inclusion: A Study of Children with Autism Spectrum Disorder in Mainstream Preschools. Learning, Culture and Social Interaction, 28, 100469. Online verfügbar unter: https://doi.org/10.1016/j.lcsi.2020.100469, Zugriff am 13.12.2020.

Jungjohann, J., Anderson, S. & Gebhardt, M. (2020): Levumi, Malini und das verhexte Dorf. Leseabenteuer. Online verfügbar unter: http://dx.doi.org/10.17877/DE290R-21000, Zugriff am 06.11.2020.

Jungjohann, J., Gebhardt, M., Diehl, K. & Mühling, A. (2017): Förderansätze im Lesen mit LEVUMI. Online verfügbar unter: http://dx.doi.org/10.17877/DE290R-18042, Zugriff am 06.11.2020.

Kiuppis, F. (2014): Heterogene Inklusivität, inklusive Heterogenität: Fallstudie über den Bedeutungswandel imaginierter pädagogischer Konzepte im Kontext internationaler Organisationen. Münster New York, NY: Waxmann.

Kuhl, J., Gebhardt, M., Bienstein, P., Käppler, C., Quinten, S., Ritterfeld, U., Tröster, H. & Wember, F. B. (2017): Implementationsforschung als Voraussetzung für eine evidenzbasierte sonderpädagogische Praxis. Sonderpädagogische Förderung, 62 (4), 383–393.

Lindmeier, C. & Lütje-Klose, B. (2015): Inklusion als Querschnittsaufgabe in der Erziehungswissenschaft. Erziehungswissenschaft, 26 (51), 7–16.

Moser, V. & Sasse, A. (2008): Theorien der Behindertenpädagogik. München: Reinhardt.

Nieminen, P. & Kaur, J. (2019): Reporting of Data Analysis Methods in Psychiatric Journals: Trends from 1996 to 2018. International Journal of Methods in Psychiatric Research, 28 (3), e1784. Online verfügbar unter: https://doi.org/10.1002/mpr.1784, Zugriff am 06.11.2020.

Piezunka, A., Schaffus, T. & Grosche, M. (2017): Vier Definitionen von schulischer Inklusion und ihr konsensueller Kern: Ergebnisse von Experteninterviews mit Inklusionsforschenden. Unterrichtswissenschaft, 45 (4), 207–222. Online verfügbar unter: https://doi.org/10.3262/UW1704207, Zugriff am 06.11.2020.

Przibilla, B., Linderkamp, F. & Krämer, P. (2018): Subjektive Definitionen von Lehrkräften zu Inklusion – eine explorative Studie. Empirische Sonderpädagogik, 10 (3), 232–247.

Scheer, D., Egener, L., Laubenstein, D. & Melzer, C. (im Druck): Development and Psychometric Evaluation of an Instrument Measuring Subjective Definitions of Inclusion (FEDI). International Journal of Inclusive Education.

UNESCO. (2009): Policy Guidelines on Inclusion in Education. Paris: UNESCO.

Watson, M. (2015): When Will ›Open Science‹ Become simply ›Science‹? Genome Biology, 16 (101). Online verfügbar unter: https://doi.org/10.1186/s13059-015-0669-2, Zugriff am 09.11.2020.

Wilkinson, M. D., Dumontier, M., Aalbersberg, Ij. J., Appleton, G., Axton, M., Baak, A., Blomberg, N., Boiten, J.-W., da Silva Santos, L. B., Bourne, P. E., Bouwman, J., Brookes, A. J., Clark, T., Crosas, M., Dillo, I., Dumon, O., Edmunds, S., Evelo, C. T., Finkers, R. & Mons, B. (2016): The FAIR Guiding Principles for Scientific Data Management and Stewardship. Scientific Data, 3 (1), 160018. Online verfügbar unter: https://doi.org/10.1038/sdata.2016.18, Zugriff am 06.11.2020.

8 Qualifikation für inklusive Lehrerinnen- und Lehrerbildung – Wissen zu Bildungsarmut und Schülerinnen- und Schülerhabitus

Rainer Benkmann

Einführung

Ulrich Heimlich lernte ich auf einer Integrationsforschertagung Mitte der neunziger Jahre in Dortmund kennen. Sein Vortrag präsentierte spannende Ergebnisse zu einer integrativen Spielförderung von Kindern mit und ohne Behinderung. Danach verloren wir uns aus den Augen. Gleichwohl verfolgte ich weiterhin seine Schriften, nicht zuletzt auch deshalb, weil wir gleiche Interessen im Förderschwerpunkt Lernen hatten: (Kinder-)Armut, soziale Benachteiligung, Inklusion in Schule und Unterricht. Insofern hat er meine Forschung und Lehre stark beeinflusst, wie auch der folgende Beitrag deutlich macht. Eine von ihm initiierte Vortragsreihe an der Ludwig-Maximilians-Universität München führte uns wieder zusammen. Seitdem gab es eine stetig wachsende Kommunikation. Sie gipfelte in einem stundenlangen Telefonat, das ich von einem kleinen Urlaubsort auf Zypern mit ihm in München führte. Dabei wurden letzte Absprachen für ein gemeinsam herauszugebenes Buch getroffen. Für mich war und ist es eine glückliche Fügung, einem Menschen und Wissenschaftler wie Ulrich Heimlich begegnet zu sein. Dafür bin ich sehr dankbar.

8.1 Begriff *Wissen* und Fragestellung

> »So wird die sonderpädagogische Fachkompetenz im Förderschwerpunkt Lernen nach und nach in die inklusive Schule eingebunden. […] Um sozial benachteiligten Kindern und Jugendlichen im Bildungssystem gerecht werden zu können, gilt es besonders die Erfahrungen aus ihrer Lebenswelt und den teils schwierigen Familiensituationen zu berücksichtigen« (Heimlich & Schmid 2018).

Die angesprochene sonderpädagogische Fachkompetenz ist hier weit gefasst und beinhaltet neben Kompetenzen zu Individualisierung und gemeinsamem Unterricht auch Team-, Schulentwicklungs- und Sozialraumarbeit (vgl. ebd.). Diese Fachkompetenz meint nicht das Fachwissen und fachdidaktische Wissen, die beide zum Kern »professioneller Kompetenz von Lehrkräften« (Baumert & Kunter 2011) entsprechend des bekannten Kompetenzmodells von COAKTIV gehören. Auch geht sie erheblich über den im vorliegenden Beitrag verwendeten Begriff des

Wissens hinaus. Dieses Wissen ist zwar ein wichtiger Bestandteil der sonderpädagogischen Fachkompetenz, bezieht sich aber *nur* auf spezifische Kenntnisse über die Erfahrungen der Kinder und Jugendlichen aus unterprivilegierten Milieus, die gravierende Lernschwierigkeiten in der Schule haben (vgl. Heimlich 2009). Daher ist es der Facette »Konzeptionelles bildungswissenschaftliches Grundlagenwissen« von COAKTIV (vgl. Baumert & Kunter 2011) zuzuordnen. Grundlagenwissen zu Bildungsarmut und Schülerinnen- und Schülerhabitus wird zum Bestandteil zukünftiger professioneller Handlungskompetenz von Studierenden allgemeiner und sonderpädagogischer Lehramtsstudiengänge, wenn eine »Kontextualisierung dieses Wissens auf besondere Fälle« (Neuweg 2005, S. 206) vorgenommen wird. Es handelt sich um ein fachunabhängiges professionelles Wissen, das in die Qualifikation von Hochschullehrenden in der inklusiven Lehrerinnen- und Lehrerbildung einzubeziehen ist.

Angehende sonderpädagogische Lehrkräfte, welche die Fachrichtung Pädagogik bei Beeinträchtigungen des Lernens studieren, setzen sich mit den Aspekten Bildungsarmut und Schülerinnen- und Schülerhabitus aufgrund ihrer zukünftig, zu unterstützenden Zielgruppe häufiger und vertiefter auseinander als andere Lehramtsstudierende. Die Aspekte werden – auch wenn andere Bezeichnungen verwendet werden – von der Lehrerinnen- und Lehrerbildung der allgemeinen Schule seit Inkrafttreten der UN-BRK berücksichtigt. Unterstützt wird das durch die gemeinsame Empfehlung der Hochschulrektoren- und Kultusministerkonferenz, die betont, eine Schule der Vielfalt zu fördern und den »professionelle[n] Umgang mit Inklusion« als »Querschnittsaufgabe« für das Lehramtsstudium aller Schultypen vorzusehen (HRK & KMK 2015). Gleichwohl spielen jene Aspekte in den Studiengängen der Lehrämter eine bescheidene Rolle. Dies ließe sich damit begründen, dass es nur einen relativ geringen Anteil der Gruppe von Kindern und Jugendlichen mit diagnostiziertem sonderpädagogischem Unterstützungsbedarf betrifft. Schule hat jedoch zusätzlich mit einer weit größeren Gruppe von Risikoschülerinnen und -schülern aus unterprivilegierten Milieus zu tun. Sie haben schwache Schulleistungen und Verhaltensauffälligkeiten ohne sonderpädagogische Diagnose und brauchen ein Maß an Unterstützung beim schulischen Lernen, das dem von Förderschülerinnen und -schülern gleichkommen kann. Daher trennt der Begriff *Bildungsarmut* nicht zwischen Förder- und Risikoschülerinnen und -schülern – zu beiden Gruppen werden nachfolgend immer auch die Kinder und Jugendlichen mit Zuwanderungshintergrund gezählt. Der Begriff geht von teils überlappenden Bedarfen beider Gruppen aus, für die Quantität und Qualität der indizierten Fördermaßnahmen im Lernprozess vergleichbare Bedeutung haben. Bildungsarmut von beiden Gruppen wird hier als absolute Bildungsarmut bestimmt und manifestiert sich in dem Habitus der Bildungsfremdheit und in dem Habitus der Bildungsnotwendigkeit.

Vor diesem Hintergrund gehen wir der Frage nach: Welches Grundlagenwissen sollten Hochschullehrende als wichtiges Element ihrer Qualifikation erwerben, um Studierende auf die Herausforderungen einer inklusiven Schule der Klassenstufen 1 bis 9 mit Schülerinnen und Schülern aus unterprivilegierten Milieus vorzubereiten, die einen sonderpädagogischen oder nichtdiagnostizierten Unterstützungsbedarf im Lernen haben? Unser Interesse beschränkt sich dabei auf die

Aspekte absoluter Bildungsarmut im Sinne von absoluter Kompetenzarmut und Schülerinnen- und Schülerhabitus der Bildungsfremdheit und der Bildungsnotwendigkeit. Dieses Wissen bahnt die professionelle Handlungskompetenz von Studierenden aller Lehramtsstudiengänge an und wird hier vorzugsweise für die Studiengänge der allgemeinen Lehrämter thematisiert.

Wurde bisher eine Klärung zum Begriff *Wissen* und zur Fragestellung vorgenommen, werden im Anschluss grundlegende Überlegungen zum Begriff *Bildungsarmut* sowie Befunde zu absoluter Bildungsarmut von Förder- und Risikoschülerinnen und -schülern aus der empirischen Bildungsforschung dargestellt (▸ Kap. 8.2). Ein Perspektivwechsel von empirischer zu rekonstruktiver Bildungsforschung wird vorgenommen, um den Habitus der Bildungsfremdheit und der Bildungsnotwendigkeit zu erörtern (▸ Kap. 8.3). Abschließend werden milieuspezifische Ursachen von Bildungsarmut und beiden Habitus aufgezeigt sowie Überlegungen zum Umgang der Lehrkräfte mit Heterogenität angestellt (▸ Kap. 8.4).

8.2 Bildungsarmut

Vorbemerkung: Im Folgenden wird Bildung mit Kompetenz gleichgesetzt, um Kompetenzstufen messen und vergleichen zu können. Dieser Auffassung muss man nicht folgen, auch wenn die Gleichsetzung üblich geworden ist. Knüpft man an die Ideengeschichte zu den Bildungstheorien an, lässt sich unter Bildung jedoch weit mehr verstehen, etwa die Veränderung des Selbst-Welt-Verhältnisses der Menschen zu einem reflexiven und kritischen Selbst-Welt-Verhältnis im Sinne eines individuellen und kollektiven Befreiungsprozesses. Darüber hinaus ist der Begriff *Bildungsarmut* kritisierbar, weil er erstens von der Position der legitimen, d. h. herrschenden Kultur und deren Bildungssystems bestimmt wird und Wissen und Fähigkeiten unterprivilegierter Milieus weitgehend ignoriert. Zweitens, weil er das Armutsproblem ausschließlich auf niedrige (Aus-)Bildungsabschlüsse zurückführen könnte (vgl. Butterwegge 2019).

8.2.1 Begriff und Häufigkeit

Der Begriff *Bildungsarmut* sollte nach Allmendinger & Leibfried (2003) darauf abzielen, Bildung als integralen Bestandteil der Sozialpolitik wie in den skandinavischen und angloamerikanischen Ländern aufzufassen. In Deutschland gibt es zwischen föderaler Bildungspolitik und staatlicher Sozialpolitik kaum Berührungspunkte. Das verhindert notwendige Bildungsreformen. Außerdem erschwert die Trennung beider Bereiche eine breitere öffentliche Debatte über Bildungsarmut (vgl. ebd.).

Unterscheidet der Armutsbegriff in der Sozialpolitik zwischen absoluter und relativer Armut, kann der Begriff *Bildungsarmut* analog absolute und relative Bildungsarmut auseinanderhalten. Um ihn für die Bildungsberichterstattung zu nutzen, muss er quantifiziert werden. Vorgeschlagen wird von Allmendinger & Leibfried, absolute und relative Bildungsarmut durch Zertifikats- oder Kompetenzarmut zu messen. Absolute Bildungsarmut im Sinne von Zertifikatsarmut bedeutet, dass weder ein Hauptschul- noch ein Berufsabschluss vorliegen, bei relativer Bildungsarmut weder ein Abschluss der Sekundarstufe II noch ein Berufsabschluss (vgl. Rockmann et al. 2019). Absolute Bildungsarmut im Sinne von absoluter Kompetenzarmut heißt: Die domänenspezifischen Kompetenzen gehen über die unterste Stufe des fünfstufigen Kompetenzmodells von PISA nicht hinaus, d. h., auf dieser Stufe I werden, wenn überhaupt, nur einige basale Bereiche von Schulfächern beherrscht (▶ Kap. 7.2.2). Bei relativer Bildungsarmut muss mindestens die Kompetenzstufe II erreicht werden, die einem mittleren Schulabschluss entspricht. Stufe II wird nach Auffassung der OECD (vgl. OECD 2019) als Mindestkompetenz für die gesellschaftliche Teilhabe angesehen.

Zertifikate lassen aufgrund der Fragwürdigkeit der Zensurengebung und unterschiedlicher schulischer Bewertungsmaßstäbe keine zuverlässigen Aussagen über Bildungsarmut zu. Auch die Herstellung internationaler Vergleichbarkeit ist schwierig. Insofern bevorzugt die empirische Bildungsforschung die Messung von Bildungsarmut als Kompetenzarmut. Die PISA-Studie 2018 stellte dazu fest, dass die Leistungen von etwa 20 % der 15-Jährigen in Deutschland unter oder auf der Kompetenzstufe I in Lesen, Mathematik und Naturwissenschaften liegen (vgl. ebd.). Sie gelten als absolut kompetenzarm bzw. als Risikoschüler und -schülerinnen.

PISA 2018 exkludiert Schülerinnen und Schüler mit sonderpädagogischer Förderung (vgl. OECD 2018). Insgesamt beträgt im Jahr 2018 ihre Förderquote 4,2 % in Förderschulen und 3,19 % in allgemeinen Schulen (vgl. KMK 2020). Wählt man Zertifikatsarmut als Referenzgröße, erreichen 2018 fast drei Viertel keinen Hauptschulabschluss an Förderschulen. Das übrige Viertel kam kaum darüber hinaus. Das heißt, den überwiegenden Teil der Lernenden an Förderschulen kennzeichnet absolute Zertifikatsarmut (vgl. ebd.).

8.2.2 Empirische Befunde

Während die internationale PISA Studie 2018 die Gruppe der 15-Jährigen an Förderschulen exkludiert, bezieht das Institut zur Qualitätsentwicklung im Bildungswesen (IQB) bei den parallel zu den PISA-Erhebungen stattfindenden nationalen Ländervergleichen sowohl Förderschulen mit den Schwerpunkten Lernen, Sprache sowie emotionale und soziale Entwicklung ein als auch allgemeine Schulen, in denen Jugendliche mit diesen sonderpädagogischen Unterstützungsbedarfen inkludiert werden. Andere Schwerpunkte werden ausgeschlossen, weil eine selbstständige Bearbeitung der Tests nicht erwartet wird. Das entspricht internationalen Gepflogenheiten (vgl. Mahler et al. 2019).

Der IQB-Bildungstrend 2018 ermittelte das Erreichen von mathematischen und naturwissenschaftlichen Kompetenzen der 15-Jährigen (Förder- & Risikoschülerinnen und -schüler). Die Kompetenzen orientieren sich an den für die

IQB-Studie operationalisierten Bildungsstandards der KMK. Folgende Abbildung (► Abb. III.1) zeigt Anteile absoluter Bildungsarmut in Mathematik (Globalskala) in den Bundesländern (in Anlehnung an: Kölm & Mahler 2019, S. 160).

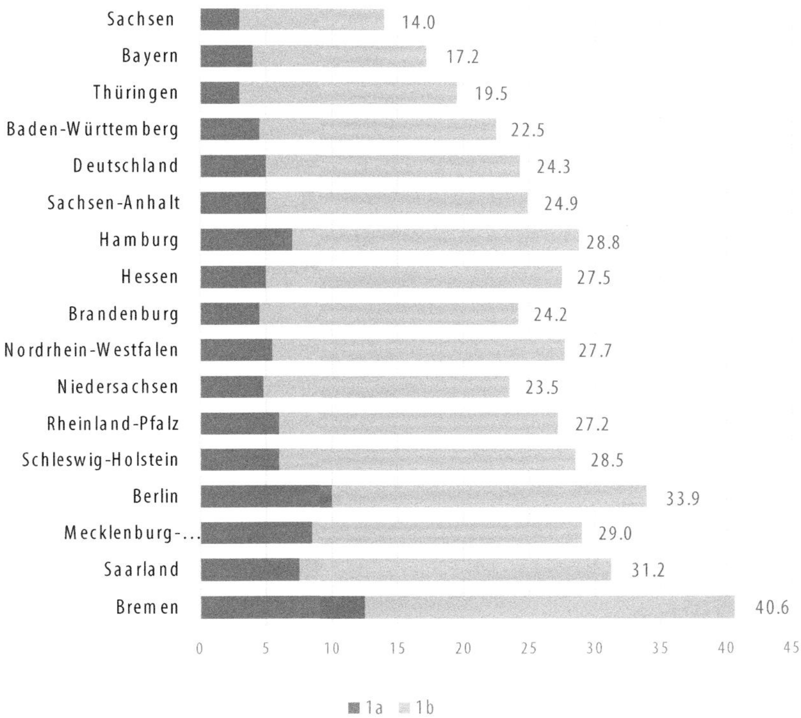

Abb. III.1: Prozentuale Anteile der Schülerinnen und Schüler der 9. Jahrgangsstufe, die im Fach Mathematik (Globalskala) den Mindeststandard nicht erreichen

Fast ein Viertel der 15-Jährigen in Deutschland erreicht die Mindeststandards nicht. Die Leistungen liegen unter oder auf Stufe I. Auf Stufe I.a entspricht das Kompetenzniveau etwa dem der Grundschulmathematik, auf Stufe I.b der siebten Klassenstufe der Hauptschule. Das bedeutet: Werden auf Stufe I.a etwa Grundrechenarten beherrscht, wichtige Fertigkeiten wie Dreisatz- und Prozentrechnungen aber nicht, gelingen auf Stufe I.b z. B. der Umgang mit einfachen Formeln sowie eingeschränkt Prozentrechnungen (vgl. Blum et al. 2019). Sechs Länder liegen signifikant über dem Bundesdurchschnitt und schneiden damit in ihrer Leistungsbilanz erheblich schlechter ab. Drei dieser Länder verzeichnen auch noch höchste Armutsgefährdungsquoten in Deutschland (Bremen, Berlin, Mecklenburg-Vorpommern) (vgl. Statistisches Bundesamt 2020).

Folgende Abbildung (► Abb. III.2) zeigt absolute Bildungsarmut in naturwissenschaftlichen Fächern am Beispiel des Kompetenzbereichs Fachwissen Physik in Anlehnung an Weirich et al. 2019, S. 174. Unberücksichtigt bleibt der zweite Bereich Erkenntnisgewinnung.

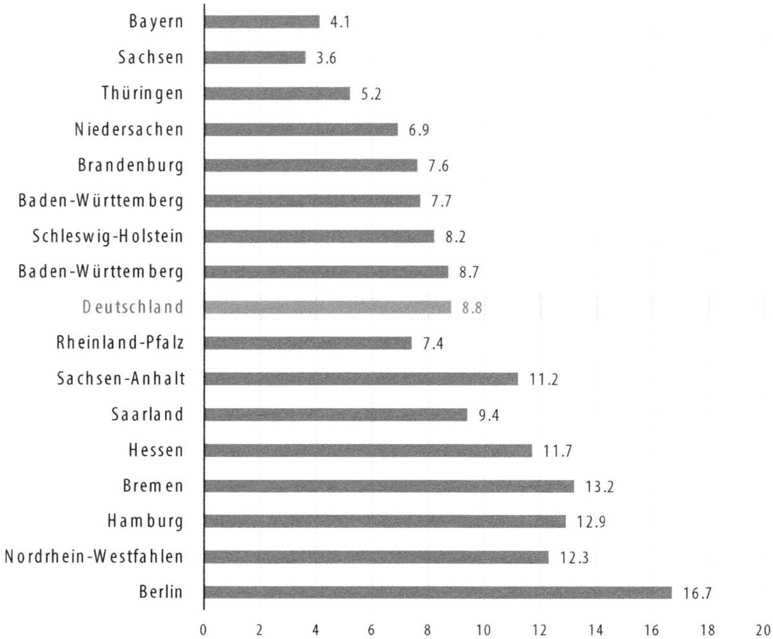

Abb. III.2: Prozentuale Anteile der Schülerinnen und Schüler der 9. Jahrgangsstufe, die im Bereich Fachwissen in Physik den Mindeststandard nicht erreichten

Knapp 9 % der 15-Jährigen erreichen im Jahr 2018 nicht die Mindeststandards. Ihre Leistungen liegen auf Kompetenzstufe I; sie kennen etwa verschiedene Aggregatzustände und Merkmale von Strom. Elementare physikalische Beziehungen anzuwenden, gelingt nicht (vgl. Kauertz et al. 2019). Hier finden sich fünf Länder, deren Prozentsätze signifikant über dem Durchschnitt liegen, darunter Bremen und Berlin mit den höchsten Anteilen. Sie weisen außerdem höchste Armutsgefährdungsquoten auf (vgl. ebd.). Zum Vergleich sei angeführt, dass im Bereich Fachwissen Biologie 5,4 % und Chemie 16,8 % der Leistungen auf Stufe I liegen (vgl. Weirich et al. 2019).

Die Befunde des Berichtsbands der IQB-Studie 2018 lassen nur bedingt erkennen, von welchen nichtgymnasialen Schulformen der Sekundarstufe I die Schülerinnen und Schüler kommen, welche die Mindeststandards nicht erreichen. Dies zeigen Untersuchungen mit ähnlich methodischem Zuschnitt: so die PISA 2012-Zusatzerhebung, nach der 90 % der Leistungen von 15-Jährigen an Förderschulen mit Schwerpunkt Lernen, emotional und soziale Entwicklung sowie Sprache in Mathematik und 80 % in Naturwissenschaften und Lesen unter oder auf der Kompetenzstufe I lagen. Zudem wurden rund 50 % der Leistungen von 15-Jährigen an Haupt- bzw. Mittelschulen sowie ca. 40 % in Naturwissenschaften und Lesen unter oder auf Stufe I ausgemacht (vgl. Müller et al. 2017). Das Überlappen der Leistungen auf unterster Stufe bestätigt den obigen Vorschlag, pädagogische Bedarfe von Lernenden an Haupt- bzw. Mittel- und Förderschulen gemeinsam in den Blick zu nehmen.

Wie in den PISA-Studien wird auch in der BERLIN-Studie zum Sekundarschulsystem die Gruppe der Risikoschülerinnen und -schüler nach deren Leistungen auf Stufe I in Leseverständnis, Mathematik und Naturwissenschaften bestimmt (vgl. Baumert et al. 2017). Danach finden sich im Sekundarschultyp als kombinierte Haupt- bzw. Mittel- und Realschule oder als umgegründete Hauptschule 33 % oder 44 % Risikoschülerinnen und -schüler. Ihr Anteil lag sogar bei 56 % in Haupt- bzw. Mittelschulen vor der Schulstrukturreform. In anderen Umgründungstypen wie Real- und Gesamtschule finden sich weit geringere Anteile (vgl. ebd.). Kurz gesagt: 15-jährige an Förderschulen zählen überwiegend an Haupt- bzw. Mittelschulen zu einem erheblichen Teil zur Risikogruppe. Sie erreichen die Mindeststandards nicht.

Absolute Bildungsarmut findet sich erwartungsgemäß nicht erst am Ende der Sekundarstufe I. So ermittelte die Untersuchung KESS-7-F im Jahr 2005 signifikant schlechtere Ergebnisse in Mathematik und Leseverständnis von Siebtklässlerinnen und Siebtklässlern an Hamburger Förderschulen mit Schwerpunkt Lernen als bei Viertklässlerinnen und Viertklässlern an Grundschulen (vgl. Wocken & Gröhlich 2009). 15-Jährige der Risikogruppe, so die BERLIN-Studie, hatten schon als Viertklässlerinnen und Viertklässler schlechte Leistungen, mussten Klassen wiederholen und erhielten öfter die Diagnose sonderpädagogischer Förderbedarf (vgl. Neumann et al. 2017). Schließlich ergeben Studien des IQB zum Bildungstrend 2016 weiteren Aufschluss. Folgende Abbildung (▶ Abb. III.3) gibt einen Überblick über die Leistungen von Kindern aus der vierten Klasse (Förder- und Risikoschülerinnen und -schülern) im Lesen (in Anlehnung an: Weirich et al. 2017, S. 131).

Fast 13 % aller Viertklässlerinnen und Viertklässler in Deutschland erreichen die Mindeststandards nicht. Sie können z. B. konkrete Einzelinformationen, positioniert an prägnanten Textstellen, wiedererkennen, sind aber kaum in der Lage, Informationen miteinander zu verknüpfen (vgl. Bremerich-Vos et al. 2017). Hier liegen Bremen und Berlin signifikant über dem Durchschnitt, in denen die Leseleistungen mit über 25 % bzw. 20 % auf Kompetenzstufe I liegen. Beide Länder verzeichnen, wie gesagt, höchste Armutsgefährdungsquoten (vgl. Statistisches Bundesamt 2020).

Studien zur Sekundarstufe I ermitteln einen bedenklich hohen Prozentsatz von Leistungen in Förder- und Haupt- bzw. Mittelschulen, die unterhalb oder auf der Kompetenzstufe I liegen. Weder die Mindeststandards der KMK noch die Kompetenzstufe II der OECD werden erreicht. Auch ist absolute Bildungsarmut schon bei Kindern in der Grundschule festzustellen. Damit ist die Entwicklung und Teilhabe einer beträchtlichen Gruppe von Kindern und Jugendlichen im Schulalter massiv erschwert.

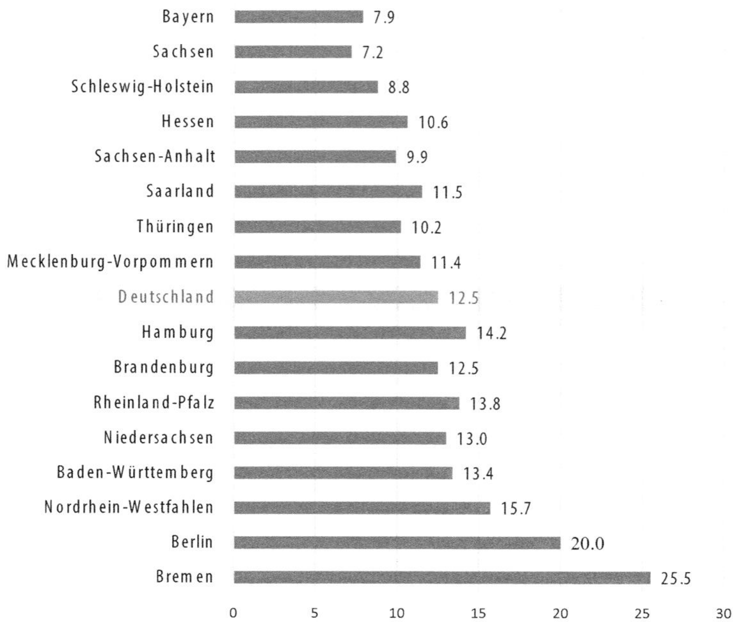

Abb. III.3: Prozentualer Anteil der Schülerinnen und Schüler der 4. Jahrgangsklasse, die den Mindeststandard im Lesen nicht erreichen

8.3 Schülerinnen- und Schülerhabitus

Die bisherige Erörterung quantitativer Kompetenzparameter wirft die Frage auf, welche Aspekte den Begriff *absolute Bildungsarmut* aus Sicht der Betroffenen kennzeichnen. Wir wechseln dazu die Perspektive von der empirischen zur rekonstruktiven Bildungsforschung.

8.3.1 Begriff

Ist »‚Habitus‹ [...] eine allgemeine Grundhaltung, eine Disposition gegenüber der Welt, die zu systematischen Stellungnahmen führt« (Bourdieu 2015, S. 31), dann lässt sich der bildungsbezogene Habitus als eine grundlegende Haltung gegenüber Schulbildung, verschiedenen Schullaufbahnen und Abschlüssen verstehen. Eine Typologie bildungsbezogener Habitus liefern Kramer & Helsper (2010), die an Bourdieus Vorstellungen zum individuellen Habitus anschließt. Sie weist Übereinstimmung mit anderen Typologien zum Bildungshabitus auf und wird damit dem Anspruch qualitativer Sozialforschung an externe Validität gerecht. Vier Habitustypen werden bestimmt, von denen die Typen der Bildungsfremdheit und Bildungsnotwendigkeit dem Begriff der absoluten Bildungsarmut am nächsten stehen.[1] Sie dienen als Bezugsrahmen und werden erweitert.

8.3.2 Schülerinnen- und Schülerhabitus der Bildungsfremdheit und Bildungsnotwendigkeit

Der Habitus der Bildungsfremdheit ist durch eine große Distanz gegenüber Leistungs- und Verhaltenserwartungen der Schule gekennzeichnet, wie sie bei Lernenden an Förder- und Haupt- bzw. Mittelschulen zu finden ist. Distanz entsteht, weil sie permanent daran scheitern, diesen Erwartungen zu entsprechen. Sie nehmen habituelle Differenzen zu Altersgleichen und Lehrkräften wahr und erleben, dass ihr familialer Habitus zu Nachteilen und leidvollen Erfahrungen führt. In der Familie inkorporierte Kompetenzen und Fertigkeiten sowie ihre Alltagssprache spielen in der Schule ebenso wenig eine Rolle wie die kurzfristige Befriedigung von Bedürfnissen und die starke Nutzenorientierung. Körpergestalt und -haltung, Kleidung und soziale Praktiken erweisen sich als normabweichend, stoßen auf Ablehnung und Spott. Schule wird als Ort der Demütigung und Beschämung erlebt.

Bei diesem Habitus können drei Untergruppen unterschieden werden: eine Gruppe, die sich um die Anpassung an schulische Erwartungen bemüht, eine, die durch offene Oppositionshaltung und Schuldistanz bzw. Selbstausschluss gekennzeichnet ist, und eine, die durch die Inszenierung von Hilflosigkeit Resignation und Fatalismus zum Ausdruck bringt.

Die Erfahrungen der nur für wenige überwindbaren Kluft zwischen familialem und institutionellem Habitus tragen gerade bei den am stärksten benachteiligten Kindern und Jugendlichen zur Überzeugung bei, dass ihre »Selbsteliminierung« (Bourdieu & Passeron 1973, S. 68) aus dem Bildungssystem rechtmäßig und gerecht ist. Sie sind die schweigenden Verliererinnen und Verlierer im schulischen Leistungswettbewerb. Die chronisch negative Fremdstigmatisierung durch Schule kann lebensgeschichtlich so nachhaltig sein, dass es im Erwachsenenalter zu abwertender Selbststigmatisierung führt und das Interesse an Bildung versiegt.

Merkmale des Schülerinnen- und Schülerhabitus der Bildungsfremdheit überschneiden sich mit denjenigen der Bildungsnotwendigkeit. Neben der Distanz gegenüber schulischen Erwartungen und der Abtrennung von den in der Schule erforderlichen symbolischen Kompetenzen durch ihre familiale Sozialisation kommt es aber nicht zu offener Ablehnung. Der Habitus der Notwendigkeit erlegt den Lernenden ein Sich-Fügen und einen Willen zum Durchhalten-Müssen auf, was sich vermehrt in Haupt- bzw. Mittel- und Förderschule zeigt. Sie begegnen der Schule gleichgültig und erwarten von ihr kaum etwas für ihre Zukunft.

---

1 Auf die vier Habitustypen wird ausführlicher in einem Beitrag der VHN^plus eingegangen (vgl. Benkmann 2020). Darauf beziehe ich mich gelegentlich, wenn es um die beiden hier erörterten Habitus geht.

Im Unterschied zum Habitus der Bildungsfremdheit halten sie sich aber an schulische Pflichten und sind bemüht, kein Aufsehen zu erregen. Schule repräsentiert die Normalität der Gesellschaft, deren Werte und Normen für sie verbindlich sind. Sie akzeptieren sie als notwendiges Übel, zeigen wenig Anstrengungsbereitschaft und sind mit niedrigen Bildungsabschlüssen zufrieden.

8.3.3 Milieu, Komposition, Heterogenität

Absolute Bildungsarmut und entsprechende Habitus hängen vor allem mit der sozioökonomischen Komposition der Schülerschaft in Klassen von nichtgymnasialen Formen der allgemeinen Schule zusammen. Zentrales Merkmal dieser Komposition ist das unterprivilegierte Herkunftsmilieu. Bald 50 % der Eltern von 15-Jährigen mit multiplen Risiken zählen zum unteren Viertel der Gesellschaft (vgl. Baumert et al. 2017, insbesondere Tab. 7.4). Die Kumulation von Risikoschülerinnen und -schülern aus Prekariat, bildungsfernen Milieus, schwierigen Familienverhältnissen, sozial benachteiligten Quartieren, Zuwanderungshintergrund und mit geringen Leistungsniveaus begünstigt die Entstehung von spezifischen Lern- und Entwicklungsmilieus, die an Haupt- bzw. Mittelschulen

> »außerordentlich schädliche Auswirkungen auf die Leistungsentwicklung von Jugendlichen haben. [...] Die Kumulation von Kompositions- und Institutionseffekten führt zu einer schwer zurechtfertigenden strukturellen Benachteiligung einer quantitativ nicht zu vernachlässigenden Gruppe« (Baumert et al. 2006, S. 171).

Entsprechende Kumulationseffekte und strukturelle Benachteiligung treffen in gleichem, wenn nicht größerem Ausmaß auf die Förderschule zu. Auch Förderschülerinnen und -schüler, vor allem im Schwerpunkt Lernen, stammen zwischen 80 und 90 % aus unterprivilegierten und bildungsfernen Milieus (vgl. Wocken & Gröhlich 2009; Koch 2007; Kölm et al. 2017; Müller et al. 2017). Ihre Kumulation in der Förderschule trägt ebenfalls zu massiv beeinträchtigenden Lern- und Entwicklungsniveaus bei.

Im Unterschied zu gegliederten Schulformen, die auf vermeintliche Homogenisierung der Schülerschaft setzen, dominieren in der inklusiven Schule der Habitus des Bildungsstrebens und der Bildungsexzellenz. Die Kumulation von Zusammensetzung und Schulform kann hier keine »schädliche[n] Auswirkungen auf die Leistungsentwicklung« (Baumert et al. 2006, S. 171) haben. Dass eine inklusive Schule zur Verringerung absoluter Bildungsarmut beitragen kann, lassen auch Ergebnisse zahlreicher Studien, vor allem zur Gruppe der Kinder und Jugendlichen mit Förderbedarf im Lernen vermuten (vgl. Bless 2017).

Hier stellt sich den Lehrkräften die Aufgabe, mit der großen Heterogenität angesichts des Aufeinandertreffens ganz unterschiedlicher Habitus, etwa der Bildungsfremdheit und der Bildungsexzellenz, umzugehen. Lehrkräfte sollten sich über die habituellen Differenzen der Lernenden im Klaren sein und Wissen über deren Erfahrungen in verschiedenen Milieus haben. In der inklusiven Lehrerinnen- und Lehrerbildung ist es wichtig, Erkenntnisse über unterprivilegierte Milieus und negative Folgen von mangelnden ökonomischen, kulturellen und sozialen Ressourcen zu vermitteln sowie über privilegiertere Milieus mit einem Überangebot an Ressourcen und deren Folgen.

Interaktion und Kommunikation dieser Schülerinnen- und Schülergruppen sind keine Selbstläufer im inklusiven Unterricht, sondern müssen kontinuierlich und mit der erforderlichen Habitussensibilität der Lehrkräfte pädagogisch begleitet werden. Dabei zielt Bildung im Blick auf die aus Armutslagen stammenden Schülerinnen und Schüler mit dem Habitus der Bildungsfremdheit und Bildungsnotwendigkeit darauf ab, sie »nicht [zu] bemitleiden, nicht aus[zu]lachen, nicht [zu] verabscheuen, sondern [zu] verstehen« (Bourdieu 1997, S. 13). Nicht zuletzt sollten sich Lehrkräfte aus privilegierten Milieus über ihre eigenen habituellen Orientierungen bewusst sein, die Elemente von Voreingenommenheit, Distinktion und Unverständnis gegenüber dem »Elend der Welt« (Bourdieu 1997) enthalten können (vgl. Benkmann 2020).

Literatur

Allmendinger, J. & Leibfried, S. (2003): Aus Politik und Zeitgeschichte 53, B21–22, 12–18.

Baumert, J., Köller, O. Neumann, M. & Maaz, K. (2017): Kompetenzarmut im mehr- und zweigliedrigen Schulsystem. In: M. Neumann, M. Becker, J. Baumert, K. Maaz & O. Köller (Hrsg.), Zweigliedrigkeit im deutschen Schulsystem. Potenziale und Herausforderungen in Berlin (189–226). Münster: Waxmann.

Baumert, J. & Kunter, M. (2011): Das Kompetenzmodell von COAKTIV. In: M. Kunter, J. Baumert, W. Blum, U. Klusmann, S. Krauss & M. Neubrand (Hrsg.), Professionelle Kompetenz von Lehrkräften. Ergebnisse des Forschungsprogramms COAKTIV (29–53). Münster: Waxmann.

Baumert, J., Maaz, K., Neumann, M., Becker, M. & Dumont, H. (2017): Die Berliner Schulstrukturreform: Hintergründe; Zielstellungen und theoretischer Rahmen. In: M. Neumann, M. Becker, J. Baumert, K. Maaz & O. Köller (Hrsg.), Zweigliedrigkeit im deutschen Schulsystem. Potenziale und Herausforderungen in Berlin (9–38). Münster: Waxmann.

Baumert, J., Stanat, P. & Watermann, R. (2006): Schulstruktur und die Entstehung differenzieller Lern- und Entwicklungsmilieus. In: Herkunftsbedingte Disparitäten im Bildungswesen. Vertiefende Analysen im Rahmen von PISA 2000 (95–188). Wiesbaden: VS Verlag.

Benkmann, R. (2020). Differenz von Lehrerhabitus und Schülerhabitus der Bildungsfremdheit und Bildungsnotwendigkeit. VHN[plus], 89. Online verfügbar unter: http://dx.doi.org/10.2378/vhn2020.art08d, Zugriff am 09.11.2020.

Bless, G. (2017): Integrationsforschung: Entwurf einer Wissenskarte. Zeitschrift für Heilpädagogik, 68 (5), 216–227.

Blum, W., Roppelt, A. & Müller, M. (2019): Kompetenzstufenmodelle für das Fach Mathematik. In: P. Stanat, S. Schipolowski, N. Mahler, S. Weirich & S. Henschel (Hrsg.), IQB-Bildungstrend 2018. Mathematische und naturwissenschaftliche Kompetenzen am Ende der Sekundarstufe I im zweiten Ländervergleich (60–71). Münster: Waxmann.

Bourdieu, P. (1997): An den Leser. In: P. Bourdieu et al. (Hrsg.), Das Elend der Welt. Zeugnisse und Diagnosen alltäglichen Leidens an der Gesellschaft (13–14). Konstanz: UVK.

Bourdieu, P. (2015): Die verborgenen Mechanismen der Macht. Hamburg: VSA-Verlag.

Bourdieu, P. & Passeron, J.-C. (1973): Grundlagen einer Theorie der symbolischen Gewalt. Frankfurt a. M.: Suhrkamp.

Bremerich-Vos, A., Böhme, K. Krelle, M. Weirich, S. & Köller, O. (2017): Kompetenzstufen-Modelle im Fach Deutsch. In: Stanat, P., Schipolowski, S., Rjosk, C., Weirich, S. & Haag, N. (Hrsg.), IQB-Bildungstrend 2016. Kompetenzen in den Fächern Deutsch und Mathematik am Ende der 4. Jahrgangsstufe im zweiten Ländervergleich (53–70). Münster: Waxmann.

Butterwegge, C. (2019): Bildung – ein probates Mittel zur Bekämpfung von (Kinder-)Armut in Deutschland? Was getan werden muss, damit sich die Kluft zwischen Arm und Reich wieder schließt. In: G. Quenzel & K. Hurrelmann (Hrsg.), Handbuch Bildungsarmut (743–767). Wiesbaden: VS Verlag.

Heimlich, U. (2009): Lernschwierigkeiten. Bad Heilbrunn: Klinkhardt.

Heimlich, U. & Schmid, C. A. (2018): Zwischen Nachhilfeklassen und inklusiven Schulen – Schulorganisatorische Aspekte der Inklusion bei gravierenden Lernschwierigkeiten. In: R. Benkmann & U. Heimlich (Hrsg.), Inklusion im Förderschwerpunkt Lernen (14–65). Stuttgart: Kohlhammer.

HRK & KMK – Hochschulrektorenkonferenz und Kultusministerkonferenz (2015) (Hrsg.): Lehrerbildung für eine Schule der Vielfalt. Gemeinsame Empfehlung von Hochschulrektorenkonferenz und Kultusministerkonferenz. Beschluss vom 12.03.2015. Bonn: o. V.

Kauertz, A. Fischer, H. E. & Jansen, M. (2019): Kompetenzstufenmodelle im Fach Physik. In: P. Stanat, S. Schipolowski, N. Mahler, S. Weirich & S. Henschel (Hrsg.), IQB-Bildungstrend 2018. Mathematische und naturwissenschaftliche Kompetenzen am Ende der Sekundarstufe I im zweiten Ländervergleich (90–98). Münster: Waxmann.

Kultusministerkonferenz (2020). Dokumentation Nr. 223 – Februar 2020. Sonderpädagogische Förderung in Schulen 2009 bis 2018. Berlin. Online verfügbar unter: https://www.kmk.org/dokumentation-statistik/statistik/schulstatistik/sonderpaedagogische-foerderung-an-schulen.html, Zugriff am 24.09.2020.

Koch, K. (2007): Armut und soziale Benachteiligung. In: S. Ellinger, K. Koch & J. Schroeder (Hrsg.), Risikokinder in der Ganztagsschule. Ein Praxisbuch (102–115). Stuttgart: Kohlhammer.

Kölm, J. Gresch, C. & Haag, N. (2017): Hintergrundmerkmale von Schülerinnen und Schülern mit sonderpädagogischem Förderbedarf an Förderschulen und an allgemeinen Schulen. In: Stanat, P., Schipolowski, S., Rjosk, C., Weirich, S. & Haag, N. (Hrsg.), IQB-Bildungstrend 2016. Kompetenzen in den Fächern Deutsch und Mathematik am Ende der 4. Jahrgangsstufe im zweiten Ländervergleich (291–301). Münster: Waxmann.

Kölm, J. & Mahler, N. (2019): Kompetenzstufenbesetzungen im Ländervergleich. In: P. Stanat, S. Schipolowski, N. Mahler, S. Weirich & S. Henschel (Hrsg.), IQB-Bildungstrend 2018. Mathematische und naturwissenschaftliche Kompetenzen am Ende der Sekundarstufe I im zweiten Ländervergleich (157–168). Münster: Waxmann.

Kohrt, P., Haag, N & Stanat, P. (2017): Kompetenzstufenbesetzungen im Fach Mathematik. In: P. Stanat, S. Schipolowski, C. Rjosk, S. Weirich & N. Haag (Hrsg.), IQB-Bildungstrend 2016. Kompetenzen in den Fächern Deutsch und Mathematik am Ende der 4. Jahrgangsstufe im zweiten Ländervergleich (140–152). Münster: Waxmann.

Kramer, R.-T. & Helsper, W. (2010): Kulturelle Passung und Bildungsungleichheit – Potentiale einer an Bourdieu orientierten Analyse der Bildungsungleichheit. In: H.-H. Krüger, U. Rabe-Kleberg, R.-T. Kramer & J. Budde (Hrsg.), Bildungsungleichheit revisited. Bildung und soziale Ungleichheit vom Kindergarten bis zur Hochschule (103–125). Wiesbaden: Verlag für Sozialwissenschaften.

Mahler, N., Schipolowski, S. & Weirich, S. (2019): Anlage, Durchführung und Auswertung des IQB-Bildungstrends 2018. In: P. Stanat, S. Schipolowski, N. Mahler, S. Weirich, S. Henschel, (Hrsg.), IQB-Bildungstrend 2018. Mathematische und naturwissenschaftliche Kompetenzen am Ende der Sekundarstufe I im zweiten Ländervergleich (99–130). Münster: Waxmann.

Müller, K., Prenzel, M., Sälzer, C., Mang, J., Heine, J., Gebhardt, M. (2017): Wie schneiden Schülerinnen und Schüler an Förderschulen bei PISA ab? Analysen aus der PISA 2012-Zusatzerhebung zu Jugendlichen mit sonderpädagogischem Förderbedarf. Unterrichtswissenschaft 45 (2), 175–192.

Neumann, M., Becker, M. Baumert, J., Maaz, K., Köller, O. & Jansen, M. (2017): Das zweigliedrige Berliner Sekundarschulsystem auf dem Prüfstand: Ein Zwischenresümee. In: M. Neumann, M. Becker, J. Baumert, K. Maaz & O. Köller (Hrsg.), Zweigliedrigkeit im deutschen Schulsystem. Potenziale und Herausforderungen in Berlin (469–501). Münster: Waxmann.

Neuweg, G. H. (2005): Emergenzbedingungen pädagogischer Könnerschaft. In: H. Heid & C. Christian (Hrsg.), Verwertbarkeit. Ein Qualitätskriterium (erziehungs-)wissenschaftlichen Wissens? (205–228). Wiesbaden: VS Verlag.

OECD (2018): PISA 2018 Technical Report, Chapter 04, Sample Design. Paris: OECD Publishing.

OECD (2019): PISA 2018 Ergebnisse (Bd. I): Was Schülerinnen und Schüler wissen und können. Paris: OECD Publishing.

Reiss, K., Ropplet, A. Haag, N., Pant, H. A. & Köller, O. (2017): Kompetenzstufenmodelle im Fach Mathematik. In: P. Stanat, S. Schipolowski, C. Rjosk, S. Weirich & N. Haag (Hrsg.), IQB-Bildungstrend 2016. Kompetenzen in den Fächern Deutsch und Mathematik am Ende der 4. Jahrgangsstufe im zweiten Ländervergleich (71–82). Münster: Waxmann.

Rockmann, U., Leerhoff, H. Nauenburg, R. & Lohauß, P. (2019): Daten der amtlichen Statistik zur Bildungsarmut. In: G. Quenzel & K. Hurrelmann (Hrsg.), Handbuch Bildungsarmut (315–339). Wiesbaden: VS Verlag.

Statistisches Bundesamt (2020). Armutsgefährdungsquote in Deutschland nach Bundesländern im Jahr 2019. Online verfügbar unter: https://de.statista.com/statistik/daten/studie/164203/umfrage/armutsgefaehrdungsquoten-in-den-bundeslaendern/, Zugriff am 18.09. 2020.

Weirich, S., Becker, B. & Holtmann, M. (2019): Kompetenzstufenbesetzungen in den naturwissenschaftlichen Fächern. In: P. Stanat, S. Schipolowski, N. Mahler, N., S. Weirich & S. Henschel (Hrsg.), IQB-Bildungstrend 2018. Mathematische und naturwissenschaftliche Kompetenzen am Ende der Sekundarstufe I im zweiten Ländervergleich (169–198). Münster: Waxmann.

Weirich, S., Wittich, J. & Stanat, P. (2017): Kompetenzstufenbesetzungen im Ländervergleich. Kompetenzstufenbesetzungen im Fach Deutsch. In: P. Stanat, S. Schipolowski, C. Rjosk, S. Weirich & N. Haag (Hrsg.), IQB-Bildungstrend 2016. Kompetenzen in den Fächern Deutsch und Mathematik am Ende der 4. Jahrgangsstufe im zweiten Ländervergleich (129–139). Münster: Waxmann.

Wocken, H. & Gröhlich, C. (2009): Kompetenzen von Schülerinnen und Schülern an Hamburger Förderschulen. In: W. Bos & M. Bonsen (Hrsg.), KESS 7: Kompetenzen und Einstellungen von Schülerinnen und Schülern der Jahrgangsstufe 7 (133–142). Münster: Waxmann.

9 Qualifikation für inklusive Regionen

Iris Beck

9.1 Perspektiven auf die Region

Anders als die in der Soziologie angestammten Begriffe Gemeinde und sozialer Raum hat der Begriff Region keine eindeutige Verortung in einer wissenschaftlichen Disziplin, sondern »spielt in unterschiedlichen fachlichen Kontexten (z. B. Geographie, Geologie, Humanwissenschaften, Politik, Verwaltung, Ökonomie, Justiz) eine Rolle« (Weber 2014, o. S.). Im alltäglichen Gebrauch stellt er nach Weber in erster Linie eine »räumliche Ordnungs- und Orientierungskategorie« (ebd.) dar, die »Teil eines größeren geographisch beschriebenen Raums« (ebd.) sei. Sie kann nach ganz unterschiedlichen Kriterien definiert werden und entsprechend auf »geschichtlichen, kulturellen, sozialen, naturräumlichen, wirtschaftlichen, rechtlichen, politischen oder auch auf Verwaltungsentscheidungen [...] beruhen« (ebd.). Gemeinsame historische, kulturelle, landschaftliche Bedingungen können also die Bewohnerinnen und Bewohner einer Region ebenso verbinden wie Wirtschaftsbeziehungen. Regionen können damit auch Grenzen von Verwaltungsterritorien wie Kommunen, Landkreisen, Ländern überschreiten. Dass der Begriff »multidimensional und multidisziplinär aufgespannt« (Kratz et al. 2016, S. 13) ist, erschwert die Übertragung in die Praxis, insbesondere, wenn man ihn eben nicht territorial, sondern als »mentales und soziales Konstrukt« (ebd.) verstehe. Gesellschaftlich wird auf Regionen in den letzten Jahren immer mehr Bezug genommen. Weber sieht hierin »eine zur Europäisierung und Globalisierung gegenläufige Tendenz« (Weber 2014, o. S.). Dabei kann es gleichermaßen um wirtschaftliche wie um kulturelle oder historische Bedeutungen gehen, die gestärkt bzw. hervorgehoben werden. Die Perspektiven und die Motive der Bezugnahme auf Region können also ganz unterschiedlich sein, auch dann, wenn man unter Region einzig ein räumlich abgegrenztes Gebiet versteht.

Diese Mehrperspektivität auf ein territoriales Gebiet mit seinen räumlichen Strukturen sowie auf soziale oder kulturelle Praxen kennzeichnet auch die Begriffe Sozialer Raum und Gemeinde: *Allmende/Gemeine* wurde ursprünglich ein ungeteiltes Gebiet genannt, die *Gemein(d)er* waren eine »soziale Einheit auf einem bestimmten Boden« (König 1958, S. 19). Die Gemeinschaft, so verstanden, war eine Gruppe von Teilhaberinnen und Teilhabern dieses Gebiets, die hier quasi rechtlich gesichert lebte. Entsprechend können davon die in der Teilhabe beschränkten oder davon ausgeschlossenen Personen oder Gruppen unterschieden werden. Gemeinde kann eine politische Verwaltungseinheit sein, ebenso wie der soziale Raum, wenn man ihn z. B. als Stadtteil begreift. Für die Auffassung der Soziologie, dass der Raum mehr als nur materielles Gebiet ist, steht Elias exemplarisch: Für ihn stellt der Raum den »Niederschlag einer sozialen Einheit – von Gruppen – im Raume« (Elias 1983, S. 70) dar. Die menschliche Raumgestaltung sei eine »handgreifliche, eine – im wörtlichen Sinne – sichtbare Repräsentation unserer Eigenart« (ebd.), unserer Lebensweise und sie repräsentiere damit auch Machtpositionen. Für König wiederum stellt die Gemeinde einen spezifischen Typus von Gesellschaft dar, der anderen soziologischen Kategorien wie »Familie, Nachbarschaft, Beruf« (König 1958, S. 28) übergeordnet ist, weil sie alle Formen und Funktionen sozialen Lebens einschließt. »Man könnte [...] sagen, dass die Gemeinde jener Ort ist, an dem die Gesellschaft als höchst komplexes Phänomen unmittelbar anschaulich wird, während ausnahmslos alle weiteren Erscheinungsformen der Gesellschaft sehr schnell abstrakt werden« (ebd., S. 9).

Das Bildungs- oder das Wirtschaftssystem sind weit von der Alltagserfahrung entfernt; konkret erfahrbar sind der Schulbesuch, die Ausbildung und Beschäftigung in einem Betrieb, die Infrastruktur vor Ort. Die strukturellen, durch Kommunikation und Interaktion entstehenden sozialen Phänomene und ihr Zusammenwirken beinhalten dabei immer Spannungsfelder: Es geht um Integration und Segregation, Ordnung und Kontrolle, Machtpositionen und Statusungleichheiten, Konflikte und Spannungen. Gemeinschaft als Ort der sozialen Verbundenheit muss davon unterschieden werden, und weder König noch Elias zeichnen ein romantisches Bild des Lebens in der Gemeinschaft der Gemeinde bzw. des geteilten sozialen Raums. Dass in den Auseinandersetzungen um Inklusion alle drei Begriffe eine Rolle spielen und gerade Region (inklusive Regionen) eine starke Bedeutung zukommt, ist meines Erachtens genau dem Umstand geschuldet, dass es um die Vermittlungsebene zwischen Menschen und dem System Gesellschaft geht, um Organisationen und Institutionen auf der einen und die vielfältigen Kreise sozialer Beziehungen und des öffentlichen Lebens auf der anderen Seite, in denen sich die Lebensführung vollzieht.

Inklusion und auch Partizipation realisieren sich in den Feinstrukturen sozialräumlicher Bedingungen, über den konkreten Einbezug und die konkrete Beteiligung. Hierin liegt auch ein Grund, warum mit Gemeinde, Region und sozialem Raum häufig Vorstellungen und vor allem Erfahrungen von Verortung, Verbundenheit und Zugehörigkeit oder eben gerade des Gegenteils einhergehen.

Die relationale, also Raum als soziale Praxis begreifende Perspektive beinhaltet immer auch die Frage nach der Positionierung im sozialen Gefüge, nach Macht und nach Konflikten, nach der Herstellung von Öffentlichkeit und der politischen Willensbildung (vgl. Richter 2011) und danach, wo und wie Interessen entfaltet und sichtbar gemacht werden können und wo und wie divergierende Interessen aufeinandertreffen und ausgehandelt werden. All die genannten Perspektiven und Kennzeichnungen treffen auf alle drei Begriffe zu, wobei Region möglicherweise der unschärfste ist, weil er weder klar territorial noch disziplinär bestimmt werden kann.

9.2 Region und Inklusion

Inklusion im soziologischen Verständnis bezeichnet nach Luhmann (1995) den Zutritt zu Organisationen gesellschaftlicher Teilsysteme, wenn die Lebensführung die Inanspruchnahme ihrer Funktionen nötig macht. Dieser Vorgang unterscheidet sich von einem rein formalen rechtlichen Anspruch, z. B. auf Schulbesuch. Gerade weil auf der gesamtgesellschaftlichen Ebene z. B. die Schulpflicht für alle Kinder gilt, stellt sich die Frage, wie sich die tatsächliche Inklusion auf der meso- und mikrostrukturellen Ebene zwischen Personen, Organisationen und Institutionen gestaltet und welche Formen und Stufen sie annimmt. Nassehi (2002) stellt in diesem Zusammenhang heraus, dass für Organisationen per se erst einmal Exklusion kennzeichnend ist, denn man muss ja explizit von einer Organisation als Mitglied, Kundin oder Kunde, Schülerin oder Schüler etc. aufgenommen, also von ihr kommunikativ adressiert werden. Diesem Verständnis folgend sind mit Inklusion komplexe Prozesse der Übernahme vielfältiger Rollen in funktional ausdifferenzierten Gesellschaften gemeint, die auch konflikthaft verlaufen können, da es um Zugänge zu Ressourcen geht und die Lebenschancen heute sehr stark von den Mitgliedschaften, ganz zentral im Bildungs- und Beschäftigungssystem, abhängen.

Die Hintergründe und Anlässe der Inklusionspolitik der UNO wiederum, die mit der *Education for All-Initiative* der UNESCO von 1990 (UNESCO 1990) und der *Salamanca-Erklärung* von 1994 (UNESCO 1994) begann, bilden ebenfalls Konflikte: Kriege, politische Unfreiheit, wirtschaftliche Not und soziale Ungleichheit, die zu prekären Lebenslagen führen oder diese verstärken. Sie betreffen den Einzelnen und die Einzelne sowie die Weltgesellschaft. In diesem Zusammenhang weisen die UN der Bildung und Erziehung zwei Schlüsselfunktionen zu: Die erste betrifft die Chancen auf Arbeit, Einkommen und eine eigenständige Lebensführung, die zweite das Zusammenleben und die Konfliktbewältigung in und zwischen Gruppen und ganzen Gesellschaften durch demokratisches Handeln. Die Stellschrauben dafür sind zum einen das Recht auf Bildung und Erziehung über die Lebensspanne hinweg und zum anderen die Anti-Diskriminierung. Die *Salamanca-Erklärung* war das erste UN-Dokument, in dem beides zusammengebracht und vor allem Behinderung explizit und gleichberechtigt in einer Reihe mit anderen Kategorien genannt wurde, die den Zugang zu Bildung erschweren oder verunmöglichen können wie Geschlecht oder ethnische Herkunft. Zum ersten Mal wurde hier auch explizit von der Zuständigkeit der Regelsysteme und ihrer Veränderung gesprochen. Inklusion erfordert somit einen grundlegenden Wandel des gesamten Bildungssystems, seiner rechtlichen und strukturellen Rahmenbedingungen sowie der pädagogischen Konzeptionen und Handlungsprozesse. Diese systemische Perspektive wird im Bildungsbericht 2014 als Charakteristikum der Inklusion gesehen es wird und betont, dass es dabei einerseits um Bildungseinrichtungen gehe und andererseits zugleich »nach der größtmöglichen Umsetzung von sozialer Partizipation innerhalb und außerhalb von institutionellen Bildungssettings« (Autorengruppe Bildungsberichterstattung 2014, S. 158) gefragt werden müsse. Der Inklusionsauftrag richtet sich also an alle Orte und Felder von Bildung und Erziehung, aber gleichzeitig geht er bereits hierin notwendigerweise über sie hinaus. Bereits in der *Salamanca-Erklärung* (UNESCO 1994) wurden Fragen von Bildung und Erziehung sowohl institutions- und lebensphasenübergreifend als auch im Rahmen einer Betrachtung von Lebenslagen und Zugangschancen zu Lebensbereichen insgesamt thematisiert. Dabei nimmt die Rolle des Gemeinwesens (*Community*) einen prominenten Stellenwert ein, oder, mit Thimm gesagt:

> »Die individuenbezogene Perspektive bedarf dringend [...] der Ergänzung durch eine sozial-räumliche Perspektive. Die Feststellung von individuellen Hilfen zur Integration und Partizipation [...] und deren Legitimation laufen ins Leere, wenn nicht gleichzeitig die Gestaltung der Infrastruktur der sozialen Räume, in denen Partizipation und Integration verwirklicht werden müssen, in Angriff genommen wird« (Thimm 2005, S. 327).

Damit werden aber bereits drei unterschiedliche Perspektiven auf den Raum thematisiert: auf Orte der Bildung (*Settings*), auf das Gemeinwesen und auf soziale (Nah-)Räume. Das Problem der Überschneidung der Begriffe, wenn man nicht strikt bei administrativen Einheiten bleibt, deutet sich hier also bereits im territorialen Sinn an. Was die praktische Realisierung betrifft, kann kein Zweifel daran bestehen, dass eine raumbezogene Perspektive unabdingbar ist und sich Inklusion nicht nur, aber wesentlich erst über Strukturen und Handlungsprozesse vor Ort realisiert. Zunächst völlig unabhängig davon, welchen Raumbegriff man anlegt, zeigen sich hier deutliche Bruchstellen und auch Stagnationstendenzen, und zwar nicht nur, was die Inklusion innerhalb von Bildungseinrichtungen, sondern auch, was die Eröffnung gleichberechtigter Zugänge zum Leben im Gemeinwesen oder in der Region generell betrifft. Betrachtet man z. B. die schulischen Inklusionsquoten im zeitlichen Verlauf anhand der Statistik der Kultusministerkonferenz (KMK 2020), zeigen sich anhaltende spezifische Unterschiede in den Chancen auf ein inklusives Beschulungsangebot, und zwar sowohl in Abhängigkeit des Bundeslands als auch des Förderschwerpunkts und diese Unterschiede zeigen sich dann weiter bis auf die regionale Ebene. Dietze (2011) hat die Förderschulbesuchsquote für alle Kreise und kreisfreien Städte in Deutschland analysiert und zeigt auf, dass die Unterschiede zwischen Kreisen und kreisfreien Städten noch einmal größer als die länderspezifischen Disparitäten sind: »Zum einen gibt es massive Unterschiede bei den Förderschulbesuchsquoten zwischen den Kreisen in Ost- und Westdeutschland. Auf der anderen Seite sind die Förderschulbesuchsquoten zwischen den Kreisen auch innerhalb eines einzelnen Bundeslandes z. T. unterschiedlich hoch« (Dietze 2011, o. S.), wobei beachtet werden muss, »dass nicht alle Landkreise alle Förderschulformen anbieten« (ebd.). Zudem nimmt mit jeder Stufe – von der Kita in die Grundschule, von der Grundschule in die Sekundarstufe I und dann II – die Inklusionswahrscheinlichkeit insgesamt ab. Insbesondere für die schwerer beeinträchtigten Kinder und Jugendlichen zeichnet sich eine Verfestigung der Sonderwege ab.

Betrachtet man den Bereich der non-formalen und informellen Bildung am Beispiel der Offenen Kinder- und Jugendarbeit, so ist zwar bundesweit über den Ausbau inklusiver Angebote nichts bekannt. Eine von Meyer (2016) erstellte Expertise zur Inklusion von Kindern und Jugendlichen mit Beeinträchtigungen in die Kinder- und Jugendarbeit zeichnet aber zumindest für Baden-Württemberg ein hoch aussagekräftiges Bild, weil sie auf der Auswertung von 570 Fragebögen beruht, von denen 69 % von Angeboten auf der örtlichen Ebene beantwortet wurden. Es zeigt sich hier, dass zwar sehr viele Angebote angeben, Inklusion umzusetzen bzw. Besucherinnen und Besucher mit Beeinträchtigung zu haben. Aber ca. ein Viertel, bis ein Drittel der untersuchten Angebote vor Ort haben überhaupt keine Erfahrung mit beeinträchtigten Kindern und Jugendlichen (vgl. Meyer 2016). Ein großer Teil der Kinder und Jugendlichen mit Beeinträchtigung, die die Angebote besuchen, wird zudem als lernbeeinträchtigt bezeichnet, während Kinder mit körperlichen, Sinnes- oder geistigen Beeinträchtigungen deutlich weniger in den Angeboten vertreten sind (vgl. ebd.).

Dass darüber hinaus nicht nur der Zugang zu inklusiven, sondern auch zu besonderen Bildungs- und Erziehungsangeboten am Wohnort scheitern kann, hat häufig mit spezifischen Versorgungslücken bzw. fehlender Bedarfsgerechtigkeit zu tun. Ein zentrales Problem stellt z. B. die medizinische und therapeutische Versorgung insbesondere von Kindern, Jugendlichen und Erwachsenen mit geistigen und mit schweren körperlichen Beeinträchtigungen dar, auf die das Gesundheitswesen, angefangen von Arztpraxen über Therapieangebote bis zur Krankenhausversorgung, so gut wie nicht eingerichtet ist (vgl. Bundesvereinigung Lebenshilfe 2020). In manchen Fällen kann es deshalb dazu kommen, dass ein Umzug in eine überregionale spezialisierte Sondereinrichtung erfolgen muss. Der zweite Teilhabebericht (BMAS 2016) zeigt, dass es insbesondere die Menschen mit einem im Bericht sogenannten hohen Hilfebedarf sind, die noch immer überwiegend in den stationären (jetzt besondere Wohnform genannten) und eben teilweise überregionalen Einrichtungen leben, wodurch das Recht auf die freie Wahl des Aufenthaltsorts im Sinn des Artikels 19 der UN-BRK verletzt wird. Der Teilhabebericht zitiert darüber hinaus die Kritik der Monitoring-Stelle (DIMR 2015) und der BRK-Allianz (2013), »dass es in Deutschland an flächendeckenden Angeboten für Menschen mit Behinderungen im Hinblick auf vielfältige Bereiche des alltäglichen Lebens wie z. B. Wohnen, Beratungsleistungen sowie Assistenzleistungen zur Kommunikation und Mobilität mangele« (BMAS 2016, S. 248). Auch dadurch werde das Recht auf eine freie Wahl des Aufenthaltsorts eingeschränkt.

Die *Salamanca-Erklärung* traf bereits 1994 deutliche Aussagen zur Notwendigkeit einer umfassenden, nie isoliert nur auf eine Institution gerichteten, Inklusionsstrategie und der Etablierung aller für ein Leben vor Ort erforderlichen Unterstützungsangebote. Problem- und auch Bruchstellen sind sonst bereits vorgezeichnet und sie können sich deutlich verengend auf die Handlungsspielräume für die Lebensführung der davon Betroffenen auswirken. Ein Leben vor Ort und zwar auch im Fall des Besuchs einer Förderschule oder des Wohnens in einer besonderen Wohnform, ist nicht ohne sozialräumliche Bedarfsplanung und -sicherung und ohne Kooperation und Vernetzung zu haben. Es geht dabei nicht nur um die Bearbeitung der aufgezeigten Problemstellen, sondern auch um die Erhöhung der Zugangs- und vor allem auch der Wahlmöglichkeiten, wie sie von der UN-BRK gefordert sind. Dies gilt besonders an den Übergängen im Lebenslauf, es gilt aber auch im horizontalen Gefüge einer Lebenssituation. Am Beispiel des Arbeitslebens und des Übergangs von der Schule in die Ausbildung hebt z. B. der Deutsche Verein in seinen Empfehlungen zur selbstbestimmten Teilhabe am Arbeitsleben die große Bedeutung einer »engen Kooperation aller am Übergangsprozess Schule – Beruf beteiligten Akteure« (DV 2020, S. 8) und »eine Zusammenarbeit in regionalen Netzwerken« (ebd.) hervor. Zur Überwindung der aktuellen Schnittstellenprobleme müsse auf kommunaler Ebene »eine Zusammenführung der vielfältigen Leistungen im Rahmen der allgemeinen und beruflichen Bildung, der Jugendhilfe und der Arbeitsförderung im Zusammenwirken mit der lokalen Wirtschaft und zivilgesellschaftlichen Angeboten« (ebd.) erreicht werden. Zentral dafür sei der »Auf- und Ausbau und die Weiterentwicklung eines kommunalen Managements am Übergang von der Schule in den Beruf« (ebd.), das »über einen formalen Informationsaustausch und eine situationsbezogene Kooperation« (ebd.) hinausgehe und auf einen »zielgerichteten Arbeitsprozess aller beteiligten Institutionen und Akteure« (ebd.) gerichtet sei. Neben der Bedarfsplanung, der Kooperation und Vernetzung geht es um Zugänglichkeit, also Barrierefreiheit oder -armut in Bezug auf funktionale ebenso wie auf soziale, einstellungsbedingte Barrieren; es geht des Weiteren insbesondere auch um die Frage der Interessensvertretung, der politischen Partizipation, der demokratischen Willensbildung und Konfliktbearbeitung. Damit sind aber schon ganz unterschiedliche Handlungsebenen, Akteure und Perspektiven angesprochen. Es geht aber auch um die Sichtweise des einzelnen Menschen, der vor Ort lebt und seinen Ort erlebt, der seine je eigenen Bezüge zum Raum im biographischen, sozialen, kulturellen, geographischen Sinn hat.

Das Problem, das nun an dieser Stelle deutlich wird, ist also ein mehrfaches: Zum einen ist in Auseinandersetzungen um den Raum und hinsichtlich der konkreten Ansätze der Gestaltung des Raumes der Inklusion teils von Kommunen (z. B. Montag-Stiftung 2018), also von Verwaltungseinheiten, teils von Region (vgl. Kratz et al. 2016), teils, wie im obigen Zitat, von beidem, teils vom Gemeinwesen (vgl. Beck 2016a), aber auch vom Sozialraum oder Nahraum die Rede, und das auch in rein planungsbezogenen Zusammenhängen. Zum anderen geht es grundsätzlich und zwingend immer um Fragen der Überwindung von Schnittstellen, um Bedarfslagen, um die Eröffnung von Zugängen; damit sind ganz unterschiedliche professionelle Perspektiven und auch Interessen der Gestaltung des Raumes angesprochen. Und schließlich geht es um unterschiedliche Handlungsebenen (vgl. Beck 2016b), wie dies z. B. die Montag-Stiftung in ihrem »Erfahrungshandbuch aus der kommunalen Praxis« an der Kommune verdeutlicht: Hier werden die Ebene des Individuums und der informellen Beziehungen, die Ebene der einzelnen öffentlichen Organisation, dann die Vernetzungsebene und letztlich die Ebene der Kommune als Ganzes und darüber hinaus unterschieden (vgl. Montag-Stiftung 2018). Dabei variieren aber die vorgestellten Praxisbeispiele hochgradig nach territorialer Reichweite (vom Quartier bis zum Landkreis), nach Art und Umfang der einbezogenen Organisation (von einer einzelnen öffentlichen Einrichtung über einen Verband bis zum Gesamtprozess in einer Kommune) und nach Zielsetzung (von der interkulturellen Öffnung einer Bibliothek, der Schaffung eines Bildungscampus für alle Generationen bis zum Aktionsplan zur Umsetzung der UN-BRK, bezogen auf das Thema Behinderung, in einem Landkreis).

9.3 Die Frage der Qualifikation für inklusive Regionen

Bereits 2002 legten Thimm und Wachtel in ihrer Untersuchung zur Unterstützung und Weiterentwicklung regionaler Hilfesysteme für Familien mit behinderten Kindern, ausgehend von den wichtigsten Elementen einer für sie bedarfsgerechten Unterstützung, ein Modell für das Zusammenwirken der unterschiedlichen Politikbereiche in Städten und Landkreisen vor. Sie zielten dabei auf die Selbstverwaltungskörperschaften Stadt, Gemeinde und Landkreis. Konkret zu beteiligen sind diesem Modell nach mindestens die Kinder- und Jugendhilfeplanung, die Schulentwicklungsplanung und die Gesundheitsplanung unter Berücksichtigung der Potentiale für freiwilliges Engagement und unter Wahrnehmung einer Planung für Menschen mit Beeinträchtigung, auch wenn Städte, Gemeinden und Landkreise nicht für alle Belange von Menschen mit Beeinträchtigung zuständig sind. Diese Trennung der Zuständigkeiten entspricht nicht den Bedarfslagen der Erwachsenen mit Beeinträchtigung und der Familien mit beeinträchtigten Kindern und Jugendlichen und sie steht der Kooperation im Weg. Thimm und Wachtel setzten an der politischen Dimension der Region bzw. von Verwaltungseinheiten an, bezogen aber weitere Perspektiven ein. Ausgehend vom Gedanken, dass sich die Lebenslagen der Familien und die Ausgangslagen, was die Angebotsstrukturen betrifft, regional sehr unterschiedlich darstellen, forderten sie neben der politischen eine soziodemographische und eine sozialkulturelle Perspektive auf Regionen anzulegen und ein Gesamtbild der sozialen Lagen (wie z. B. Altersstruktur, Arbeitslosenraten, Anzahl von Bedarfsgemeinschaften nach SGB XII usw.), der Milieus und vorherrschenden Wertemuster ebenso einzubeziehen wie die Versorgungslage (z. B. Kita-Plätze oder therapeutische Angebote). Dadurch erhofften sich die Autoren, dass die Lage der Menschen mit Beeinträchtigung in den Gesamtrahmen der Lebensführung in einer Region und auch bestehender Problemlagen eingeordnet, Überschneidungen, aber auch Potentiale ebenso wie Defizite sichtbar gemacht und somit Ansatzpunkte für eine übergreifende Planung und Kooperation geschaffen werden können. Behinderung wäre auf diese Weise nicht ein Randthema, das gesondert und gleichsam gegen oder getrennt von anderen Bereichen eingebracht wird, sondern ein Fokus, der sich als Querschnitt-Thema durch alle Bereiche zieht. Schnittstellen und Überschneidungen zwischen Bedarfslagen und Zuständigkeiten können dabei sichtbar gemacht werden. Sie zeichneten damit zugleich Ansatzpunkte dessen vor, was heute im Rahmen sogenannter regionaler oder kommunaler Teilhabepläne umzusetzen versucht wird (vgl. exemplarisch hierzu Rohrmann 2016).

Kessl urteilt in Bezug auf die aktuelle Fachdiskussion, dass die Region in Bezug auf Inklusion offensichtlich einen geeigneten »Orientierungsrahmen für ein als modern und zukunftsfähig verstandenes professionelles Handeln« (Kessl 2016, S. 46) bilde, weil hierüber sowohl das Gelingen der »Zusammenarbeit verschiedener Professioneller unterschiedlicher fachlicher Herkunft (Stadtplanung, Gesundheits- oder Sozialwesen etc.)« (ebd.) erhofft werde als auch die Überwindung institutioneller Grenzen. Damit bestätigt er einerseits den oben mit Blick auf die Verbesserung der Lebenslage von Menschen mit Beeinträchtigung entwickelten Standpunkt: Wirksamkeit, Angemessenheit und Vielfalt der Leistungsformen müssen im Verhältnis zu sozialräumlichen Bedarfslagen systematisch erhoben werden, und gleichzeitig bieten Regionen den Rahmen, um einerseits auch die Bedarfslagen relativ kleiner Gruppen mit zu erfassen und andererseits in der Regel nahezu alle Formen und Funktionen der Lebensführung so zu vereinen, dass für alle, und hierunter eben auch spezifische Bedarfslagen, Angebote entwickelt werden können.

Kessl macht aber andererseits in seiner Analyse der Verwendungen des Begriffs der Region in der Inklusionsdebatte gleichzeitig auf mit dieser Sicht verbundene Problematiken aufmerksam, die in engem Zusammenhang mit der Frage der Qualifikation stehen. Zum einen sei dort, wo es um Versorgungsfragen, um Problemlagen und um die teilweise hochgradigen Unterschiede zwischen Gebieten geht, von Region in der Regel als administrativer Einheit die Rede. Aber genau hier wäre zu fragen, welche Handlungsebene damit genau gemeint ist und vor allem, welche Steuerungsverfahren etabliert sind oder tatsächlich greifen (vgl. ebd.). Bessere Steuerung beinhalte für Verwaltung und Fachkräfte das Versprechen auf mehr Handlungssicherheit und vor allem auch, eine gemeinsame Identität herzustellen »von Institutionen (Verwaltungen), deren Vertreterinnen und Vertretern oder Menschen, die im betreffenden Gebiet wohnen« (ebd., S. 47), wobei Kooperation und Kommunikation die wesentliche Rolle zukommt. Durch das Reden über den Raum werde es aber »eher ermöglicht, das Eigene, d. h. die eigene fachliche Position und das eigene Gestaltungsinteresse durchzusetzen« (ebd., S. 50) und zwar gerade, weil sich mit Raumbegriffen, wie dem der Region, ganz unterschiedliche Perspektiven verbänden.

Zudem überschreiten Regionen ja häufig administrative Grenzen. Für Kessl, der die Raumdebatten der Sozialpädagogik intensiv analysiert hat, scheint ihr Kern darin zu liegen, dass es immer um eine Neuordnung »soziale[r] und damit verbundene[r] politischer und professioneller Zusammenhänge« bzw. ihres Verhältnis zueinander geht, z. B. im Rahmen der Sozialraumorientierung der Hilfen zur Erziehung, »im Bildungsdiskurs unter der Rede von der regionalen Bildungslandschaft [...] oder im Gesundheitsbereich unter der Rede von der Gesundheitsförderung in Lebenswelten« (ebd., S. 50). Kessl stellt des Weiteren für die auf Inklusion bezogenen Debatten eine implizite Verwendungsweise fest, die sich aus den »inkludierenden Potentialen nahräumlicher sozialer Zusammenhänge nachbarschaftlicher Solidarität, Hilfe und Unterstützung« (ebd., S. 46) speise.

Diese Verwendung wiederum verknüpft sich einerseits eng mit Vorstellungen einer uneingeschränkt zugänglichen, also barrierefreien Lebenswelt, mit Begegnung und sozialen Bezügen. Region ist dann quasi vor Ort, Gemeinwesen, Nahraum, Nachbarschaft, löst sich damit von einer festen territorialen Bestimmung, wird hierin gleichzeitig hochgradig unbestimmt, weil unklar bleibt, ob nun die Verwaltungseinheiten Gemeinde, Kommune, Landkreis oder Stadtteil den Ansatzpunkt bilden. Andererseits besteht die Gefahr, dass sich die Perspektive möglicherweise auf den rein sozialplanerischen Aspekt verengt, so wichtig er auch ist, und damit sowohl Handlungsebenen aus dem Blick geraten als auch divergierende Perspektiven und auch Konfliktpotentiale. Kessl weist insbesondere auf die

Gefahr hin, eine richtige Region dadurch zu konstruieren, indem man die soziale und die planerische Perspektive quasi ineinander zu verschränken sucht: »in einem Gebiet oder lokalen Nahraum (territoriale Raumschachtel ›Flächenraum‹) liegt genau eine homogene und im Prinzip inkludierende soziale Einheit (soziale Raumschachtel ›Sozialraum‹) und jede soziale Einheit passt genau in einen lokalen Nahraum« (ebd., S. 56). Wird die »eigene Gestaltungsabsicht« (ebd.) aber nicht ausgedrückt, führt dieses Verständnis dazu, dass man »als Akteurin, als Akteur handlungsfähig bleibt und dadurch die Systemlogik weiterträgt« (ebd.), deswegen rückten auch Planungs- und Organisationsfragen ins Zentrum. Die subjektive Deutung und Erschließung des Raums gerieten geraten dadurch ebenso aus dem Fokus wie die Frage sozialer Barrieren oder konfligierender Interessen. Inklusion kann so auch zu einem Bewerkstelligen von vorgeblicher Barrierefreiheit werden, die möglicherweise auch in (neue) Inklusionszwänge oder Exklusionen münden kann.

Inklusive Regionen zu gestalten setzt somit voraus, die Bedingungen von Kooperation, Vernetzung, Organisationsentwicklung ebenso zu klären wie ein Bewusstsein für divergierende Gestaltungs- und Aneignungsinteressen zu schaffen und jeweils daraufhin bezogen die Ebenen in Bezug auf Handlungsansätze und Akteure klarer zu trennen. Dazu gehört auch, Spannungsfelder zu verdeutlichen, die bestehen zwischen

- den individuellen Interessen und lebensweltlichen Erfahrungs- und Aneignungsräumen und den planerischen oder auch pädagogischen und sozialarbeiterischen Interessen und ihren Konstruktionen von sozialen Räumen,
- den Ansprüchen auf Zugänge und Ressourcen unterschiedlicher Gruppen und den sich im sozialen Zusammenhang ergebenden wechselseitigen Verpflichtungen und Einschränkungen,
- den normativen Ansprüchen an Inklusion und der konzeptionellen Umsetzung.

»Möglicherweise ist es sogar eine der wichtigsten Herausforderungen für pädagogische und soziale Berufe, dieses Spannungsverhältnis von Konzept und Praxis auszuhalten« (Heimlich 2019, S. 14). Inklusion müsse vielmehr als Weg, als Prozess verstanden werden, so Heimlich weiter, der von realen Gegebenheiten ausgehen muss. Damit sind nicht nur die zwangsläufig sich ergebenden Bruchstellen im Umsetzungsprozess gemeint, weil Ziele wie Inklusion nie restlos in ihrem Gehalt geklärt werden und sich entsprechend nie alle Schritte zur Realisierung nahtlos oder abschließend angeben lassen. Auch vollziehen sich praktische Umsetzungen immer in Abhängigkeit zahlreicher mitwirkender und nicht immer kontrollierbarer oder technologisch herstellbarer Bedingungen, insbesondere wenn es um Veränderungen im Denken und Handeln von Menschen geht. Von realen Gegebenheiten ausgehen heißt auch, dass sich inklusive Prozesse in einem Spannungsfeld unterschiedlicher Wertvorstellungen und auch rechtlicher Bestimmungen vollzieht, wenn man z. B. an den Auftrag der Schule als Ort der Persönlichkeitsentwicklung ebenso wie der Leistungsförderung denkt. Inklusion bezieht sich, das ist vielfach festgestellt worden, auf alle Menschen; auch damit wird ein Spannungsfeld eröffnet, das oft als das zwischen einem engen und weiten Inklusionsverständnis aufgefasst wird (vgl. Lindmeier 2017). Tatsächlich ist Inklusion ein weites, gesamtgesellschaftliches Thema, bei dem die Ansprüche ganz unterschiedlicher Gruppen miteinander verhandelt werden müssen. Dabei sollte aber eine der wichtigsten Ursachen für die Debatte um Inklusion, nämlich die Verbindlichkeit der UN-BRK, nicht in den Hintergrund treten und Behinderung gleichsam verschwinden. Eine intersektionale Perspektive kann sich in diesem Zusammenhang als fruchtbar dafür erweisen sowohl alle Ungleichheitskategorien zu beachten als auch eine Engführung einzig auf das Thema Behinderung zu verhindern. Wenn man also Behinderung – nicht nur, aber immer auch – fokussiert, geschieht dies gerade nicht, um »die Merkmale einer Bevölkerungsgruppe ins Zentrum zu stellen, sondern die (nachteiligen) Folgen, die aus dem Zusammenwirken von Menschen mit bestimmten Merkmalen und gesellschaftlichen Strukturen erwachsen« (Nullmeier 2015, S. 92).

Den Gedanken von Kessl abschließend aufgreifend geht es tatsächlich um nichts weniger als eine Neuordnung sowohl sozialer als auch politischer und professioneller Zusammenhänge und ihres Verhältnisses zueinander. Nach Rohrmann sind »die Struktur der Arbeitsfelder, die Entwicklung der pädagogischen Teildisziplinen und die Fachdiskurse« (Rohrmann 2016, S. 150) maßgeblich von einer individuumszentrierten Sichtweise, ja sogar von der Verengung auf Beeinträchtigung im Sinne der Abweichung geprägt. Er schließt sich Moser an, die dies darauf zurückführt, »dass sich Sozialpädagogik diskursiv eher um einen Handlungsmodus (›Hilfe‹), Sonderpädagogik hingegen um eine Klientenzuschreibung (›Behinderte‹) etablierte« (Moser 2000, S. 176, zitiert nach Rohrmann 2016, S. 150). Lebenswelt- und Sozialraumorientierung haben tatsächlich deutlich früher Einzug in die Sozialpädagogik gehalten. Für die Pädagogik bei Behinderung dagegen ist die Konzentration auf den Einzelnen oder die Einzelne, die individualisierte Hilfe, ein zentrales Merkmal, die historisch tatsächlich auf Jahrzehnte zur Orientierung am individuellen Defizit geriet. Was Hinte (2009) als zentralen Gewinn der Perspektive auf den sozialen Raum für die Soziale Arbeit konstatiert, gilt analog für die Behindertenpädagogik: Mit der Entdeckung des Umfelds wird die Defekt-Orientierung abgelöst. Diese Entdeckung ist aber auch in der Behindertenpädagogik nichts ganz Neues (zu den Strängen der Entwicklung gemeindenaher Unterstützung siehe Beck 2016b). Tatsächlich verändert sich aber mit dem Auftrag, raumbezogen zu denken und zu arbeiten, das Verhältnis der Profession zum Umfeld fundamental. Die eigene Gestaltungsperspektive verlagert sich weg von der ausschließlichen Konzentration auf den (einzelnen) Menschen hin zur Arbeit an behindernden Bedingungen und Kontextfaktoren. Dieser Gestaltungsauftrag allein erfordert ja aber schon eine Vermittlung der pädagogischen mit einer Vielzahl weiterer Perspektiven wie der Architektur, Optik, Akustik, Mobilität usw., also bereits auf der Ebene der funktionalen Zugänglichkeit liegender Fragen. Das Spannungsfeld zwischen dem Anspruch an die Gestaltung sozialer Räume und der Berücksichtigung der subjektiven Perspektiven, Interessen und Bedarfslagen wiederum schließt Einheitslösungen aus und erfordert Offenheit und Flexibilität, um vielfältige und hierin individuell angemessene und wirksame Lösungen zu entwickeln und gleichzeitig auch mögliche Grenzen anzuerkennen.

Hinzu kommt auf der Ebene der politischen und der sozialen Gestaltung die Auseinandersetzung mit divergierenden Ansprüchen weiterer Gruppen, mit Einstellungen und Werten, was die Frage nach den eigenen Haltungen und der Konfliktfähigkeit sowie der Konfliktbearbeitung aufwirft, die somit im Vorfeld oder im Prozess der Kooperation und Vernetzung bzw. der Gestaltung individuell gleichberechtigter und -möglicher Zugänge bearbeitet werden müsste. Das Prinzip der Gleichberechtigung zur Beteiligung und der Gleichrangigkeit im Prozess, das Inklusion voraussetzt, trifft auf ungleiche Betroffene, denkt man z. B. an ökonomische Ressourcen oder aber weitere Merkmale sozialer Ungleichheit wie Geschlecht, Alter, Migrationshintergrund. Die Menschen sind aber auch von Entscheidungen z. B. in einer Kommune insgesamt ungleich betroffen. Insofern geht es sowohl im Prozess der Herstellung als auch des Erhalts von Inklusion um Risiken und Konflikte, die demokratisch und partizipativ bearbeitet werden müssten (vgl. ausführlich zur Verbindung zwischen Inklusion und Partizipation auf der strukturellen und auf der Handlungsebene, insbesondere auch mit Blick auf die subjektive Perspektive, Beck & Sturzenhecker, im Druck.).

Letztlich stellt Inklusion keinen Zweck an sich dar; wenn einzig Inklusion – für Bude »merkwürdig technisch klingend« (Bude 2015, S. 40) –, das leitete Prinzip und Zweck an sich wäre, dann sei Gesellschaft zwar nicht mehr »die gusseiserne Form, die Plätze offeriert und Rollen anmutet« (ebd.). Aber sie gerät zur Konstruktionsleistung des Individuums, ein »situatives Geschehen, in dem Anschlüsse hergestellt werden und Bindungen knapp sind« (ebd.). Das, was diese Gesellschaft bzw. die Lebensführung in ihr dann insgesamt ausmacht, verschwindet quasi, wenn Inklusion zum alleinigen Ziel und Zweck zugleich wird. Das Verhältnis von freien Wahl- und Selbstbestimmungsmöglichkeiten auf der einen und den Zwängen und Pflichten, aber auch Bindungen und von sozialer Verantwortung auf der anderen Seite wird auch als das Gesamt der sozialen oder Lebenschancen bezeichnet (vgl. Nahnsen 1975). Es geht dabei nicht um ein festgelegtes Maß, sondern um ein Verhältnis, das objektiv für ausreichend und subjektiv als befriedigend erlebt wird, um das Erkennen unnötiger Zwänge, aber auch notwendiger Bindungen und Verpflichtungen und darum, dass Angewiesenheit nicht mit einem Verlust an Selbst- und Mitbestimmung einhergehen muss. Inklusion, Partizipation, Teilhabe sind so letztlich Mittel zum Zweck der Verbesserung von Lebenschancen. Wenn man so denkt, dann kann man auch, wie Heimlich es formuliert hat, »einen realistischen Blick auf die Möglichkeiten und Grenzen der Integration bzw. Inklusion« (Heimlich 2019, S. 5) werfen, und kapituliert dennoch nicht vor Grenzen. Der »kritische Realismus bleibt nicht bei der vorhandenen Wirklichkeit stehen, sondern geht nur von dieser aus« (ebd.). Heimlich hat sich sehr früh den Fragen der Integration zugewandt und ist, wie Thimm und Wachtel (2002) feststellten, auch einer der wenigen, der sich ebenfalls sehr früh Kooperationsproblemen zuwandte und hier z. B. Abstimmungsprobleme zwischen Schule und Jugendhilfe diskutierte.

Ulrich Heimlich ist auch einer der wenigen Wissenschaftler, die Inklusion kontinuierlich und systematisch als Frage des gesellschaftlichen Zusammenlebens insgesamt betrachten und gleichzeitig das pädagogische Handeln und Denken – und zwar lebensphasen- und lebensbereichsübergreifend – von der Frage der Qualifikation bis hin zu einer inklusiven Theoriebildung in den Mittelpunkt stellen. Damit werden produktiv Grenzen verschoben und überschritten – im Sinne der Eröffnung von Handlungsspielräumen für die Menschen, um deren Bildungs- und Lebenschancen es geht.

Literatur

Autorengruppe Bildungsberichterstattung (2014): Bildung in Deutschland 2014. Ein indikatorengestützter Bericht mit einer Analyse zur Bildung von Menschen mit Behinderungen. Bielefeld. Online verfügbar unter: https://www.bildungsbericht.de/de/bildungsberichte-seit-2006/bildungsbericht-2014/pdf-bildungsbericht-2014/bb-2014.pdf, Zugriff am 05.10.2020.

Beck, I. (Hrsg.) (2016a): Inklusion im Gemeinwesen. Bd. 4 der Reihe Inklusion in Schule und Gesellschaft. Stuttgart: Kohlhammer.

Beck, I. (2016b): Historische und aktuelle Begründungslinien, Theorien und Konzepte. In: I. Beck (Hrsg.), Inklusion im Gemeinwesen. Bd. 4 der Reihe Inklusion in Schule und Gesellschaft (17–84). Stuttgart: Kohlhammer.

Beck, I. (2016c): Gemeinde, Sozialer Raum. In: M. Dederich, I. Beck, G. Antor & U. Bleidick (Hrsg.), Handlexikon der Behindertenpädagogik. Schlüsselbegriffe aus Theorie und Praxis (391–395) (3. Aufl.). Stuttgart: Kohlhammer.

Beck, I. & Sturzenhecker, B. (2021 i.E.): Inklusion und Partizipation in der Offenen Kinder- und Jugendarbeit. In: U. Deinet, B. Sturzenhecker, L. von Schwanenflügel & M. Schwerthelm (Hrsg.), Handbuch Offene Kinder- und Jugendarbeit. 5., komplett überarbeitete und erneuerte Aufl. Wiesbaden: VS Verlag.

Beck, I. & Greving, H. (Hrsg.) (2011): Gemeindeorientierte pädagogische Dienstleistungen. Bd. 6 des Enzyklopädischen Handbuchs der Behindertenpädagogik. Stuttgart: Kohlhammer.

BRK-Allianz (2013). Für Selbstbestimmung, gleiche Rechte, Barrierefreiheit, Inklusion – erster Bericht der Zivilgesellschaft zur Umsetzung der UN-Behindertenrechtskonvention in Deutschland. Online verfügbar unter: http://www.brk-allianz.de/attachments/article/93/parallelbericht_barrierefrei_layoutfassung.pdf, Zugriff am 10.10.2020.

Bude, H. (2015): Was für eine Gesellschaft wäre eine »inklusive« Gesellschaft? – In: Heinrich-Böll-Stiftung (Hrsg.), Inklusion: Wege in die Teilhabegesellschaft (37–43). Frankfurt a. M.: Campus.

BMAS – Bundesministerium für Arbeit und Soziales (Hrsg.) (2016): Teilhabebericht der Bundesregierung über die Lebenslagen von Menschen mit Beeinträchtigungen. Online verfügbar unter: http://www.bmas.de/SharedDocs/Downloads/DE/PDF-Publikationen/a125-16-teilhabebericht.pdf?__blob=publicationFile&v=7, Zugriff am 20.10.2020.

Bundesvereinigung Lebenshilfe e. V. (2020): Gesundheitliche Versorgung von Menschen mit Behinderung verbessern! Positionspapier der Bundesvereinigung Lebenshilfe e. V.. Marburg: Bundesvereinigung Lebenshilfe. Online verfügbar unter: https://www.lebenshilfe.de/fileadmin/Redaktion/PDF/Wissen/public/Positionspapiere/Positionspapier_BVLH_2020-09_Gesundheitliche_Versorgung_von_Menschen_mit_Behinderung_verbessern.pdf, Zugriff am 20.10.2020.

Dietze, T. (2011): Sonderpädagogische Förderung in Zahlen – Ergebnisse der Schulstatistik 2009/10 mit einem Schwerpunkt auf der Analyse regionaler Disparitäten. Zeitschrift Für Inklusion, (2). Online verfügbar unter: https://www.inklusion-online.net/index.php/inklusion-online/article/view/88, Zugriff am 20.10.2020.

DIMR – Deutsches Institut für Menschenrechte – Monitoring-Stelle zur UN-Behindertenrechtskonvention (2015): Parallelbericht an den UN-Fachausschuss für die Rechte von

Menschen mit Behinderungen anlässlich der Prüfung des ersten Staatenberichts Deutschlands gemäß Artikel 35 der UN-Behindertenrechtskonvention (28 f., Ziffer 144–151). Online verfügbar unter: https://www.institut-fuer-menschenrechte.de/publikationen/detail/parallelbericht-an-den-un-fachausschuss-fuer-die-rechte-von-menschen-mit-behinderungen, Zugriff am 20.10.2020.

Deutscher Verein für öffentliche und private Fürsorge e. V. (2020): Bestandsaufnahme und Empfehlungen des Deutschen Vereins zur selbstbestimmten Teilhabe am Arbeitsleben von Menschen mit Behinderungen. Online verfügbar unter: https://www.deutscher-verein.de/de/uploads/empfehlungen-stellungnahmen/2020/dv-20-19_selbstbestimmte-teilhabe.pdf, Zugriff am 20.10.2020.

Elias, N. (1983): Die höfische Gesellschaft. Frankfurt: Suhrkamp.

Heimlich, U. (1998): 5 Jahre Integration –Bilanz und Perspektiven einer Bildungsreform. In: Forum E. Zeitschrift des Verbandes Bildung und Erziehung. 51 (5), 8–12.

Heimlich, U. (1996): Neue Konzepte sonderpädagogischer Förderung, neue Aufgabenstellung für Lehrkräfte – Konsequenzen für die Ausbildung von Pädagogen. In: Verband Bildung und Erziehung-Bundesverband (Hrsg.), Sonderpädagogische Förderung neu verstehen. Sonderschulen und Sonderpädagogische Förderung -hoffnungsvolle und verläßliche Perspektiven (49–60). Bonn: VBE.

Heimlich, U. (2019): Inklusive Pädagogik. Stuttgart: Kohlhammer.

Hinte, W. (2009): Eigensinn und Lebensraum – zum Stand der Diskussion um das Fachkonzept »Sozialraumorientierung«. VHN 1, 20–33.

Kessl, F. (2016): Die Region, ein geeigneter Orientierungsrahmen professionellen Handelns?. In: D. Kratz, T. Lemp, C. Muche & A. Oehme (Hrsg.), Region und Inklusion. Theoretische und praktische Perspektiven (43–66). Weinheim: Beltz Juventa.

König, R. (1958): Grundformen der Gesellschaft: Die Gemeinde. Hamburg: Rowohlt.

Kratz, D., Lemp, T., Muche, C. & Oehme, A. (2016): Einführung: zum wechselseitigen Bezug von Region und Inklusion. In: D. Kratz, T. Lemp, C. Muche & A. Oehme (Hrsg.), Region und Inklusion. Theoretische und praktische Perspektiven (7–26). Weinheim: Beltz Juventa.

Lindmeier, C. (2017): Das aktuelle Thema: Enger und weiter Inklusionsbegriff – eine fragwürdige Unterscheidung?. In: Sonderpädagogische Förderung heute (3), 231–232.

Luhmann, N. (1995): Inklusion und Exklusion. In: N. Luhmann (Hrsg.), Soziologische Aufklärung 6: Die Soziologie und der Mensch (237–264). Opladen: Westdeutscher Verlag.

Meyer, T. (2016): Inklusion von Menschen mit Behinderung in der Kinder- und Jugendarbeit sowie der Jugendsozialarbeit in Baden-Württemberg. Eine Expertise im Auftrag des Ministeriums für Arbeit und Sozialordnung, Familie, Frauen und Senioren Baden-Württemberg. Stuttgart. Online verfügbar unter: https://sozialministerium.baden-wuerttemberg.de/de/service/publikation/did/inklusion-von-menschen-mit-behinderung-in-der-kinder-und-jugendarbeit-sowie-der-jugendsozialarbeit/?tx_rsmbwpublications_pi3%5Bministries%5D=11&tx_rsmbwpublications_pi3%5Bpage%25, Zugriff am 13.12.2020.

Montag-Stiftung Jugend und Gesellschaft (2018): Inklusion ist machbar! Das Erfahrungshandbuch aus der kommunalen Praxis. Berlin: Verlag des Dt. Vereins für öffentliche und private Fürsorge.

Nahnsen, I. (1975): Bemerkungen zum Begriff und zur Geschichte des Arbeitsschutzes. In: M. Osterland (Hrsg.), Arbeitssituation, Lebenslage und Konfliktpotential (145–166). Frankfurt a. M.: Europäische Verlagsanstalt.

Nassehi, A. (2002): Die Organisationen der Gesellschaft. Skizze einer Organisationssoziologie in gesellschaftstheoretischer Absicht. In: J. Allmendinger & T. Hinz (Hrsg.), Organisationssoziologie. Sonderh. 4 der Kölner Zeitschrift für Soziologie und Sozialpsychologie. Wiesbaden: Westdeutscher Verlag, 443–478.

Nullmeier, F. (2015): Inklusive Sozialpolitik und die Entwicklung des Teilhabegedankens. In: Heinrich-Böll-Stiftung (Hrsg.), Inklusion: Wege in die Teilhabegesellschaft (92–104). Frankfurt a. M.: Campus.

Richter, H. (2011): Öffentlichkeit und Gemeinde. In: I. Beck & H. Greving (Hrsg.), Gemeindeorientierte pädagogische Dienstleistungen (84–92). Bd. 6 des Enzyklopädischen Handbuchs der Behindertenpädagogik. Stuttgart: Kohlhammer.

Rohrmann, A. (2016): Lokale und kommunale Teilhabeplanung. In: I. Beck, (Hrsg.), Inklusion im Gemeinwesen (145–183). Stuttgart: Kohlhammer.

KMK – Ständige Konferenz der Kultusminister der Länder in der Bundesrepublik Deutschland (2020): Sonderpädagogische Förderung in Schulen 2009 bis 2018. Online verfügbar unter: https://www.kmk.org/fileadmin/Dateien/pdf/Statistik/Dokumentationen/Dok223_SoPae_2018.pdf, Zugriff: 20.10.2020.

Thimm, W. & Wachtel, G. (2002): Familien mit behinderten Kindern. Wege der Unterstützung und Impulse zur Weiterentwicklung regionaler Hilfesysteme. Weinheim: Beltz Juventa.

Thimm, W. (2005): Das Normalisierungsprinzip. Ein Lesebuch zu Geschichte und Gegenwart eines Reformkonzeptes. Marburg: Lebenshilfe-Verlag.

UNESCO – United Nations Educational, Scientific and Cultural Organization (Hrsg.) (1994): The Salamanca Statement and Framework for Action on Special Needs Education. Online verfügbar unter: https://en.unesco.org/themes/education/, Zugriff am 05.12.2020.

UNESCO – United Nations Educational, Scientific and Cultural Organization (Hrsg.) (1990): World Declaration on Education for All and Framework for Action to Meet Basic Learning Needs. New York, Paris: UNESCO. Online verfügbar unter: https://unesdoc.unesco.org/ark:/48223/pf0000127583, Zugriff am 05.12.2020.

Weber, M. (2014): Region. In: Doering, S./Weber, M. (Hrsg.), Online-Lexikon zur Kultur und Geschichte der Deutschen im östlichen Europa. Online verfügbar unter: https://ome-lexikon.uni-oldenburg.de/begriffe/region, Zugriff am 20.10.2020.

10 Qualifikation von Lehrerinnen und Lehrern für die Digitalisierung im inklusiven Unterricht

Jürgen Schuhmacher

Einleitung

Precht sieht durch die Digitalisierung einen massiven Umbruch in unserer Arbeitsgesellschaft voraus. Er kritisiert das deutsche Bildungssystem als rückständig, das einseitig darauf vorbereite, später einen Beruf zu erlangen, indem Dienst nach Instruktion gemacht werden würde. Jedoch bräuchte die Zukunft Menschen, die in einem hohen Maße eigenständig sind. Er fordert deswegen weniger reine Wissensvermittlung und dafür mehr selbstständiges, kreatives Denken in verschiedenen Projekten (vgl. Precht 2018). Sicher finden nicht nur im beruflichen Alltag durch die Digitalisierung Umbrüche statt, sondern auch in unserer Alltagswelt, die zunehmend geprägt ist vom Umgang mit digitalen Medien.

Wenn also berufliche und gesellschaftliche Teilhabe Ziel einer inklusiven Gesellschaft ist – einer Gesellschaft, die durch Digitalisierung geprägt ist –, dann sollten wir uns fragen, wie dies gelingen kann.

Auch in der Schule spiegelt sich dieser Umbruch wider, und das Ende der analogen Medien wird mancherorts ausgerufen. Tully wirft in diesem Zusammenhang zurecht folgende Fragen für das schulische Umfeld auf: Wie sieht es mit dem Mehrwert von digitalen Medien aus? Ergeben sich durch die digitalen Medien neue Möglichkeiten – und vor allem: Wie ist es um die Medienkompetenz der Lehrkräfte im sonderpädagogischen Bereich bestellt (vgl. Tully 2016)?

Dieser Beitrag beleuchtet in einem ersten Schritt einige Aspekte von inklusivem Unterricht, die medienpädagogische Ausgangslage sowie den grundlegenden Begriff der digitalen Medien und deren Potentiale. In einem zweiten Schritt geht es um die Zielsetzung der Medienkompetenz sowohl bei Schülerinnen und Schülern als auch bei Lehrerinnen und Lehrern. Ein beispielhaftes Projekt im inklusiven Geschichtsunterricht veranschaulicht Möglichkeiten des Lehrens und Lernens im digitalen Zeitalter. Abschließend stehen die benötigten Qualifikationen von Lehrerinnen und Lehrern im Fokus, um diesen Herausforderungen gerecht zu werden.

10.1 Inklusiver Unterricht

Es mag über inklusiven Unterricht schon viel geschrieben worden sein, weshalb die geneigten Leserinnen und Leser an dieser Stelle nur einen bündigen Einblick über die Modelle, Methoden und Prinzipien des inklusiven Unterrichts bekommen sollen. Gleichzeitig bildet dieser Einblick die Grundlage für die Verortung von digitalen Medien im inklusiven Unterricht.

Modelle des inklusiven Unterrichts haben drei Qualitätskriterien. Das erste ist die *Entwicklungsorientierung*. Damit ist die konsequente Ausrichtung auf den individuellen Entwicklungsstand des Kindes und den gemeinsamen Lerngegenstand gemeint. Das nächste Qualitätskriterium ist die *Interaktionsorientierung*, die eine Vielfalt an sozialen Beziehungen und das voneinander Lernen ermöglicht. Das dritte Moment ist die *Situationsorientierung*, die eine Vielfalt an kognitiven, sozialen, emotionalen und sensomotorischen Lernerfahrungen anbietet (vgl. Heimlich & Bjarsch 2020).

Auf der Ebene der *Unterrichtsmethoden* fasst folgende Abbildung das Wesentliche zusammen (▶ Abb. III.4).

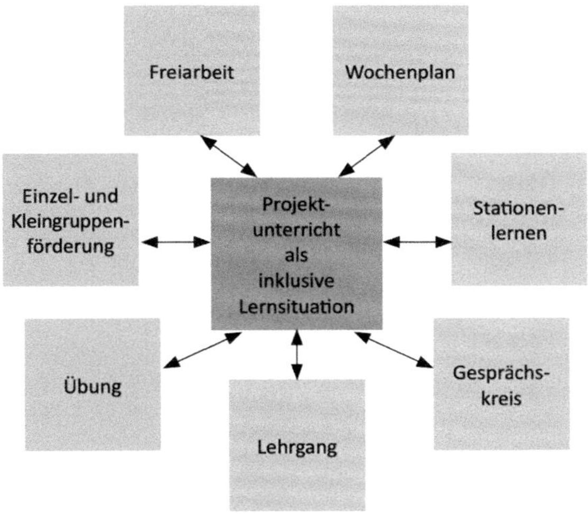

Abb. III.4: Methoden des inklusiven Unterrichts (aus: Heimlich, U. & Bjarsch, S. (2020): Inklusiver Unterricht. In: U. Heimlich, E. Kiel (Hrsg.), Studienbuch Inklusion. Ein Wegweiser für die Lehrerbildung (248–294). Bad Heilbrunn: Klinkhardt, hier 256)

In all diesen Methoden können digitale Medien ein wertvolles Werkzeug sein, um Lehr-Lern-Prozesse inklusiv zu gestalten. Beispielsweise kann eine geeignete App auf einem Tablet die individuelle Förderung im Lernbereich Mathematik oder die Kooperation für eine Präsentation unterstützen.

Gleiches gilt für Umsetzung der Prinzipien des inklusiven Unterrichts wie Handlungsorientierung, Lernen mit allen Sinnen, Selbsttätigkeit, Differenzierung und Individualisierung, soziales Lernen, Alltagsnähe, Fächerverbindung, Zielorientierung (vgl. Heimlich & Bjarsch 2020). Doch zunächst ein Blick auf die aktuelle Studienlage.

10.2 Aktuelle Studie zur medienpädagogischen Ausgangslage am Beispiel Nordrhein-Westfalens

Die *International Computer and Information Literacy Study* (ICILS) 2018 für Nordrhein-Westfalen (NRW) beschreibt signifikante Unterschiede in der Leistung bei Jugendlichen aus bildungsbenachteiligten Schichten. Laut der Studie, die unter der wissenschaftlichen Leitung von Eickelmann (2019) erfolgte, ist Bildungserfolg im Bereich der digitalen Bildung in NRW abhängig von der sozialen Lage der Jugendlichen. Interessant in diesem Zusammenhang ist auch, dass nur 36,7 % der Lehrkräfte in NRW die Meinung vertreten, dass digitale Medien das Lernen und die Leistungen der Schülerinnen und Schüler positiv beeinflussen. Der internationale Mittelwert liegt bei 71 %. Ferner sind die Ergebnisse zu Lehreraus- und Lehrerfortbildung für NRW im internationalen Vergleich sehr spannend, denn nur 23,0 % geben an, dass digitalisierungsbezogene Inhalte Bestandteil ihrer Ausbildung waren (der internationale Mittelwert liegt bei 47,5 %). Die Anwendung von digitalen Medien im Unterricht war nur für 24,8 % Bestandteil ihrer Ausbildung. Zum Vergleich waren es in Deutschland 26,6 % und international 41,6 % (vgl. Eickelmann et al. 2019). Inwiefern sich die Ergebnisse aus NRW auf die Bundesrepublik Deutschland übertragen lassen, kann an dieser Stelle nicht beantwortet werden, allerdings vertritt der Autor dieses Beitrags die These, dass Parallelen gezogen werden dürfen.

10.3 Digitale Medien – Begriff und Funktionen

Synonym zum Begriff der digitalen Medien findet die Bezeichnung Informations- und Kommunikationstechnologie Verwendung. Dabei stehen die Technologie und ihr Gebrauch im Vordergrund (vgl. Petko 2014). Die technischen Merkmale von digitalen Medien sind – im Gegensatz zu analogen Medien – durch verschiedene Merkmale gekennzeichnet (vgl. ebd.):

- Sie beinhalten Computertechnologien, welche Software verwenden und durch binäre Zeichen wie beispielsweise 0 und 1 codiert sind. Zusätzlich sind digitale Medien netzwerkartig miteinander verbunden und tauschen ständig Daten aus.

- Sie zeichnen sich aus durch das erleichterte Speichern, Verbreiten und Verarbeiten von Informationen, das intelligente Ordnen und Durchsuchen von Inhalten (z. B. Suchbegriffe, Favoriten setzen, Ordner anlegen usw.), die Interaktivität und Adaptivität (z. B. personenbezogene Suchergebnisse, Sprachinterpretation mit Hilfe von linguistischer und semantischer Analyse usw.) sowie die Omnipräsenz (z. B. Nutzung des Smartphones, computergesteuerter Kühlschrank usw.).
- Bisher getrennte Medien verschmelzen zu einem Medium (z. B. Kamera, Audioplayer, Videoplayer, Telefon, usw.) und vereinen sich in einem Gerät wie dem Smartphone.
- Die Aufteilung von Individual- und Massenmedien (wie z. B. Twitter, Facebook, YouTube) hebt sich auf.

Digitale Medien eröffnen neue Kommunikationskanäle und Kommunikationsformen (vgl. ebd.). Man denke hierbei nur an die Abwägung, welches digitale Mittel zur Kommunikation am besten ist, um mit einer bestimmten Person zu einem bestimmten Thema zu kommunizieren. Ist es eine SMS, eine E-Mail, eine Audionachricht, ein Telefonanruf oder sogar ein Videoanruf?

Für Lehrende sind insbesondere die Funktionen von digitalen Medien von großer Bedeutung, die in den verschiedensten Phasen des Unterrichts Informations- und Präsentationsmittel sein können. Medien können zur Gestaltung von Lernaufgaben verwendet werden (z. B. durch multimediales Verbinden von Lerninhalten, individualisiertes Anpassen an die vorherigen Lösungsversuche oder bessere Strukturierung der Themen durch Online-Lernplattformen). Digitale Medien funktionieren als Werkzeug und Arbeitsmittel und zur Lernberatung und Kommunikation (z. B. Chats, Foren, Audio- und Videokonferenzen). Zu guter Letzt können Medien auch zur Prüfung und Beurteilung verwendet werden (vgl. ebd.). Im Bereich der Evaluation von individueller Förderung kann der Einsatz von digitalen Arbeitshilfen die Evaluation erleichtern.

10.4 Potentiale von digitalen Medien

Die Diskussion in vielen Lehrerzimmern dreht sich häufig um die Frage, ob denn die digitalen Medien überhaupt sinnvoll sind und einen echten Vorteil für Schülerinnen und Schüler bieten. Hattie (2008) hat in seiner Metaanalyse Voraussetzungen untersucht, die positive Auswirkungen auf das Lernen mit digitalen Medien haben:

- wenn Computer in vielfältiger Weise zum Lernen eingesetzt werden und sie als Ergänzung und nicht als Ersatz des Unterrichts durch eine Lehrperson dienen,

- wenn die Lehrperson im sinnvollen Einsatz von Computern zuvor geschult wurde,
- wenn vielfältige Lerngelegenheiten am Computer geschaffen werden inklusive Tutorials und Übungsmöglichkeiten,
- wenn Schülerinnen und Schüler am Computer die Kontrolle über ihren eigenen Lernprozess haben (z. B. in Bezug auf Lernzeit, Lernweg, Übungen, Lernerfolgskontrolle),
- wenn Schülerinnen und Schüler gemeinsam in kleinen Gruppen am Computer lernen und dabei lernzielangemessene Vorgaben erhalten und sie ein Feedback bekommen, das zum Nachdenken anregt (Hattie 2008, zitiert nach Petko 2014, S. 105 f.).

Diese Ergebnisse geben zumindest erste Anhaltspunkte, worauf geachtet werden sollte, auch wenn bei der Analyse Vorsicht geboten ist, da die Lernmedien derart vielfältig sind und sich innerhalb einer Kategorie erheblich in ihrer Qualität unterscheiden können (vgl. ebd.). Lernen im Chat ist eben nicht gleich Lernen im Chat. Es kommt also darauf an. Genauso wichtig sind die Voraussetzungen, die Schülerinnen und Schüler mitbringen, wobei das Vorwissen eine entscheidende Rolle spielt (vgl. Herzig 2014).

Unabhängig von all diesen Ergebnissen betrachtet die Landesanstalt für Medien Nordrhein-Westfalen (LfM) es als Tatsache, dass Medien ein zentraler Bestandteil in der Lebenswelt von Kindern und Jugendlichen sind (vgl. LfM 2012).

> »Mithilfe von Medien finden Jugendliche ihre persönliche Identität, gestalten soziale Beziehungen und setzen sich aktiv mit ihrer Umwelt auseinander [...] Ein Leben ohne Medien ist undenkbar, sie werden so zu einer Grundlage für lebenslanges Lernen. Medien können Kinder und Jugendliche dabei unterstützen, am sozialen, kulturellen und politischen Leben teilzunehmen, selbständig zu handeln und souverän ihr Leben zu führen [...]. Gerade für Kinder und Jugendliche, die in sozial benachteiligenden Verhältnissen aufwachsen und einen häufig extensiven Medienkonsum haben, bieten sie eine große Chance zur aktiven Teilhabe an der Gesellschaft« (ebd.).

Aus diesen Gedanken erübrigt sich jede weitere Überlegung zur Notwendigkeit der Integration digitaler Medien in die Praxis des Lehrens und Lernens. Medienkompetentes Handeln wird zum Weg und zum Ziel zugleich.

Aus sonderpädagogischer Sicht sehen Urban und Werning insbesondere die Nutzung des Internets als gute Möglichkeit zur Umsetzung der Unterrichtsprinzipien Individualisierung und Differenzierung sowie der Methoden des projektorientierten, fächerübergreifenden Unterrichts (siehe inklusiver Unterricht). Ferner bieten sich zahlreiche Chancen, die Lebenswelt der Schülerinnen und Schüler aus bildungsfernen Familien miteinzubeziehen, da die Nutzung des Internets schlicht Gegenstand ihrer alltäglichen Erfahrung ist. Die Autoren weisen in diesem Zusammenhang auf die Gefahr eines *Digital Divides* hin, wenn Schülerinnen und Schüler aus diesen Familien nicht Unterstützung erfahren, um mit der zunehmenden Komplexität umzugehen (vgl. Urban & Werning 2006).

10.5 Medienkompetentes Verhalten als Weg und als Ziel

Baacke prägte mit seiner Habilitationsschrift von 1973 den Begriff der *Medienkompetenz*, der bis heute seine Gültigkeit bewahrt. Vier Dimensionen mit Unterdimensionen füllen den Begriff und sind von hoher Aktualität und Bedeutung für die Praxis des Lehrens und Lernens mit digitalen Medien.

Die vier Dimensionen sind in *Medienkritik*, *Medienkunde*, *Mediennutzung* und *Mediengestaltung* aufgefächert (vgl. Baacke 2007).

- Die *Medienkritik* umfasst die *analytische Dimension*, beispielsweise problematische Prozesse wie Konzentrationsbewegungen von Internetkonzernen. Die *reflexive Dimension* beinhaltet, dies auf sich selbst in seinem Handeln anzuwenden, also beispielsweise sein Konsumverhalten im Internet entsprechend zu verändern. Schließlich basiert die Analyse und die Reflexion auf der *ethischen Dimension*, den Werten, die mein Handeln sozialverantwortlich abstimmen.
- *Medienkunde* fokussiert das Wissen über Medien und Mediensysteme. Sie ist in zwei Unterdimensionen aufgegliedert: Die *informative Dimension* und die *instrumentell-qualifikatorische Unterdimension*. Sie beantworten Fragen wie: Was gibt es denn überhaupt für Medien und wie funktionieren sie? Beispielsweise geht es um die Fähigkeit, Geräte bedienen zu können oder Computersoftware handhaben zu können.
- *Mediennutzung* umfasst die rezeptiv-anwendende *Unterdimension Programm-Nutzungskompetenz* und die *Unterdimension des interaktiven Handelns*. Die aktive, bewusste Nutzung steht hier im Fokus: einen Film bewusst anschauen, Bilder für eine Gruppe zur Verfügung stellen oder Videofilme produzieren.
- Die *Mediengestaltung* betont die Möglichkeit, neue Inhalte selbst zu gestalten. Sie differenziert sich in die zwei *Unterdimensionen innovativ* (Weiterentwicklung des Mediensystems) und *kreativ* (Betonung der Ästhetik). Die Produktion von Medien steht hier im Vordergrund, wie beispielsweise eine von Schülerinnen und Schülern gestaltete Foto-Love-Story (vgl. ebd.).

Um ein vollständiges Bild von Medienkompetenz zu erhalten, konkretisieren die Kultusminister der Länder der Bundesrepublik Deutschland (KMK) 2012 den Begriff der Medienkompetenz als jene »Kenntnisse, Fähigkeiten und Fertigkeiten, die ein sachgerechtes, selbstbestimmtes, kreatives und sozial verantwortliches Handeln in der medial geprägten Lebenswelt ermöglichen. Sie umfasst auch die Fähigkeit, sich verantwortungsvoll in der virtuellen Welt zu bewegen, die Wechselwirkung zwischen virtueller und materieller Welt zu begreifen und neben den Chancen auch die Risiken und Gefahren von digitalen Prozessen zu erkennen« (Sekretariat der Ständigen Konferenz der Kultusminister der Länder in der BRD 2012, S. 3).

10.6 Praktische Umsetzung von Medienkompetenz und inklusivem Unterricht

Anhand eines Unterrichtsprojekts von Studierenden der Pädagogik bei Lernschwierigkeiten zum Thema Nachkriegszeit soll beispielhaft eine mögliche Umsetzung inklusiven Unterrichts mit digitalen Medien aufgezeigt werden. Schülerinnen und Schüler eines Sonderpädagogischen Förderzentrums und einer Mittelschule nahmen gemeinsam an diesem Projekt teil. Das Werkzeug der inklusionsdidaktischen Netze nach Kahlert und Heimlich (2014) und die digitale Lernplattform Moodle boten den Rahmen, um das Lernen am gemeinsamen Gegenstand zu gestalten. Ein etwas anderer Geschichtsunterricht entwickelte sich.

Als Planungsinstrument beinhaltet das Konzept der inklusionsdidaktischen Netze heterogene Lernerfahrungen und nimmt gleichzeitig die fachlichen Perspektiven in den Blick.

Das Arbeitsmodell beinhaltet folgende Arbeitsschritte (vgl. ebd.):

- Unterrichtsgegenstand unter fachlichen Perspektiven entfalten:
  Welche fachlichen Möglichkeiten und Ansprüche ergeben sich aus dem Thema? Welche Kompetenzen passen zu diesem Themenbereich?
- Erweiterung der Perspektive durch entwicklungsorientierte Aspekte:
  Welche Möglichkeiten gibt es hinsichtlich fördernder Angebote in den Entwicklungsbereichen?
- Auswahl der für die eigene Lerngruppe dienlichen Ideen:
  Welche Ideen sind sinnvoll für die jeweilige Lerngruppe?
- Entscheidung über die Methoden bzw. Konzepte:
  Bietet sich eine klassische Unterrichtseinheit, ein Projekt oder beispielsweise eine Lerntheke an?

Für die Planung der Aufgaben entwickelten die Studierenden auf Basis dieser Arbeitsschritte das folgende Inklusionsdidaktische Netz (► Tab. III.2).

Um medienkompetentes Verhalten zu fördern, entschieden sich die Studierenden gemeinsam mit dem Autor dieses Artikels für die digitale Lernumgebung Moodle. Diese Lernplattform bot die Möglichkeit, Lerninhalte digital bereitzustellen und Lernaktivitäten zu organisieren. Moodle stellt sozusagen online Kursräume zur Verfügung, die über folgende Funktionsbereiche verfügen (vgl. Meschenmoser 2006):

- Präsentation von Inhalten und Bereitstellung von Arbeitsmaterialien
- Kommunikation und Kooperation von Lernenden untereinander und den lehrenden Personen
- Erstellung von Aufgaben und Übungen
- Feedback, Evaluation und Bewertung

Tab. III.2: Inklusionsdidaktisches Netz zum Thema »Trümmerfrauen und Nachkriegsjahre« (Erstveröffentlichung in: Fördermagazin Sekundarstufe, 3/2017, 8–14, hier 12 © 2017 Cornelsen Schulverlage GmbH)

Entwicklungsbereiche	Lebensweltliche und fachbezogene Potentiale		Entwicklungsbereiche
Sensomotorische Aspekte/ Wahrnehmung und Motorik • Trümmer tragen und das Gewicht schätzen • Musik aus der damaligen Zeit hören • Radiosendung aus der Nachkriegszeit anhören • aus Trümmern einen Ziegelstein erstellen • Trümmerszenen malen	**Technische Perspektive** • von den Trümmern zum Ziegelstein • Häuser bauen	**Soziologische Perspektive** • Wandel der Rollenverteilung • Bevölkerungsentwicklung • Demographische Entwicklung • das quantitative Verhältnis von Mann und Frau nach dem Krieg • Leben in Trümmern • Flüchtlinge und Vertriebene	**Kommunikation und Sprache** • Zeitzeugen befragen und Fragen überlegen • Gespräche und Diskussionen über die Lebens- und Arbeitssituation der Trümmerfrauen • Rundfunknachricht aufnehmen • Bericht aus der Sicht einer Trümmerfrau schreiben
	Wirtschaftliche Perspektive • Bezahlung der Frauen • Berufsentwicklung • Mangel an Männern • wirtschaftliche Gesamtsituation • Marshall-Plan	**Geographische Perspektive** • Infrastruktur • Regionale Unterschiede/unterschiedliche Lebensbedingungen • Gebietsveränderungen • Besatzungszonen	
Kognitive Aspekte/ Denken und Lernstrategien • Gründe des Wirtschaftswunders nachvollziehen • damals mit heute vergleichen	**Ästhetische Perspektive** • damalige Mode und Musik • übliche Kleidung • Freizeitmöglichkeiten • zerstörte Gebäude • Trümmerfrauen-Denkmal in Berlin	**Ethische Perspektive** • Frauen als Arbeiterinnen • Stimmung bei den Trümmerfrauen • Hilfsbereitschaft und Nächstenliebe	**Emotionen und soziales Handeln** • Wie fühlt sich Hunger an? • Lebensmittelrationen anschaulich erleben • Achtung und Respekt vor der Leistung der Trümmerfrauen • Achtung und Respekt vor Zeitzeugen • Einfühlen in die schwierige Lebenslage der Trümmerfrauen

Tab. III.2: Inklusionsdidaktisches Netz zum Thema »Trümmerfrauen und Nachkriegsjahre« (Erstveröffentlichung in: Fördermagazin Sekundarstufe, 3/2017, 8–14, hier 12 © 2017 Cornelsen Schulverlage GmbH) – Fortsetzung

Entwicklungsbereiche	Lebensweltliche und fachbezogene Potentiale	Entwicklungsbereiche
	Politische Perspektive • Besatzungsmächte • Teilung in Ost und West • Potsdamer Konferenz • Parteienlandschaft und Regierung • Entnazifizierung	

Durch diese Funktionsbereiche konzentriert sich der Lernprozess mehr auf selbst gesteuertes, individuelles und kooperatives Lernen sowie auf kooperative Aufgabenbearbeitung und -gestaltung.

Meschenmoser erwähnt noch weitere Aspekte, die eine digitale Lernplattform bietet. Sie berücksichtigt besser die unterschiedlichen, individuellen Lernbedürfnisse und regt eher zum produktiven Lernen an. Jugendliche mit gravierenden Lernschwierigkeiten profitieren von den multimedial unterstützten Lernangeboten, der Struktur und der hohen Adaptivität (vgl. ebd.).

Im Rahmen des Projekts lag der Fokus darauf, Aufgaben zu kreieren, die über die Arbeit mit den digitalen Medien bzw. der Lernplattform Moodle hinausgingen. In den sogenannten Präsenzphasen (face-to-face) konnten die Schülerinnen und Schüler sich mündlich über die Aufgabenstellungen austauschen und Aufgaben bearbeiten, wie beispielsweise ein Interview mit Zeitzeugen führen oder ein Plakat gestalten. Die schulartübergreifenden Online-Lernaktivitäten vertieften einerseits die technischen Grundkenntnisse und boten zugleich die Chance, selbst Medien kooperativ zu gestalten und einen kritischen Umgang mit Medien anzubahnen. Die Schülerinnen und Schüler knüpften ferner an den bisherigen Erfahrungen im Umgang mit Neuen Medien (beispielsweise die Arbeit mit Office-Programmen) an. In diesem Sinne zielte alles auf den Erwerb von Medienkompetenz. Zudem war es möglich, Lerninhalte so aufzubereiten, dass die hohe Komplexität des Internets reduziert (z. B. durch die Verlinkung von ausgewählten Seiten) und die Informationsbeschaffung für die Schülerinnen und Schüler erleichtert wurde (vgl. ebd.). Die folgenden Aufgabenbeispiele, die auf Basis des inklusionsdidaktischen Netzes von den Studierenden herausgearbeitet wurde, veranschaulichen die Vielfalt an Lernerfahrungen (► Abb. III.5).

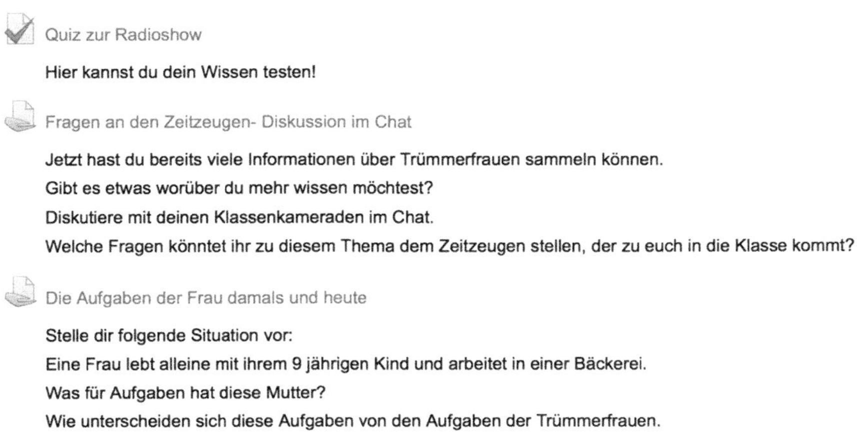

Abb. III.5: Bildschirmfoto Moodlekurs zum Thema »Trümmerfrauen« (Erstveröffentlichung in: Fördermagazin Sekundarstufe, 3/2017, 8–14, hier 11 © 2017 Cornelsen Schulverlage GmbH)

In der von Studierenden selbst erstellten Radioshow, in der ein Moderator zwei Trümmerfrauen interviewt, war ein multimedialer Zugang möglich. Das Quiz diente der Motivation und Evaluation. Die Vorbereitung eines Zeitzeugenbesuchs durch die Chatfunktion und das Moodle-Forum ermöglichte kooperativen Austausch und das Einbringen eigener Fragen. Der Vergleich der Aufgaben zu einer Frau von damals und heute differenzierte die sprachlichen Ergebnisse auf natürliche Weise (vgl. ebd.). Als beachtlich ist die motivierte und differenzierte Herangehensweise an die Aufgaben in der digitalen Lernumgebung bei den Schülerinnen und Schülern zu nennen. Alle Beteiligten – Studierende, Schülerinnen und Schüler – erlebten sich am Ende des Projekts als kompetenter im Umgang mit digitalen Lernformen. Die Qualifikation von Studierenden im Bereich des inklusiven Einsatzes von digitalen Medien geschah hier durch theoretische Vorbereitung in der Hochschullehre, dem konkreten Ausprobieren und der Reflexion am Ende des Prozesses.

10.7 Qualifizierung von Lehrkräften

Petko zeigt deutlich auf, dass nicht nur ein einzelner Aspekt über das Gelingen einer erfolgreichen Implementierung digitaler Medien im Unterricht entscheidet. Alle Ebenen spielen in ihrem Zusammenspiel eine gewichtige Rolle für den Erfolg. In diesem Kapitel soll es um die Ebene der Lehrperson und um deren Kompetenzen und Überzeugungen gehen. Sie steht zentral in der Mitte, was ihrer Bedeutung gerecht wird. Dieses Modell lässt sich auch in adaptierter Weise auf die erste Phase der Lehrer- bzw. Lehrerinnenbildung übertragen (► Abb. III.6).

10.8 Überzeugungen

Zu Beginn jeder Veränderung stehen neue Überzeugungen und Haltungen. Moderne Technologien brauchen die Einsicht bei Lehrenden, dass sie von Nutzen sind und Lernende damit besser lernen. Ferner müssen Lehrende nicht nur davon überzeugt sein, dass mit digitalen Medien ein praktisches Bildungswerkzeug verfügbar ist, mit welchem Aufgaben schneller und einfacher bewältigt werden können. Auch auf der inhaltlichen Ebene braucht es ein verändertes Bewusstsein, dass digitale Medien bedeutsam sind für die Bildung von Kindern und Jugendlichen in Gegenwart und Zukunft. Petko weist auf das veränderte Rollenverständnis hin, da die digitalen Medien den Wandel vom Wissensvermittler zum Lernbegleiter beschleunigen. Schülerinnen und Schüler sind in diesem Bereich so eigenaktiv, dass uns nunmehr die Rolle der »fachlichen Begleitung« bleibt (vgl. Petko 2014).

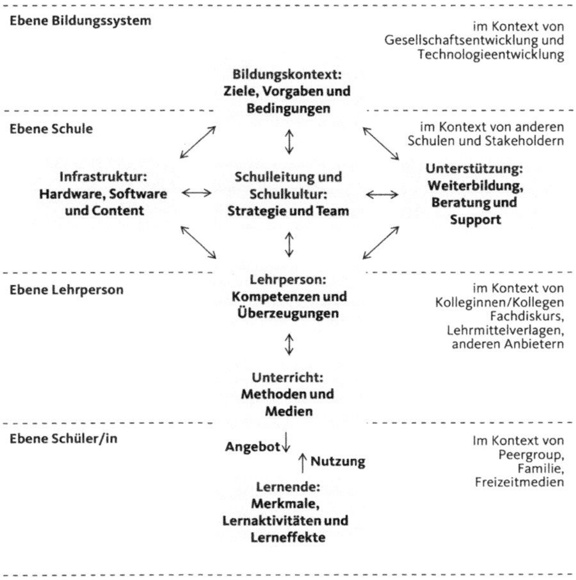

Abb. III.6: Modell der ICT-Integration in Schulen (© Springer Natur, Petko, D. (2010): Die Lernplattform educanet2 in der Schweiz. In: D. Petko (Hrsg.), Lernplattformen in Schulen. Ansätze für E-Learning und Blended Learning in Präsenzklassen (29–42). Wiesbaden: VS Verlag, hier S. 31)

Um Haltungen und Überzeugungen zu verändern, benötigen Lehrerinnen und Lehrer selbstreflexive Fähigkeiten, damit sie nicht die eventuell bestehenden Vorbehalte auf ihren Unterricht übertragen. Allein die Erkenntnis darüber, dass eigene Vorbehalte bestehen, führt in einem ersten Schritt zu mehr Offenheit und Kreativität im Umgang mit den neuen Technologien. Fragen zur Selbstreflexion könnten sein: Betrachte ich den Einsatz von digitalen Medien als sinnvoll? Erlebe ich mich als kompetent im Umgang mit Tablets oder verschiedenen Lernprogrammen? Bin ich motiviert, mehr zu erfahren über digitale Medien und ihren Einsatz im Unterricht?

Petko sieht das bedeutende Potential des Teams, da dort Überzeugungen und Erfahrungen reflektiert und diskutiert werden können. Veränderungen geschehen auch durch das Kennenlernen der Möglichkeiten digitaler Medien, insbesondere durch Lehrende, die digitale Medien freudvoll und lernwirksam einsetzen (vgl. Petko 2014). Die vielen Erfahrungen der Kolleginnen und Kollegen mit digitalen Medien im Bereich der individuellen Förderung und der Kooperation von Schülerinnen und Schülern im inklusiven Setting sollten in den verschiedenen Formen der Zusammenkunft (Konferenzen, Stufenteams, Seminare usw.) nutzbar gemacht werden.

Ganz gleich, ob in der ersten, zweiten oder dritten Phase der Lehrerinnen- und Lehrerbildung, gilt es genau dies zu begleiten: selbstreflexive Prozesse anzuregen, Austausch in Gruppen zu ermöglichen und die Möglichkeit Best-Practice-Beispiele aus dem inklusiven Setting kennenzulernen und diese dann selbst auszuprobieren.

Die KMK weisen in diesem Zusammenhang auf die enorme Wichtigkeit hin, dass Lehrerinnen und Lehrer über die Bereitschaft und Fähigkeit zur Kooperation und Kollaboration verfügen (vgl. KMK 2017). Auf ähnliche Weise wird betont, dass es einen intensiven, hochschulübergreifenden Austausch über alle Fachdisziplinen hinweg geben sollte (vgl. KMK 2019).

10.9 Kompetenzen

Petko bringt es auf den Punkt, wenn er über die notwendigen Kompetenzen schreibt, die Lehrkräfte in einer digitalisierten Welt benötigen. Wer über *technologisches pädagogisches Inhaltswissen* verfügt, der weiß, bei welcher Fragestellung bzw. bei welchem Lerninhalt es Sinn ergibt, digitale Medien in einer bestimmten Form einzusetzen. Beispielsweise könnte die Entstehung von Tag und Nacht mit Hilfe von animierten Satellitenaufnahmen simuliert werden. Dafür ist es notwendig, über *technologisches Wissen* zu verfügen, also das Wissen darüber, wie Medien funktionieren. Beispielsweise muss ich verstehen, wie in dem genannten Beispiel *Google Earth* funktioniert oder in einem anderen Fall eine Cloud oder welche Funktionen Moodle hat. Ferner ist *technologisches Inhaltswissen* bedeutsam, weil hier durch neue Technologien ganze Fachgebiete und Themen geprägt werden. Um an diesem Beispiel zu bleiben, insbesondere erdkundliche Inhalte erfahren ganz neue Möglichkeiten der Veranschaulichung und des Experimentierens. Ferner denke man nur an die veränderte Praxis des Lesens und Schreibens. Umrahmt wird dieses Wissen durch das *kontextbezogene Wissen*, beispielsweise Hintergründe und Zusammenhänge des Mediensystems (vgl. Petko 2016).

Zusammenfassend lässt sich sagen, dass die große Herausforderung die Verknüpfung der mediendidaktischen Vorgehensweise mit den konkreten Inhalten aus den verschiedenen Lernbereichen ist (vgl. Petko et al. 2011, zitiert nach ebd.). Derzeit findet Mediendidaktik noch vielerorts im teilweise verstaubten Computerraum der Schule statt. Dort wird eventuell technologisches Wissen gelehrt und gelernt, was sicher auch seine Berechtigung hat, jedoch fehlt häufig die lerninhaltsbezogene Anwendung. Deswegen spricht die KMK auch davon, dass Medienbildung perspektivisch Bestandteil von allen Unterrichtsfächern sein muss:

> »Konkret heißt dies, dass Lehrkräfte digitale Medien in ihrem jeweiligen Fachunterricht professionell und didaktisch sinnvoll nutzen sowie gemäß dem Bildungs- und Erziehungsauftrag inhaltlich reflektieren können. Dabei setzen sie sich mit der jeweiligen Fachspezifik sowie mit der von Digitalisierung und Mediatisierung gekennzeichneten Lebenswelt und den daraus resultierenden Lernvoraussetzungen ihrer Schülerinnen und Schüler auseinander« (KMK 2017, S. 19).

Die Empfehlungen betonen auch, dass die Digitalisierung insbesondere für den inklusiven Unterricht und die individuelle Förderung Chancen bereithält (vgl. ebd.).

Faktisch bedeutet dies für Lehrende, ihre eigene medientechnische Kompetenz weiter zu entfalten und sich mit den digitalen Geräten, Programmen und Online-Plattformen auseinanderzusetzen. Des Weiteren gilt es die Lebenswelt und das veränderte Kommunikationsverhalten der Schülerinnen und Schüler miteinzubeziehen, offen zu sein für neue Gestaltungsmöglichkeiten, die individualisierte, selbstgesteuerte und kollaborative Lernprozesse sowie Förderung ermöglichen. Lehrerinnen und Lehrer benötigen auch Qualitätskriterien und aktuelle Forschungsergebnisse zu der Vielfalt an Angeboten, um geeignete Medien auswählen und beurteilen zu können. Zu guter Letzt gilt es, einen sicheren Raum für die Schülerinnen und Schüler zu gewährleisten. Wissen über Urheberrechte, Datenschutz und Datensicherheit sowie Jugendmedienschutz sollte stets auf dem aktuellen Stand sein (vgl. ebd.).

> »Im Rahmen ihres Studiums sind die angehenden Lehrerinnen und Lehrer optimal dafür auszubilden, digitale Kompetenz in die Schulbildung zu integrieren. Den Lehrkräfte ausbildenden Hochschulen kommt in der ersten Ausbildungsphase und in der wissenschaftsbasierten Lehrkräftefort- und Weiterbildung eine Schlüsselrolle zu« (KMK 2019, S. 6).

Es sei an dieser Stelle noch einmal betont, dass für jede Phase der Lehrerinnen- und Lehrerbildung das Reflektieren der eigenen Medienkompetenz im Lehr-Lern-Prozess grundlegend ist.

10.10 Ausblick

Um die erforderlichen Kompetenzen, Haltungen und Überzeugungen anzubahnen, braucht es Schnittstellen zwischen den Phasen der Lehrerinnen- und Lehrerbildung, die Kooperation und Reflexion ermöglichen. Die Lehrstühle der Sonderpädagogik an der LMU München, die Regierung von Oberbayern und das bayerische Kultusministerium tun dies bereits in einem jährlichen Austausch. Fortbildungsangebote, die, wie bereits erwähnt, einen kooperativen Austausch und Diskurs zulassen, sind dringend in der Qualifikation von Lehrkräften geboten. Online-Angebote, die jeder für sich abarbeitet, werden den Ansprüchen von qualitativer Fortbildung nicht gerecht.

Dringend erforderlich ist bei der Umsetzung von Fortbildungsangeboten in der ersten Phase der Lehrerinnen- und Lehrerbildung eine fächerübergreifende Kooperation über die einzelnen sonderpädagogischen Schwerpunkte, Fachdidaktiken und allgemeine Pädagogik hinaus. Beispielsweise könnte eine kooperative Gestaltung eines Seminars zielführend sein (vgl. Heimlich 2019).

Kooperation und Vernetzung sind demnach die zentralen Aufgaben für die künftige Lehrerinnen- und Lehrerbildung, um Medienkompetenz als zentrales gesellschaftliches Ziel zu erreichen.

Literatur

Baacke, D. (1973): Kommunikation und Kompetenz. Grundlegung einer Didaktik der Kommunikation und ihrer Medien. München: Juventa.

Baacke, D. (2007): Medienpädagogik. Berlin: De Gruyter.

Eickelmann, B., Massek, C. & Labusch, A. (2019): ICILS 2018 #NRW. Erste Ergebnisse der Studie ICILS 2018 für Nordrhein-Westfalen im internationalen Vergleich. Münster; New York: Waxmann.

Kahlert, J. & Heimlich, U. (2014): Inklusionsdidaktische Netze – Konturen eines Unterrichts für alle (dargestellt am Beispiel des Sachunterrichts). In: U. Heimlich & J. Kahlert (Hrsg.), Inklusion in Schule und Unterricht. Auf dem Weg zur Bildung für alle (2. Aufl.) (153–190). Stuttgart: Kohlhammer.

Heimlich, U. (2019): Inklusive Pädagogik. Stuttgart: Kohlhammer.

Heimlich, U. & Bjarsch, S. (2020): Inklusiver Unterricht. In: U. Heimlich, E. Kiel (Hrsg.), Studienbuch Inklusion. Ein Wegweiser für die Lehrerbildung (248–294). Bad Heilbrunn: Klinkhardt.

Herzig, B. (2014): Wie wirksam sind digitale Medien im Unterricht? Online verfügbar unter: https://www.bertelsmann-stiftung.de/fileadmin/files/BSt/Publikationen/GrauePublikationen/Studie_IB_Wirksamkeit_digitale_Medien_im_Unterricht_2014.pdf, Zugriff: 26.10.2020.

KMK – Ständige Konferenz der Kultusminister der Länder (Hrsg.) (2012): Medienbildung in der Schule. Beschluss der KMK vom 8. März 2012. Online verfügbar unter: http://www.kmk.org/fileadmin/veroeffentlichungen_beschluesse/2012/2012_03_08_Medienbildung.pdf, Zugriff am 21.10.2020.

KMK – Ständige Konferenz der Kultusminister der Länder (Hrsg.) (2017): Bildung in der digitalen Welt. Strategie der Kultusministerkonferenz. Berlin: Ständige Konferenz der Kultusminister der Länder in der Bundesrepublik Deutschland. Online verfügbar unter: https://www.kmk.org/fileadmin/Dateien/pdf/PresseUndAktuelles/2017/Strategie_neu_2017_datum_1.pdf, Zugriff am 21.10.2020.

KMK – Ständige Konferenz der Kultusminister der Länder (Hrsg.) (2019): Empfehlungen zur Digitalisierung in der Hochschullehre. Online verfügbar unter: https://www.kmk.org/fileadmin/Dateien/pdf/PresseUndAktuelles/2019/BS_190314_Empfehlungen_Digitalisierung_Hochschullehre.pdf, Zugriff am 01.11.2020.

LfM – Landesanstalt für Medien Nordrhein-Westfalen (2012): Praxisleitfaden Medienkompetenz für Lehrkräfte an Ganztagsschulen. Mit Medienarbeit Schülerinnen und Schüler wirkungsvoll fördern – Beispiele aus einem Pilotprojekt an neun Ganztagshauptschulen in NRW. Düsseldorf: Landesanstalt für Medien Nordrein-Westfalen (LfM).

Meschenmoser, H. (2006): Sabine, Ceylani, Timo und Ali gestalten ihre eigene Lernplattform im Internet. Studien zur produktiven Medienarbeit mit Content-Management-Systemen unter Berücksichtigung heterogener Lernzugänge. In: R. Werning & M. Urban, Das Internet im Unterricht für Schüler mit Lernbeeinträchtigungen. Grundlagen – Praxis – Forschung (188–203). Stuttgart: Kohlhammer.

Petko, D. (2010): Die Lernplattform educanet2 in der Schweiz. In: D. Petko (Hrsg.), Lernplattformen in Schulen. Ansätze für E-Learning und Blended Learning in Präsenzklassen (29–42). Wiesbaden: VS Verlag.

Petko, D. (2014): Einführung in die Mediendidaktik. Lehren und Lernen mit digitalen Medien. Weinheim: Beltz.

Precht, R. D. (2018): Teil 6: Star- Philosoph David Richard Precht rechnet ab. Online verfügbar unter: https://www.blick.ch/storytelling/2018/zukunft/index6.html, Zugriff: 26.10. 2020.

Schuhmacher, J. & Winkler, L. (2017): Inklusiver Geschichtsunterricht mit der Lernplattform Moodle. Medienkompetenz und inklusionsdidaktische Netze. Fördermagazin Sekundarstufe, 3, 8–14.

Tully, J. (2016): Wie verändert der Einsatz digitaler Medien die Schule und das Unterrichten – auch bei Schülern mit Förderbedarf? Smartphones, Tablets, PCs in der Schule zwischen Hype, Utopie und Realität. In: T. Böttinger, Ch. Einhellinger, S. Ellinger, J. Fertsch-Röver, O. Hechler, J. Tully, E. Ullmann & D. Wasserbauer (Hrsg.), Studienbuch Lernbeeinträchtigungen. Bd. 3. Diskurse (285–330). Oberhausen: Athena.

Urban, M. & Werning, R. (2006): Zur Einleitung: Bildungsperspektiven in der Konfrontation eines Digital Divide. In: R. Werning & M. Urban, Das Internet im Unterricht für Schüler mit Lernbeeinträchtigungen. Grundlagen – Praxis – Forschung (7–12). Stuttgart: Kohlhammer.

11 Kurzporträts der Forschungsprojekte des Lehrstuhls zum Schwerpunkt »Inklusion & Qualifikation«

Mario Riesch, Julia Eiperle, Ulrike Sendelbach, Michael Wittko & Susanne Bjarsch

Einleitung

»Als festgestellt wurde, dass die UN-BRK auch für Bayern gilt ...«.
(Ulrich Heimlich, bei verschiedenen Gelegenheiten)

Im Jahr 2009 hat Deutschland das *Übereinkommen über die Rechte von Menschen mit Behinderungen* (UN-BRK) unterzeichnet. Man stelle sich solch eine Ratifikation als einen hoch offiziellen und durchaus feierlichen Akt vor. Schließlich verpflichtet sich die unterzeichnende Nation dazu, den Vertrag als völkerrechtlich bindend anzuerkennen und die eigene Gesetzgebung entsprechend zu gestalten. Im Falle der UN-BRK geht es um nicht weniger, als Menschen mit Behinderungen als gleichberechtigt anzuerkennen und in allen Bereichen des gesellschaftlichen Lebens Voraussetzungen zu schaffen, die ihnen eine gleichberechtigte Teilhabe ermöglichen. So auch im Schulsystem und selbstverständlich auch in Bayern.

Für einen klaren Verfechter integrativer Bestrebungen wie Prof. Dr. Ulrich Heimlich waren die Ansätze und Gedanken der Inklusion seinerzeit keine unbekannten. Begriffe waren neu zu verhandeln, die Gesetzgebung wurde aktualisiert, die Blickrichtung jedoch blieb die gleiche. Und schnell war klar, dass unter dem Schlagwort Inklusion die Forderung nach einer Überwindung von Grenzen oder Barrieren eine noch größere Vehemenz entwickeln konnte, als es der Begriff Integration seit den 1960er Jahren initiiert hatte – ging es doch jetzt darum, eine Gesellschaft anzustreben, die von vornherein keine ausgrenzenden Strukturen entwickelt.

Im Folgenden werden inklusive Projekte vorgestellt, die Prof. Dr. Ulrich Heimlich aktuell in seiner Funktion als Leiter des Lehrstuhls für Lernbehindertenpädagogik an der LMU München begleitet, z. T. initiiert und konzipiert hat und die zeigen, welche Bandbreite sein Wirken innerhalb der Universität, im Lehramtsstudium, aber auch darüber hinaus abdeckt.

11.1 Projekt: Inklusionsdidaktische Lehrbausteine (!DL)

Mario Riesch & Julia Eiperle

Das Projekt *Inklusionsdidaktische Lehrbausteine (!DL)* ist Teil des Programms *Lehrerbildung@lmu* an der LMU und wird im Rahmen der *Qualitätsoffensive Lehrerbildung (QLB)* des Bundesministeriums für Bildung und Forschung (BMBF) gefördert.

11.1.1 Projektidee und Projektziele

Das langfristige Ziel des Projekts besteht darin, durch den Aufbau und die Etablierung einer Lernplattform für die erste Phase der Lehrerinnen- und Lehrerbildung ohne tutorielle Begleitung einen Beitrag zur Vorbereitung aller Lehramtsstudierenden auf ein inklusives Schulsystem an der LMU und darüber hinaus zu leisten. Um dieses übergeordnete Ziel langfristig zu erreichen, wurden je nach Projektphase unterschiedliche Etappenziele festgelegt: So zielte die erste Projektphase von Herbst 2015 bis Winter 2018 darauf ab, die Lernplattform zu konzipieren und in einer ersten Version inhaltlich und technisch umzusetzen. Die seit Frühjahr 2019 laufende zweite Projektphase sieht hingegen das Erproben, Evaluieren, Optimieren und Verbreiten der Lernplattform in mehreren Schleifen vor. Die Laufzeit für die zweite Projektphase endet im Dezember 2022.

Primäre Zielgruppen der *!DL-Plattform* sind Lehramtsstudierende aller Fächer und Schularten sowie Hochschullehrende in der ersten Phase der Lehrerinnen- und Lehrerbildung. Erste Erprobungen in der zweiten und dritten Phase der Lehrerinnen- und Lehrerbildung rücken weitere mögliche Personenkreise wie beispielsweise Referendarinnen und Referendare sowie Lehrkräfte im aktiven Dienst als sekundäre Zielgruppen in den Fokus des Interesses.

Prof. Dr. Ulrich Heimlich (neben Prof. Dr. Markus Gloe Leiter des Projekts) beschreibt seine persönliche Zielsetzung in diesem Projekt wie folgt:

> »Mit dem Projekt !DL möchte ich gern ein Studienangebot für Lehramtsstudierende sowie Referendarinnen und Referendare machen, das ihnen ermöglicht[,] sich bereits in der Lehrerbildung auf die Praxis des inklusiven Unterrichts in unterschiedlichen Schulstufen, Unterrichtsfächern und bezogen auf verschiedene sonderpädagogische Schwerpunkte vorzubereiten. Wenn darüber hinaus auch Lehrkräfte im Rahmen der Lehrerfortbildung auf die Materialien der !DL-Plattform im Sinne einer ersten Information über inklusiven Unterricht zugreifen wollen und davon profitieren können, so wäre das ein zusätzlicher Effekt« (Heimlich 2020).

Für die primären Zielgruppen sind vor allem zwei Anwendungsfälle für die !DL-Plattform vorgesehen:

- Einbindung in bestehende und/oder neue universitäre Lehrveranstaltungen sowie
- Selbststudium.

Der Name des Projekts – Inklusionsdidaktische Lehrbausteine – verweist dabei vor allem auf den ersten Anwendungsfall. Die Plattform kann in diesem Sinne als eine Art multimedialer *Baukasten* verstanden werden: Lehrende können einerseits einzelne Bausteine der Plattform für ihre Lehrveranstaltung auswählen und miteinander kombinieren, um für einen inklusiven Schulalltag notwendige Kompetenzen bei den Studierenden zu fördern. Andererseits können die Studierenden im Rahmen der Lehre, z. B. zur Gestaltung eines Referats oder einer ganzen Sitzung, ebenfalls auf einzelne Bausteine der !DL-Plattform zurückgreifen. Die !DL-Plattform stellt dabei unterschiedliche Medienformate – u. a. Filme, Audios und PDFs – zur Auseinandersetzung mit dem Thema Inklusion zur Verfügung. Eine besondere Bedeutung haben jedoch die Filme, die praxisnah in die Themenbereiche einführen. Darüber hinaus können sich die Studierenden und Lehrenden im Selbststudium die Inhalte der !DL-Plattform eigenverantwortlich aneignen.

11.1.2 Beteiligte Institutionen und Personen

Die Projektleitung übernahmen zunächst Prof. Dr. Joachim Kahlert (Lehrstuhl für Grundschulpädagogik und -didaktik) gemeinsam mit Prof. Dr. Ulrich Heimlich. Nach der Pensionierung von Prof. Dr. Kahlert ist Prof. Dr. Markus Gloe (Lehreinheit Politische Bildung und Didaktik der Sozialkunde) im Frühjahr 2019 mit in die Projektleitung eingestiegen. Bei der Realisierung der !DL-Plattform waren bis heute insgesamt elf Lehrstühle und Lehreinheiten der LMU beteiligt. Zwei Besonderheiten liegen in Bezug auf die Akteurinnen und Akteure im Projekt !DL vor: Auf der Ebene der Lehrstühle bzw. Lehreinheiten besteht die Besonderheit darin, dass die beteiligten Lehrstühle bzw. Lehreinheiten unterschiedlichen Disziplinen – Sonderpädagogik, Fachdidaktik sowie Grundschulpädagogik und Grundschuldidaktik – zuzuordnen sind. Das Projekt war somit von Anfang an ein disziplinübergreifendes Unterfangen. Auf der Ebene der Mitarbeiterinnen und Mitarbeiter ist als Spezifikum anzumerken, dass sowohl abgeordnete Lehrkräfte als auch wissenschaftliche Mitarbeiterinnen und Mitarbeiter in das Projekt bewusst involviert sind. Ziel ist eine gewinnbringende Verknüpfung von Theorie und Praxis.

An der Produktion der auf der !DL-Plattform verfügbaren Filme waren, neben den Mitwirkenden auf Seiten der Hochschule, das professionelle Filmteam der *Royal Filmmakers* sowie zahlreiche Praxispartnerinnen und Praxispartner maßgeblich beteiligt. Bei den Praxispartnerinnen und Praxispartnern handelt es sich um Bildungseinrichtungen aus allen Schularten, die dem Projektteam das Drehen von ganz unterschiedlichen Filmen rund um das Thema *Inklusion in der Schule* im eigenen Haus ermöglicht haben.

11.1.3 Umsetzung des Projekts

Die aktuelle Version der !DL-Plattform (Stand: Oktober 2020) umfasst mittlerweile 40 Filme mit einer Gesamtlänge von rund 291 Minuten, 58 Audio-Dateien sowie über 1000 Seiten PDF-Dateien (Informationstexte, Fallbeispiele, Übungen, Lösungen etc.). Um diese Fülle an Material zugänglich zu machen, wurden auf der Homepage unterschiedliche Zugänge konzipiert und technisch umgesetzt: *Themenkreise, Navigator, Sachregister, FAQ*. Die vier Zugänge befinden sich, für die Nutzerinnen und Nutzer deutlich ersichtlich, direkt auf der Startseite der ! DL-Plattform.

Die *Themenkreise* bündeln dabei die Plattformbereiche:

- *Inklusive Momente*,
- *Förderschwerpunkte* (inkl. Unterbereiche: emotionale und soziale Entwicklung, geistige Entwicklung, Hören, Lernen, Sprache),
- *Fachdidaktiken* (inkl. Unterbereiche: Chemie, Deutsch, Geschichte, Mathematik, Musik, Politik und Gesellschaft),
- *Schulstufen* (inkl. Unterbereiche: Primarstufe, Sekundarstufe) sowie
- *Querschnittthemen* (inkl. Unterbereiche: Beziehung, Haltungen, Herausforderungen, Kommunikation, Unterrichtspraxis).

Bei den fünf *Querschnittthemen* handelt es sich um Themen, die sich im Laufe des Projekts als über die Disziplinen hinweg relevante gemeinsame inklusionsbezogene Themen offenbart haben. Sie dienen auf der !DL-Plattform dazu, Nutzerinnen und Nutzer aus ihrem ›Schubladen-Denken‹ herauszulösen (z. B. im Sinne von: »Ich studiere Mathematik, also schaue ich mir nur diesen Plattformbereich an und blende die anderen aus.«) und sie in Bereiche der !DL-Plattform zu führen, die für sie ansonsten durch einen rein domänenspezifischen Zugriff verschlossen blieben. Der Zugang über den sogenannten *Navigator* führt per Klick auf die einzelnen Begriffe zu denselben Bereichen, die bereits bei den Themenkreisen vorgestellt wurden. Um auszudrücken, dass Inklusion ein Prozess mit vielen Beteiligten ist, befindet er sich auf der Startseite der !DL-Plattform in ständiger Bewegung, sodass unterschiedliche Kombinationen möglich werden (abrufbar unter: www.lmu.de/mzl/idl; ► Abb. III.7).

Im *Sachregister* haben die Nutzerinnen und Nutzer die Möglichkeit, sich mit Hilfe einer Auswahl an alphabetisch geordneten Begriffen der Thematik der Plattform anzunähern. Im Bereich *FAQ* finden sie kurze Antworten zu häufig gestellten Fragen rund um das Thema *Inklusion in der Schule*. Eine besondere Bedeutung kommt dabei zentralen Begriffsbestimmungen wie beispielsweise *Inklusion* oder *Sonderpädagogischer Förderbedarf* zu.

Zwei Plattformbereiche, die Heimlich maßgeblich geprägt hat, sollen im Folgenden ausführlicher vorgestellt werden: zum einen der Plattformbereich *Förderschwerpunkt Lernen*, zum anderen der Plattformbereich *Inklusive Momente*.

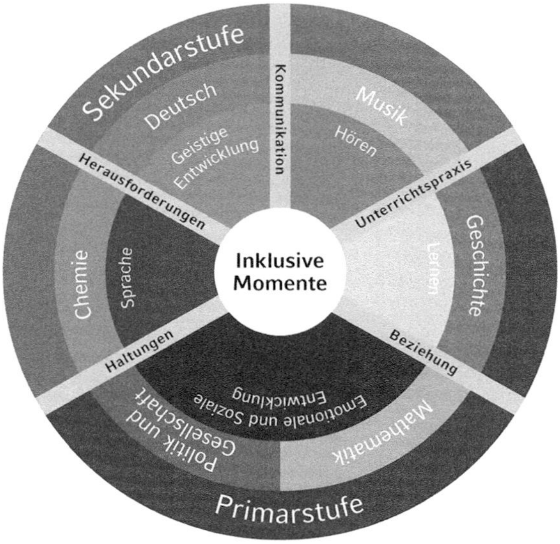

Abb. III.7: Navigator der Startseite der Plattform !DL

Plattformbereich Förderschwerpunkt Lernen

Im Plattformbereich *Lernen* wurde von Beginn an, und in gewisser Weise stilbildend für die gesamte !DL-Plattform, fallbasiert gearbeitet. Kinder und Jugendliche, Lehrkräfte, Schulleitungen sowie Schulbegleiterinnen und Schulbegleiter wurden ins Zentrum dieses Plattformbereichs gestellt. In den Filmen und den begleiteten Materialien wird den Studierenden hier die Möglichkeit gegeben, sich in einer intensiven Beschäftigung mit realen ›Fällen‹ mit der besonders großen Bandbreite der Herausforderungen des Förderschwerpunkts Lernen auseinanderzusetzen. Es wurde von Heimlich dabei besonders Wert daraufgelegt, dass das Zusammenspiel und die Zusammenarbeit der unterschiedlichen Akteurinnen und Akteuren den Studierenden nicht nur im speziellen Setting Förderzentrum, sondern primär an konkreten Beispielen aus der allgemeinen Schule nähergebracht werden.

Heimlich beschreibt den Mehrwert des Plattformbereichs *Lernen* wie folgt:

> »In den Videosequenzen zu unserem sonderpädagogischen Schwerpunkt kommt sehr schön zum Ausdruck, in welch hohem Maße hier eine individuelle Unterstützung der Schülerinnen und Schüler erforderlich ist. Die filmisch dokumentierten Fallbeispiele zeigen in diesem Zusammenhang, wie mühsam die Lernfortschritte von den Schülerinnen und Schülern erarbeitet werden müssen und wie schnell sie in einem inklusiven Unterricht ohne sonderpädagogische Unterstützung an den Rand gedrängt würden. Insofern bin ich sehr froh, dass die !DL-Plattform im sonderpädagogischen Schwerpunkt Lernen noch einmal nachdrücklich zeigt, wie wichtig die sonderpädagogische Fachkompetenz in diesem Bereich für eine gute Qualität des inklusiven Unterrichts ist« (Heimlich 2020).

Plattformbereich Inklusive Momente

Im zentralen Plattformbereich *Inklusive Momente* gibt Heimlich den Nutzerinnen und Nutzern als Fundament für ihre Auseinandersetzung mit den vielfältigen Bausteinen der !DL-Plattform eine Grundidee mit auf den Weg, die Gelingensfaktoren von inklusiven Momenten und Prozessen in einem Konzentrat zusammenfasst:

> »Teilhaben und Beitragen sind die beiden Seiten der Lernerfahrung, die in inklusiven Momenten möglich werden. Teilhaben und Beitragen sind deshalb Grunddimensionen von inklusiven Momenten« (Heimlich 2019, S. 3).

Diese Grundidee fußt auf einer Vielzahl von persönlichen Begegnungen und Beobachtungen in inklusiven Schulen. Heimlich beschreibt anhand eines ganz konkreten Erlebnisses mit einer Schülerin mit Down-Syndrom, die für ihre Klasse die gesamte Pausenbrotorganisation von der Bestellung bis zum Nachzählen des Rückgeldes übernimmt, welche Dimensionen von Inklusion in einem Gelingensmoment, einem Inklusiven Moment, in *Balance* sind: kommunikative und kognitive Kompetenzen auf der einen Seite, sensomotorische und sozial-emotionale Kompetenzen auf der anderen Seite, Individualisierung und Gemeinsamkeit, Offenheit und Struktur, Gleichheit und Freiheit. Die oftmals in der Ausbildung beschworene, aber schwer zu beschreibende *inklusive Haltung* wird hier fassbar:

Sarah steht die Freude über diese Anerkennung ins Gesicht geschrieben. Sarah will immer dabei sein. Der Unterrichtsstoff in der 9. Klasse der Mittelschule fällt ihr ganz schön schwer. Sie hat das Down-Syndrom. In der Klasse ist sie sehr beliebt. Und den Frühstückseinkauf lässt sie sich ganz bestimmt nicht mehr nehmen.

Das besondere Potential der !DL-Plattform als Ganzes, aber auch deren Grenzen bringt Heimlich mit folgenden Worten zum Ausdruck:

> »Ich sehe das besondere Potential der !DL-Plattform darin, dass Hemmschwellen i[n] Bezug auf den inklusiven Unterricht abgebaut werden und eine Bereitschaft im Rahmen der Lehrerbildung entsteht, sich mit der Vorbereitung und Durchführung von inklusivem Unterricht zu beschäftigen. Dazu bietet die Plattform sowohl Hilfen zur grundlegenden Orientierung über Fragen des inklusiven Unterrichts im Sinne von Begründungszusammenhängen als auch konkrete Hilfen in spezifischen Situationen. Deshalb ist die !DL-Plattform meiner Meinung nach ein dringend benötigtes Unterstützungssystem in der Vorbereitung auf den inklusiven Unterricht. Die eigene Unterrichtspraxis im inklusiven Unterricht und die eigene Praxiserfahrung kann die !DL-Plattform selbstverständlich nicht ersetzen. Aber sie kann den Einstieg erleichtern« (Heimlich 2020).

11.1.4 Aktueller Stand und Perspektive

Die !DL-Plattform wurde im Wintersemester 2019/2020 erstmals für alle Angehörigen der LMU passwortgeschützt freigeschaltet. Im Februar 2020 folgte eine feierliche Vorstellung der !DL-Plattform vor einem breiteren Fachpublikum.

Im Projektjahr 2020 steht, entsprechend dem zu Beginn beschriebenen Etappenziel, ansonsten die Erprobung, Evaluation, Optimierung und Verbreitung der !DL-Plattform im Fokus. Die Evaluation folgt dabei dem *Design-Based-Research-*

Ansatz (DBR) (vgl. Reinmann 2018). Die im Rahmen dieses Ansatzes beschriebenen Phasen sollen im Projekt !DL insgesamt dreifach durchlaufen werden. Der Evaluation liegt ein Mehrebenenmodell zugrunde. Diesem folgend, bezieht sich die Evaluation auf drei unterschiedliche Ebenen, in denen für die Evaluation vier Evaluationsinstrumente entwickelt wurden.

- Ebene 1: !DL-Plattform (Online-Fragebögen mit geschlossenen und offenen Fragen für Studierende und Hochschullehrende).
- Ebene 2: Lehrveranstaltungen, in denen die !DL-Plattform zum Einsatz kommt (Einstellungsfragebogen mit geschlossenen Fragen zur Inklusion für Studierende sowie Gedankenprotokoll, sprich Vorher-Nachher-Fragebogen mit offenen Fragen, für Hochschullehrende).
- Ebene 3: Individuelles Nutzerverhalten auf der !DL-Plattform (Online-Lautes-Denken mit anschließendem, leitfadengestütztem Online-Interview mit Studierenden).
- Auf Basis der bisherigen Evaluationsergebnisse wurden an der !DL-Plattform im Sommer und Herbst 2020 erstmalig Änderungen, wie beispielsweise das Einrichten einer Suchfunktion sowie das Aufbauen des Plattformbereichs *Deutsch*, vorgenommen. Im Herbst 2020 wurde die !DL-Plattform zusätzlich für die gesamte Lehrerinnen- und Lehrerbildung freigeschalten.

Die folgenden Projektjahre werden, ebenso wie das Jahr 2020, weiterhin ganz unter dem Zeichen Erprobung, Evaluation, Optimierung und Verbreitung der ! DL-Plattform stehen.

11.1.5 Zum Schluss und zum Abschied

Das ›Unter-einen-Hut-Bekommen‹ von Vorstellungen, Ideen und Initiativen einer großen Anzahl von Beteiligten aus elf Lehrstühlen und Lehreinheiten, professionellen Filmemacherinnen und Filmemachern und außeruniversitären Partnerinnen und Partnern erfordert von der Projektleitung viel Mut, Geduld, Aufmerksamkeit, echtes Interesse und ein hohes Gespür für die entscheidenden Momente: eine inklusive Haltung.

An einer Partnerschule, an der wir mehrere Filme gedreht und Begleitmaterialien entwickelt haben, wird das Leitbild der Schule mit drei Säulen und einem diese Säulen verbindenden Element erfasst. Die Säulen sind die gegenseitige Wertschätzung, die Autonomie und Authentizität der verantwortlichen Mitarbeiterinnen und Mitarbeiter und als dritte Säule der Teamgedanke, der auch die leitete Person einschließt. Das allesverbindende Element ist das Gespräch, die funktionierende Kommunikation. Die Zusammenarbeit mit und Leitung durch Prof. Dr. Ulrich Heimlich lässt sich mit diesem Leitbild sehr treffend beschreiben. Herzlichen Dank!

11.2 Projekt: Sonderpädagogik für Berufsschullehrkräfte

Ulrike Sendelbach

Es ist gute Tradition am Lehrstuhl von Prof. Dr. Ulrich Heimlich, sich nicht ausschließlich auf die erste Phase der Lehrerinnen- und Lehrerbildung, das universitäre Studium, zu konzentrieren, sondern sich darüber hinaus mit verschiedenen Kooperationspartnerinnen und -partnern in der zweiten und dritten Phase der Lehrerinnen- und Lehrerbildung zu engagieren. So entstand in Zusammenarbeit mit dem Bayerischen Staatsministerium für Unterricht und Kultus zum Wintersemester 2017 das Weiterbildungsangebot *Sonderpädagogik für Berufsschullehrkräfte*.

11.2.1 Projektidee und Projektziele

Die Entwicklung eines inklusiven Bildungssystems nach den Maßgaben der UN-Behindertenrechtskonvention (UN-BRK) ist nicht möglich ohne entsprechende Qualifizierung aller in der (schulischen) Bildung tätigen Fachkräfte. Es ist also »unumstritten, dass Inklusion nicht nur ein Thema für die sonderpädagogische Lehrerbildung sein sollte, sondern darüber hinaus die gesamte Lehrerbildung betrifft« (Heimlich & Kiel 2020, S. 5).

Die Weiterbildungsmaßnahme *Sonderpädagogik für Berufsschulehrkräfte*, deren namensgebende Zielgruppe Lehrkräfte an berufsbildenden Schulen sind, erfüllt exakt dieses Postulat.

Hervorgegangen ist sie aus dem schulischen Modellversuch *Inklusive Berufliche Bildung in Bayern – IBB* (2012–2016). Getragen wurde dieser von der Stiftung Bildungspakt Bayern und dem Bayerischen Staatsministerium für Unterricht und Kultus, wissenschaftlich begleitet von der Julius-Maximilians-Universität Würzburg. Es wurden Antworten auf die Frage gesucht, welche organisatorischen, personellen, aber auch didaktisch-methodischen Maßnahmen notwendig sind, um jungen Menschen mit sonderpädagogischem Förderbedarf in den Schwerpunkten Lernen sowie emotionale und soziale Entwicklung die erfolgreiche Teilnahme und Teilhabe am Unterricht der Regelberufsschule zu ermöglichen (vgl. Stein, Kranert & Wagner 2016).

Eine Antwort war, dass es sich bei der Inklusion von Schülerinnen und Schülern mit sonderpädagogischem Förderbedarf an beruflichen Schulen um einen Prozess handelt, der nach vier Jahren Schulversuch noch nicht zu Ende ist (vgl. StMBW 2016). Als »wegweisendes Ergebnis für die künftige Gestaltung eines stärker inklusiven beruflichen Schulsystems in Bayern wurde aus den Forschungsergebnissen [jedoch] der systematische Kompetenztransfer zwischen allen beteiligten Professionen im Rahmen von Weiterbildungsmaßnahmen herausgearbeitet« (Elbert 2020, S. 244).

Die Erreichung des Ziels einer qualitativ hochwertigen inklusiven Beschulung von Jugendlichen mit sonderpädagogischem Förderbedarf an beruflichen Schulen wurde nach Beendigung des Schulversuchs konsequent weiterverfolgt: Bereits zum Wintersemester 2016/17 schufen die beiden bayerischen Standorte für die sonderpädagogische Lehrerinnen- und Lehrerbildung, München und Würzburg, die Möglichkeit zur sonderpädagogischen Zusatzqualifikation in den Förderschwerpunkten Lernen sowie emotionale und soziale Entwicklung für Lehrkräfte an berufsbildenden Schulen. Am Studienort München, der Ludwig-Maximilians-Universität (LMU), ist der Lehrstuhl für Lernbehindertenpädagogik von Prof. Dr. Ulrich Heimlich maßgeblich verantwortlich. In enger Kooperation und Abstimmung mit dem Lehrstuhl für Pädagogik bei Vershaltensstörungen, vertreten durch Prof. Dr. Reinhard Markowetz, wird das Projekt bis heute von Heimlich unterstützt, getragen und mit viel Interesse für die einzelnen Teilnehmerinnen und Teilnehmer begleitet.

11.1.2 Umsetzung des Projekts

Das universitäre Angebot *Sonderpädagogik für Berufsschullehrkräfte* umfasst insgesamt zwei Studienjahre, d. h. vier Semester. In den ersten beiden Semestern wird die Fachrichtung Pädagogik und Didaktik bei Lernschwierigkeiten studiert und abgeschlossen; im dritten und vierten Semester folgt das Studium der Pädagogik und Didaktik bei Verhaltensstörungen. Jeweils zum Wintersemester werden zehn Lehrkräfte als geschlossene Kohorte neu aufgenommen. Die Weiterbildung ist frei von Studiengebühren.

Von wesentlicher Bedeutung ist die Freistellung vom Unterricht der berufsbegleitend studierenden Lehrkräfte für einen Seminartag pro Woche. Die Lehrveranstaltungen der LMU findet an diesem Seminartag in Präsenz statt. Je Semester gliedert er sich in wöchentlich vier Lehrveranstaltungen à 90 Minuten sowie eine dreitägige Blockveranstaltung in der unterrichtsfreien Zeit. Zum Ende eines jeden Semesters wird das Kursangebot evaluiert, die Ergebnisse fließen in die laufende Gestaltung ein. Die Studieninhalte gliedern sich wie im Folgenden dargestellt.

Erstes Semester – Grundlagen einer Pädagogik bei Lernschwierigkeiten

Neben begrifflichen Grundlagen stehen im Teilmodul *Einführung in die Pädagogik bei Lernschwierigkeiten* Bedingungsfaktoren und Erklärungsmodelle für Lernschwierigkeiten sowie psychologische und pädagogische Aspekte von Lernschwierigkeiten im Mittelpunkt.

Das Hauptaugenmerk im Teilmodul *Inklusive und spezifische Organisationsformen* liegt auf der sonderpädagogischen Förderung durch stationäre und ambulante Förderung, auf kooperativen Lernformen und der inklusiven Schule sowie, gleichrangig mit den vorgenannten, Aspekten zum Übergang Schule-Beruf.

Für das Teilmodul *Interventionen bei speziellen Lernschwierigkeiten* seien beispielhaft die Themen Förderung des induktiven Denkens und Lernens, Förderung von Gedächtnisprozessen und die Vermittlung von Lernstrategien und selbstreguliertem Lernen genannt.

Einen Schwerpunkt des Teilmoduls *Sonderpädagogische Arbeitsfelder bei Lernschwierigkeiten: Berufliche Rehabilitation* bildet das persönliche Kennenlernen von zentralen Einrichtungen zur beruflichen Rehabilitation junger Menschen – in erster Linie von Berufsbildungswerken und Berufsschulen zur sonderpädagogischen Förderung. Vorbereitet wird dieses Kennenlernen durch die intensive Beschäftigung mit den Themenkomplexen berufliche Inklusion, sonderpädagogische Förderung in der beruflichen Vorbereitung und Ausbildung und Parameter beruflicher Rehabilitation.

Im fünften Teilmodul schließlich, *den Soziologischen Grundlagen der Lernschwierigkeiten*, steht der Zusammenhang zwischen Schule und Armut, die Förderung bei sozialer Benachteiligung sowie Fragen der Migration und Resilienz im Fokus.

Nach Referaten, die die Teilnehmerinnen und Teilnehmer während des Semesters erstellen, bildet die Modulprüfung in Form einer Klausur über alle Inhalte den Abschluss des Ersten Semesters.

Zweites Semester – Didaktik der individuellen Lernförderung bei Lernschwierigkeiten

Das Teilmodul *Grundlagen der Didaktik bei Lernschwierigkeiten* mit einer Auswahl an Unterrichtskonzeptionen, aber auch verschiedenen Strömungen und Konzeptionen der Inklusiven Didaktik, bildet das Fundament des zweiten Ausbildungshalbjahres.

Ganz wesentlich ist das Teilmodul *Förderdiagnostik und Förderplanung bei Lernschwierigkeiten*, mit Inhalten wie Methoden der Förderdiagnostik, Überblick über diagnostische Verfahren, Förderdiagnostik in der Berufsvorbereitung sowie kooperativer Förderplanung inklusive Erstellung eines Förderplans für eine konkrete Schülerin oder einen konkreten Schüler.

Die *Praxis der individuellen Lernförderung* hat Möglichkeiten der Inklusion an beruflichen Schulen zum Gegenstand: Wie können Differenzierung, didaktische Reduktion u. a. m. umgesetzt werden, wenn das Ziel doch eine für alle gleiche Prüfung darstellt? Wie kann ein konstruktiver Umgang mit Fehlern aussehen? Auch das Thema Nachteilsausgleich mit den rechtlichen Bedingungen spielt eine wichtige Rolle.

In den *Grundlagen der individuellen Lernförderung I (Deutsch)* liegt der Schwerpunkt auf der Textoptimierung und den Möglichkeiten der Förderung der Lesekompetenz bei leseschwachen Jugendlichen, während *Grundlagen der individuellen Lernförderung II (Mathematik)* Basiswissen zum Thema Dyskalkulie und den Zusammenhang zwischen Mathematik und (Schrift-)Sprache oder den Aufbau elaborierter Rechenfähigkeiten zum Inhalt haben.

Auch hier gestalten die Studierenden Referate. Das Semester schließt ebenfalls mit einer Modulprüfung ab. Gefordert wird die Erstellung eines Portfolios zur Planung einer Unterrichtseinheit mit dem Mittel eines Inklusionsdidaktischen Netzes.

Das *Inklusionsdidaktische Netz* ist einer näheren Betrachtung wert: Berufsschulen haben traditionell eine sehr heterogene Schülerschaft, was Alter, Schulabschlüsse, berufliche Vorerfahrungen und die Lebenserfahrungen im Allgemeinen betrifft. Deshalb ist es ein zentrales Ziel im Sinne der inklusiven Beschulung, dass auch Berufsschulen »einen Unterricht anbieten, der dem Zusammenspiel sehr unterschiedlicher sozialer, emotionaler und kognitiver Fähigkeiten, Bedürfnisse und Entwicklungsmöglichkeiten Rechnung trägt« (Heimlich & Kahlert 2014, S. 154). Möglich wird dies mit dem Arbeitsmodell des inklusionsdidaktischen Netzes. An dessen Anfang steht die Analyse der lebensweltlichen und fachbezogenen Perspektiven des Unterrichtsthemas. Im Anschluss daran wird untersucht, welche Möglichkeiten die sensomotorischen, kommunikativen, emotionalen, sozialen und kognitiven Entwicklungsbereiche in Bezug auf das Thema bieten, bevor fachliche und entwicklungsbereichsbezogene Inhalte ausgewählt werden (vgl. ebd.).

Erprobt sind die inklusionsdidaktischen Netze für die Grundschule, in der Berufsschule kennt man sie noch wenig. Wie exzellent sie für die Berufsschule adaptiert werden können, sei an einem Beispiel aus dem Fachbereich Metallbau gezeigt (► Tab. III.3).

Nach den beiden Modulprüfungen im ersten Studienjahr legen die studierenden Berufsschullehrkräfte im dritten und vierten Semester im Förderschwerpunkt emotionale und soziale Entwicklung ebenfalls zwei Modulprüfungen ab. Bei erfolgreichem Abschluss aller vier Modulprüfungen erhalten sie zum Studienabschluss ein Zertifikat.

11.2.3 Beteiligte Institutionen und Personen

Träger des Projekts sind die beiden Lehrstuhlinhaber, Prof. Dr. Reinhard Markowetz für den Lehrstuhl Pädagogik bei Verhaltensstörungen und Prof. Dr. Ulrich Heimlich für den Lehrstuhl Lernbehindertenpädagogik. Finanzieller Träger ist das Bayerische Staatsministerium für Unterricht und Kultus, die Räume werden von der LMU gestellt.

Fachliche Leitung und inhaltliche Ausgestaltung obliegen einer teilabgeordneten Lehrkraft. Mit einer halben Stelle leitet sie die Weiterbildungsmaßnahme, mit der anderen halben Stelle ist sie in einer Förderberufsschule tätig. Hinzu kommt eine Lehrbeauftragte; auch sie unterrichtet neben dem Lehrauftrag an einer Förderberufsschule. Diese beiden Lehrkräfte übernehmen die Gestaltung der Lehrveranstaltungen, die Studienberatung und die Modulprüfungen. Die enge Verzahnung mit der förderberufsschulischen Praxis wird dabei von allen Beteiligten als sehr gewinnbringend erlebt.

Die Verbindung zur Praxis spiegelt sich nicht nur in der beruflichen Tätigkeit der leiteten Personen wider, sondern auch in den bereits erwähnten Exkursionen. Zusätzlich werden externe Referentinnen und Referenten eingeladen, um die Darstellung des vielfältigen Bildes der Berufsvorbereitung und Berufsbildung abzurunden: So waren schon Schulpsychologinnen und Schulpsychologen zu Gast, Vertreterinnen und Vertreter des Integrationsfachdiensts, der Arbeitsagen-

Tab. III.3: Inklusionsdidaktisches Netz (aus: Prinz, F. (2020): Portfolio Inklusiver Unterricht mit inklusionsdidaktischen Netzen (unveröffentlicht), S. 3)

Inklusionsdidaktisches Netz: Anschlagen von Lasten – Fachbereich Metallbau			
Entwicklungsbereiche	**Lebensweltliche und fachbezogene Perspektive**		**Entwicklungsbereiche**
Sensomotorische Aspekte	Technische Perspektive	Soziologische Perspektive	Kommunikation und Sprache
Wie fühlen sich Bänder, Schlupfe und Ketten an? Wie fühlen sich ablegereife Anschlagmittel an? Wie fühlt sich Stahl an?	Formschluss, Kraftschluss, Stoffschluss Welche Last benötigt welches Anschlagmittel? Herstellung von Kunststoffen Herstellung von Stahl Anschlagmittel und Lastaufnahmemittel, Hilfswerkzeuge	Wie verhalte ich mich in Werkstätten? Wie komme ich in der Rolle als Handwerker zurecht? Wirtschaftliche Perspektive Einsatz der Anschlagmittel: viele mit wenig Last oder wenige mit viel Last?	Wie werden die unterschiedlichen Anschlagmittel benannt? Wie schreibt man die Anschlagmittel richtig? Wie kommuniziert der Anschläger mit dem Kranfahrer (genormte Zeichensprache)?
Kognitive Aspekte (Denken und Lernstrategien)	Sicherheitstechnische Perspektive	Naturwissenschaftliche Perspektive	Emotionen und soziales Handeln
Worauf kommt es beim Einsatz von Anschlagmitteln an? Welchen Einfluss hat der Winkel zwischen Lastaufnahmemittel und Anschlagmittel? Wie kommt man an Informationen, um die Anschlagmittel fachgerecht einzusetzen?	Sind alle ausgebildet für die Arbeit mit Anschlagmitteln, Förderfahrzeugen und Maschinen? Ist die Funktionsfähigkeit des Materials gegeben? Historische Perspektive Wie stellte man früher Seile her? Wie stellte man früher Ketten her? Wie haben sich Anschlagmittel entwickelt?	Physikalische Grundlagen Kräftezerlegung, Kräfte im Seil, Vektorrechnung graphisch und algebraisch Ethische Perspektive Was bringt es, alle Vorschriften einzuhalten? Warum schütze ich nicht nur mich, sondern auch andere?	Arbeit im Team Wie kooperiert man zwischen unterschiedlichen Teammitgliedern? Was löst das Bewegen von großen Lasten mittels Maschinen in mir aus? Arbeitsbedingungen in China, woher die Anschlagmittel bezogen werden

tur und der Mobilen Sonderpädagogischen Dienste an Berufsschulen. An Gestaltung beteiligt sind natürlich auch die teilnehmenden Berufsschullehrkräfte, die Jahr für Jahr mit hohem Interesse, viel Engagement, mit Humor und Offenheit für das Neue, die Seminarzeiten mittragen und gestalten. Als Beleg mögen folgende Auszüge aus den Evaluationsbögen der Teilnehmerinnen und Teilnehmer dienen:

- »wertschätzender Respekt gegenüber Vorerfahrungen und Anknüpfen an das Vorwissen der Teilnehmerinnen und Teilnehmer«
- »positiver Geist«
- »erwachsenengerechtes Arbeiten«
- »Haltungsänderung«
- »umfassender Zugang zur Infrastruktur der Universität«
- »individueller Zuschnitt auf die Anforderungen des Schulalltags«

11.2.4 Aktueller Stand und Perspektive

Bemerkenswert am Projekt *Sonderpädagogik für Berufsschullehrkräfte* ist seine Dynamik: Veränderungen, Anpassungen und Verbesserungen, die z. T. auf den genannten Evaluierungen durch die Teilnehmerinnen und Teilnehmer beruhen. Die bedeutsamste Weiterentwicklung des Projekts kommt aus dem Staatsministerium für Unterricht und Kultus. Schon nach Abschluss der universitären Phase durch die erste Gruppe von Berufsschullehrkräften, also zum Schuljahr 2018/2019, wurde seitens des Ministeriums eine »zweite Phase der Qualifizierung in der konkreten schulischen Praxis […] an einer Berufsschule zur sonderpädagogischen Förderung« (Schreiben des Bayerischen Staatsministeriums für Unterricht und Kultus vom 31.3.2020, unveröffentlicht) angeboten. In der zweijährigen Praxisphase sind die Berufsschullehrkräfte an eine Berufsschule zur sonderpädagogischen Förderung teil-abgeordnet. Eckpunkte der Praxisphase sind:

- Hospitation im Unterricht einer Förderberufsschule
- eigenverantwortlicher Unterricht in einer Förderberufsschule
- Begleitung der Mobilen Sonderpädagogischen Dienste einer Förderberufsschule
- Abschluss durch einen Lehrversuch mit anschließendem Fachgespräch in einer Förderberufsschule

Aktuell nehmen 19 Berufsschullehrerinnen und Berufsschullehrer am universitären Abschnitt der Qualifizierung teil, 26 Lehrkräfte befinden sich in der Praxisphase. Im Sommer 2020 haben die ersten 13 Lehrkräfte die gesamte vierjährige Weiterbildung, inklusive Praxisphase, abgeschlossen. »Mit der erfolgreichen Teilnahme an der zweijährigen Praxisphase wird in Verbindung mit dem erworbenen Universitätszertifikat die Befähigung für das Lehramt Sonderpädagogik festgestellt« (Schreiben des Bayerischen Staatsministeriums für Unterricht und Kultus vom 16.12.2019, unveröffentlicht).

Der anschließende Aufgabenbereich der Lehrkräfte mit der Lehrbefähigung Sonderpädagogik (Zweitqualifikation) ist das Aufgabenfeld, das für die Mobilen Sonderpädagogischen Dienste beschrieben ist (vgl. Art. 21 BayEUG). Dazu gehören Diagnose, Förderung und Beratung von Schülerinnen und Schülern, Beratung und Fortbildung von Lehrkräften sowie die Koordination sonderpädagogischer Förderung.

Das Projekt zeigt sich in seinem fünften Jahr erprobt und konsolidiert. Bei laufenden Anpassungen, aktuell dem neuen Fokus der individualisierten digitalen Bildung, sollte ihm eine stabile Zukunft sicher sein.

11.3 Projekt: Modellregion Inklusion Kempten (M!K)

Michael Wittko

Im Juni 2016 hat der Kemptener Stadtrat den Kommunalen Aktionsplan zur Umsetzung der UN-Behindertenrechtskonvention (UN-BRK) mit dem Titel *Miteinander inklusiv in Kempten (MIK)* beschlossen. In dem Entstehungsprozess des Aktionsplans kommt bereits das breite Interesse aller Verantwortlichen, besonders im Bereich der Behindertenhilfe, zum Ausdruck. Mit Beginn des Schuljahres 2016/2017 ist die Stadt Kempten als inklusive Modellregion vom Bayerischen Staatsministerium für Bildung und Kultus, Wissenschaft und Kunst (StMBW) anerkannt worden.

11.3.1 Projektidee und Projektziele

Damit wurde die intensive Kooperation zwischen verschiedenen Schulformen, der Kinder- und Jugendhilfe, der Jugendarbeit sowie weiterer sozialer Dienste in Kempten besonders hervorgehoben. Die Beratungsstelle Inklusion beim Schulamt der Stadt Kempten übernimmt eine Netzwerkfunktion, in dem sie sich als Bindeglied für die zahlreichen bestehenden Beratungssysteme versteht. Das Projekt *M!K* soll mögliche Zugänge zur Inklusion in das Gemeinwesen (vgl. Beck 2016) aufzeigen helfen und zur Weiterentwicklung der inklusiven Strukturen im Sinne flächendeckender Modelle in Bayern beitragen (vgl. Deutscher Verein für öffentliche und private Fürsorge e. V./Berufs- und Fachverband Heilpädagogik e. V. 2015; Hartwig & Kronenberg 2014).

Den Auftakt zum Projekt *M!K* bildete am 27.10.2016 eine Open-Space-Veranstaltung, an der ca. 130 Verantwortliche aus der Behindertenhilfe, der Kinder- und Jugendhilfe, der Jugendarbeit und der Kommune teilnahmen. Es entstanden zahlreiche Arbeitsgruppen, die unter dem gemeinsamen Leitbild der Inklusion nunmehr die konkrete Entwicklungsarbeit im Rahmen der inklusiven Modellregion übernehmen.

11.3.2 Beteiligte Institutionen und Personen

Der Prozess der sozialräumlichen Vernetzung von Bildungsinstitutionen wie Schulen und Kindertageseinrichtungen sowie Angeboten der Kinder- und Jugendhilfe, einschließlich der Jugendarbeit in der inklusiven Modellregion Kempten, wurde wissenschaftlich begleitet. Im Mittelpunkt standen dabei auf der Grundlage eines engen Inklusionsverständnisses zunächst Kinder und junge Menschen mit Behinderung (bis zum Alter von 21 Jahren), da diese Gruppe in ihren Teilhabe- und Selbstbestimmungsmöglichkeiten im Sinne des Leitbildes der Inklusion besonders gestärkt werden muss. Dazu ist insbesondere die Vernetzung und Intensivierung der Kooperation bereits vorhandener Bildungs- und Betreuungsangebote erforderlich. Unter Berücksichtigung einer institutionsübergreifenden Perspektive wurden die notwendigen Rahmenbedingungen für das Gelingen schulischer Inklusion in den Blick genommen. Die wissenschaftliche Begleitung wurde in Kooperation zwischen der Ludwig-Maximilians-Universität München (LMU) von Prof. Dr. Ulrich Heimlich und Grundschullehrer Michael Wittko (Teilprojekt A) sowie der Hochschule für angewandte Wissenschaften Kempten von Prof.in Dr. Patricia Pfeil und Prof.in Dr. Ursula Müller (Teilprojekt B) übernommen.

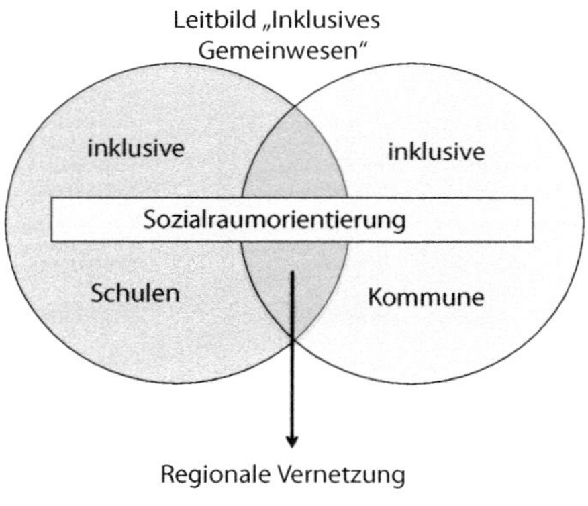

Abb. III.8: Konzept des Projekts »Modellregion Inklusion Kempten (M!K)« (aus: Heimlich, U. & Wittko, M. (2018): Inklusive Regionen – Zukunftsperspektive sonderpädagogischer Förderung? In: Zeitschrift für Heilpädagogik 69 (11), 504–516, hier S. 504)

Anhand der Abbildung wird die angestrebte Verschränkung schul- und sonderpädagogischer Perspektiven auf der einen Seite mit sozialpädagogischen und sozialwissenschaftlichen Perspektiven auf der anderen Seite deutlich (▶ Abb. III.8).

11.3.3 Umsetzung des Projektes

Neben der Mitarbeit in der Steuergruppe der Modellregion Inklusion Kempten und einer erweiterten Steuergruppe bestehend aus Vertreterinnen und Vertretern des Staatsministeriums für Unterricht und Kultus, der Regierung von Schwaben und des Instituts für Schulqualität und Bildungsforschung (ISB), wurden die amtlichen Schuldaten aufbereitet und eigene Strukturdaten durch eine Schulleiterbefragung erhoben. In einem zweiten Arbeitspaket wurde die inklusive Qualität der Kemptener Schulen mit Hilfe der *Qualitätsskala inklusiver Schulentwicklung (QU!S®)* (vgl. Heimlich, Wilfert, Ostertag & Gebhardt 2018) analysiert, sowie in einem weiteren Schritt die Vernetzung der Schulen aus Sicht der Lehrkräfte mit einem quantitativen Fragebogen untersucht. Die Ergebnisse werden im Folgenden kurz dargestellt. Für umfassendere Informationen bietet sich ein Blick in die Forschungsberichte 11-13 an (abrufbar unter: https://www.edu.lmu.de/lbp/forschung/forsch_integr_foerd/forschungsberichte/index.html).

11.3.4 Aktueller Stand

Im Rahmen der Aufbereitung der amtlichen Schuldaten zeigte sich, dass

> »die landesweiten Durchschnittswerte für die einzelnen Indikatoren wie Förderquote, Inklusionsanteil und Inklusionsquote oder Separationsanteil und Separationsquote allein nicht geeignet sind, ein Abbild der tatsächlichen Entwicklung im inklusiven Schulsystem in Bayern zu liefern. Zu groß sind die Unterschiede zwischen städtischen und ländlichen Regionen in der Organisation der sonderpädagogischen Förderung bis hinein in die allgemeinen Schulen. […] Erst die sozialräumliche Betrachtung der amtlichen Schuldaten schafft geeignete Planungsgrundlagen für eine flächendeckende Versorgung mit inklusiven Bildungsangeboten. Hier bedarf es, ganz im Sinne des bayerischen Mottos ›Inklusion durch eine Vielfalt der Wege‹, durchaus unterschiedlicher Lösungen und Steuerungsmodelle« (Heimlich & Wittko 2018, S. 513).

Dazu ist ein Blick nicht nur auf die einzelnen Schulen notwendig, sondern auch eine Wahrnehmung der inklusiven Profilbildung der Landkreise und kreisfreien Städte. Eine solche sozialräumliche Perspektive als Ergänzung zu den amtlichen Schuldaten zur sonderpädagogischen Förderung liefert Indikatoren für die Entwicklung weiterer inklusiver Regionen in den verschiedenen Regierungsbezirken. Insgesamt ist eher von einer Entwicklung mit unterschiedlichen Geschwindigkeiten in den verschiedenen Regionen auszugehen.

> »Für die Entwicklung inklusiver Regionen erscheinen aus sozialräumlicher Perspektive folgende Eckpunkte und Perspektiven zielführend:
>
> - Inklusive Regionen streben eine enge *regionale Vernetzung* der Bildungs- und Unterstützungsangebote in einem Landkreis oder einer kreisfreien Stadt an.
>   Aufbauend auf den bereits vorhandenen Kontakten zwischen den Bildungs- und Unterstützungsangeboten in einer Region werden alle relevanten Akteure in den Entwicklungsprozess mit einbezogen. Außerdem sollte in der jeweiligen Region eine Steuergruppe gebildet werden, die aus Vertretern aller relevanten Organisationen in der Region zusammengesetzt wird.
> - Inklusive Regionen arbeiten mit einer *systemischen Ressourcenzuweisung.*
>   Die Ressourcen für die Bildungs- und Unterstützungsangebote werden der jeweiligen

inklusiven Region als Budget pauschal zugewiesen, damit diese in Eigenverantwortung und in Abstimmung mit der für das Personal verantwortlichen Schulaufsicht verwaltet werden können. Dadurch soll vor Ort eine möglichst hohe Flexibilität in der Verwendung der Mittel entstehen, um sicherzustellen, dass die Mittel dorthin fließen, wo sie tatsächlich benötigt werden.

- Inklusive Regionen zielen auf eine *Qualitätsentwicklung* der Bildungs- und Unterstützungsangebote durch *neue Modelle der Ressourcensteuerung*.
  Um die Qualität der Bildungs- und Unterstützungsangebote in der jeweiligen Region weiterzuentwickeln, ist es erforderlich intelligente Steuerungsmodelle für die Verwendung von Ressourcen zu entwickeln. Dazu kann es auch notwendig sein, z. B. über Sozialindices Mittel konzentriert in bestimmte Gebiete einer Region zu geben. Hier ist ggf. die Einbeziehung spezifischer Entwicklungskonzepte (z. B. *Response-to-Intervention* (*RTI*) oder die QU!S®) erforderlich.
- Inklusive Regionen basieren auf einer engen *Kooperation zwischen Schulen und Kinder- und Jugendhilfe*.
  Nicht nur die Schulen einer inklusiven Region sind an der Inklusionsentwicklung beteiligt. Auch die Kinder- und Jugendhilfe sowie die Kommune sind wichtige und entscheidende Partner im regionalen Entwicklungsprozess, um Synergieeffekte nutzen und die Mittelverwendung möglichst optimal gestalten zu können. Schulpädagogische und sozialpädagogische Fachkompetenzen sollen deshalb zusammenwirken.
- Inklusive Regionen zeichnen sich dadurch aus, dass die Verantwortung für die *Inklusionsentwicklung im Gemeinwesen* übernommen wird.
  Über die Schulen und andere Bildungseinrichtungen hinaus beteiligen sich inklusive Regionen aktiv an der Gestaltung des Gemeinwesens unter dem Leitbild Inklusion. Insofern kommt dem Konzept der Sozialraumorientierung innerhalb inklusiver Regionen sowohl in Bildungseinrichtungen als auch im öffentlichen Raum eine hohe Bedeutung zu« (Heimlich & Wittko 2018, S. 514 f.).

In der eigenen Erhebung zu den Strukturdaten in den Kemptener Grund- und Mittelschulen sowie Förderzentren hat sich gezeigt, dass die Profilbildung als Entwicklungsmotto für inklusive Schulen eine treffende Umschreibung der tatsächlichen schulischen Prozesse in diesem Zusammenhang darstellt. Im Grunde hat jede Schule mit ihrem Sprengel eine eigenständige Aufgabe der sozialräumlichen Profilbildung. Bereits zum Zeitpunkt der Untersuchung weisen die befragten Kemptener Schulen einen hohen Grad der Vernetzung mit der unmittelbaren Schulumgebung und innerhalb der Kommune auf. Als besondere »Knoten« im Sinne von Raithelhuber (vgl. Raithelhuber 2012) sei hier auf die Mitarbeiterinnen und Mitarbeiter der Mobilen Sonderpädagogischen Dienste (MSD), die Kräfte der Jugendarbeit an Schulen (JAS), sowie die Beratungsstelle für Schulen am Schulamt Kempten verwiesen, die wichtige Netzwerkfunktionen erfüllen.

Als logische Konsequenz der inklusiven Regionen gilt es in einem nächsten Schritt, das Konzept einer sozialraumorientierten Schule weiterzudenken. Während in den Regionen die Leitlinien und organisatorischen Voraussetzungen geschaffen werden müssen, sollte jede Schule ihren Sozialraum bewusst wahrnehmen. Dazu gehört die Berücksichtigung der Gegebenheiten des Schulsprengels im Sinne der Besonderheiten der Eltern- und Schülerschaft sowie des erweiterten Sozialraums als auch das Ausnutzen sämtlicher Chancen, die der Sozialraum bieten kann. Der Raumbegriff sollte dabei, wie Dlugosch (2019) aufzeigt, einer relativistischen Raumvorstellung entsprechen, die die Dynamik räumlicher Strukturen mit einkalkuliert (vgl. Löw 2019).

Die Anwendung der QU!S® an allen Grund- und Mittelschulen in Kempten lieferte weitere Anhaltspunkte für eine Weiterentwicklung: Im Ergebnis stellten die Schulen in Kempten die Modellhaftigkeit vor allem auf den Ebenen *Kinder und Jugendlichen mit besonderen Bedürfnissen*, *Inklusiver Unterricht* und *Schulkonzept und Schulleben* unter Beweis. Deutlich wurden die hohe Innovationskraft und die Bereitschaft neue Wege bei der Bereitstellung von Bildungsangeboten zu gehen. Ein wichtiger Aspekt dabei ist die Öffnung des Förderzentrums, die es ermöglicht, dass an allen Schulen in der Region MSD-Stunden eingesetzt werden können. In der Region wurden außerdem durch die Kooperation zwischen Kommune, staatlichem Schulamt und Sonderpädagogischem Förderzentrum zahlreiche inklusive Projekte gestartet, die neue Wege beschreiten (z. B. Flex, abrufbar unter www.zukunftbringts.de), ein Schulprojekt für Kinder am Rande der Beschulbarkeit, oder FiSch (*F*amilie *i*n *Sch*ule), ein Projekt zur aufsuchenden Elternarbeit, Öffnung des Förderzentrums. Es wurden aber auch erfolgreich bestehende Konzepte adaptiert und z. B. durch die gemeinsame Organisation von Fortbildungen eine große Breitenwirkung erzielt (z. B. *RTI*, *Churermodell*, abrufbar unter www.churermodell.ch, Umgang mit Schülerinnen und Schülern mit Förderbedarf in der emotionalen und sozialen Entwicklung). Einen wichtigen Beitrag leistet auch die Beratungsstelle für Inklusion, die vielen Schulen wertvolle Unterstützung im Bereich der Schulentwicklung und der konzeptionellen Arbeit bietet. Auch die Kemptener *QU!S®*-Studie zeigt erneut, dass die inklusive Schulentwicklung nicht nur den Schülerinnen und Schülern mit sonderpädagogischem Förderbedarf zugutekommt, sondern als verbesserte Qualität der pädagogischen Arbeit an einer Schule allen Schülerinnen und Schülern (vgl. Heimlich & Wittko 2018).

Gleichzeitig ergab sich aus der *QU!S®*-Studie auch ein Entwicklungsbedarf auf den Ebenen der Teamkooperation und der Vernetzung mit außerschulischen Partnerinnen und Partnern. Vor dem Hintergrund schwindender Ressourcen (Stichwort Lehrermangel) erscheint die effektive Vernetzung von Schulen mit dem Sozialraum als eine Möglichkeit, um inklusive Entwicklungen voranzubringen. Der Bildungsforscher El-Mafaalani unterstreicht dies und zeigt auf, dass Entwicklungen, die sich ausschließlich auf die Institution Schule beziehen und den Sozialraum vernachlässigen, nicht nachhaltig wirksam sein können (vgl. El-Mafaalani 2020).

Im Rahmen der wissenschaftlichen Begleitung der Modellregion Inklusion Kempten wurde mit Hilfe einer quantitativen Befragung die Vernetzung der Lehrkräfte mit ihrem Sozialraum in Kempten untersucht, in der die Dimensionen der Netzwerkarbeit nach Neugebauer und Beywl (2006) eingeschätzt werden sollten. Danach beschreiben *Zielsystem* und *Nachhaltigkeit* den Zweck des Netzwerks. Die Dimensionen *Akteurslandschaft* und *Steuerung* untersuchen die Struktur des Netzwerks, während die Dimensionen *Interaktion* und *Wirkungen* die Prozesse innerhalb des Netzwerks analysieren (vgl. ebd.). Kurzgefasst wird das *Zielsystem* in der sozialräumlichen Vernetzung in der Modellregion weitgehend akzeptiert, und im Bezug auf die *Nachhaltigkeit* existieren feste Kooperationsvereinbarungen und langfristige Planungen. Die *Steuerung* der Netzwerkarbeit wird hauptsächlich von den Schulleitungen übernommen, die *Interaktion* wird als überwiegend offen und vertrauensvoll eingeschätzt und auch die *Wirkungen* werden überwiegend positiv beurteilt, wenngleich der zeitliche Aufwand hierfür kritisch betrachtet wird. Vor allem im Bereich der *Akteurslandschaft* ergibt sich ein Bedarf an Weiterentwicklung. Auffallend ist laut Untersuchungsergebnis die Diskrepanz zwischen dem höchsten Zustimmungswert, der Wichtigkeit der außerschulischen Vernetzung und dem Wert mit der niedrigsten Zustimmung, der sich in der Sorge um eine ausreichende personelle Ausstattung, um die Vernetzung zu gewährleisten, niederschlägt. Insgesamt gilt es noch Steuerungsmechanismen zu etablieren, die im Sinne von Raitelhuber (2012) als »governance« beschrieben werden, im Unterschied zum top-down geprägten Prinzip des »government«. Die Lehrkräfte und außerschulischen Partnerinnen und Partner stehen »vor der Aufgabe, nicht nur in institutionellen Zusammenhängen zu denken, sondern sich vielmehr in der Kunst des Denkens in Netzwerken zu üben. Inklusion heißt auch, in Netzen zu denken, lernen und arbeiten zu können« (Heimlich & Wittko 2020, S. 50).

11.3.5 Perspektiven

Die *Eckpunkte Inklusiver Regionen* zeigten schulpraktische Relevanz und wurden im Dezember 2019 durch die Initiative *Inklusive Regionen*, die in Kooperation des bayerischen Kultusministeriums mit dem Sozialministeriums entstand, weitgehend übernommen. Diese werden ein arbeitsreiches Betätigungsfeld für den neu bestellten wissenschaftlichen Beirat des bayerischen Landtages geben, dem Heimlich nach zehn produktiven Jahren nicht mehr angehört. Währenddessen steht die *QU!S*® vor einer bayernweiten Anwendung. Heimlich hat mit seinem Team das Trainingskonzept erweitert, sodass *QU!S*®-Trainerinnen und *QU!S*®-Trainer für ganz Bayern ausgebildet werden können.

Gleichzeitig bleiben in Kempten weitere Fragen offen. Nachdem in den drei Forschungsberichten die Schulleitungen, die Schulen als Gesamtheit und die einzelnen Lehrkräfte befragt bzw. untersucht wurden, gilt es zu untersuchen, wie sich die sozialräumliche Vernetzung der Kinder und Jugendlichen sowie deren Eltern darstellt.

Heimlich wird auch nach seinem Ruhestand ein Auge auf die Region, im Sinne eines von ihm oft zitierten *Critical Friends* haben und die weiteren Entwicklungen interessiert mitverfolgen. Wir danken Heimlich für die Begleitung der Modellregion Inklusion Kempten und ihre ausgleichende, besonnene und an der Sache orientierte Art auch im Namen der Steuergruppe. Versteht man Inklusion als eine Haltung, aus der Handlungen erwachsen, ist es umso bemerkenswerter, dass Heimlich, als Herausgeber und Verfasser zahlreicher Bücher und Texte, in der Zusammenarbeit vor allem durch seine Handlungen vorlebte, was unter einer inklusiven Haltung zu verstehen ist.

11.4 Projekt: Basiswissen Inklusion und Sonderpädagogik im erziehungswissenschaftlichen Studium (BAS!S)

Susanne Bjarsch

Im Projekt *Basiswissen Inklusion und Sonderpädagogik im erziehungswissenschaftlichen Studium* (BAS!S) kooperieren alle zehn lehramtsbildenden Universitäten in Bayern, um im Rahmen des erziehungswissenschaftlichen Studiums analoge und digitale Angebote zu Schwerpunktthemen aus Inklusion und Sonderpädagogik auszubauen. Finanziert durch das Staatsministerium für Unterricht und Kultus wurde an jeder der beteiligten Universitäten eine Abordnungsstelle für eine sonderpädagogische Lehrkraft geschaffen.

11.4.1 Projektidee und Projektziele

Das erklärte Ziel des Vorhabens ist es, *alle* Lehramtsstudierenden mit den Themen Inklusion und Sonderpädagogik zu erreichen und so die zukünftigen Lehrkräfte für die Arbeit in einem inklusiven Schulsystem zu sensibilisieren und vorzubereiten. An jeder der teilnehmenden Universitäten liegt ein Konzept zur Umsetzung des BAS!S-Projekts vor, das die spezifischen Gegebenheiten und Anforderungen vor Ort mit den Projektzielen in Einklang bringt. Im September 2017 wurde zunächst die Abordnungsstelle an der Ludwig-Maximilians-Universität (LMU) München besetzt, seit Ende 2018 haben an allen zehn Projektstandorten Lehrkräfte für Sonderpädagogik ihre Arbeit im BAS!S-Projekt aufgenommen.

Ein zentrales Element des Vorhabens sind didaktisch aufbereitete Studientexte im *Studienbuch Inklusion* (vgl. Heimlich & Kiel 2020), welche die inhaltliche Grundlage darstellen. Orientiert am Aufbau des Studienbuchs besteht ein E-Learning-Angebot, das eine vertiefende und weiterführende Arbeit mit den thematischen Schwerpunkten des Studienbuchs ermöglicht. Als wichtiger Baustein haben sich von Beginn an regelmäßige bayernweite Arbeitstreffen der abgeordneten Lehrkräfte etabliert, in denen der Fokus auf einem fachlichen, methodischen und organisatorischen Austausch über inklusionsspezifische Schwerpunkte, hochschuldidaktische Ansätze und die Umsetzung an den einzelnen Standorten liegt. Folgende Abbildung zeigt die konzeptionelle Struktur des Projektes BAS!S im Überblick (► Abb. III.9).

11.4.2 Beteiligte Institutionen und Personen

Um eine gemeinsame Konzeption unter Beteiligung so vieler Lehrstühle an Universitäten in ganz Bayern zu realisieren, bedurfte es ausdauernder Überzeugungsarbeit. Scheiden sich doch bis heute die Geister, wie genau Inklusion denn jetzt eigentlich zu definieren ist. Und haben sich doch durch die Freiheit der Lehre

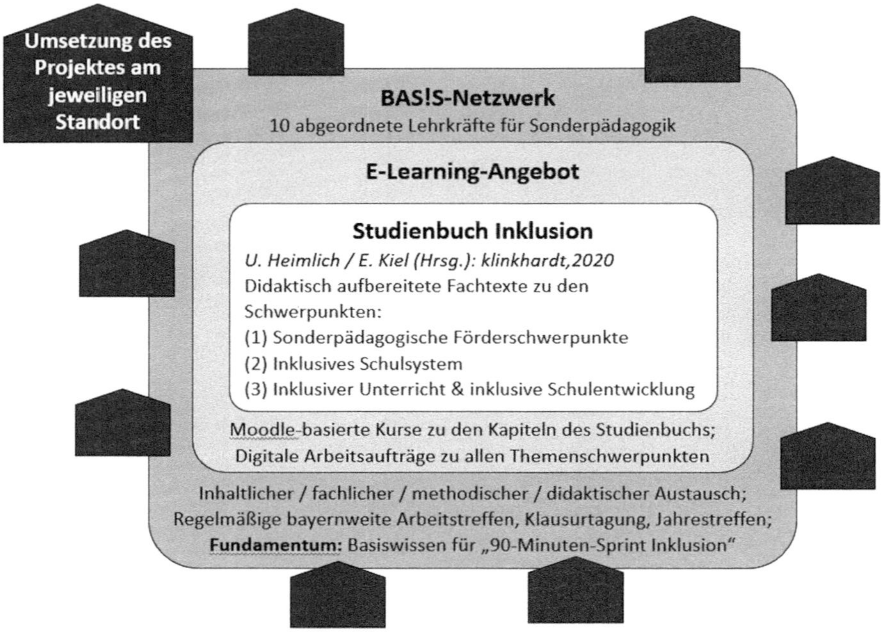

Abb. III.9: Projekt Basiswissen Inklusion und Sonderpädagogik im erziehungswissenschaftlichen Studium

und Forschung an den einzelnen Universitäten von jeher, unterschiedliche Schwerpunkte, Konzepte und Lehrangebote entwickelt. Als Ideengeber und Initiatoren des Projekts ist es Prof. Dr. Ulrich Heimlich (Lehrstuhl für Lernbehindertenpädagogik, LMU München) und Prof. Dr. Ewald Kiel (Lehrstuhl für Schulpädagogik, LMU München) gelungen, zunächst das Staatsministerium für Unterricht und Kultus (StMUK) von der Wichtigkeit und der Umsetzbarkeit des Vorhabens zu überzeugen. Mit diesem wichtigen Partner an der Seite konnten bayernweit an allen lehramtsbildenden Universitäten die Lehrstühle für Schulpädagogik oder entsprechende Institutionen für die Mitwirkung im Projekt gewonnen werden. Finanziert durch das StMUK und auf der Basis von standortspezifischen Konzepten sind alle Abordnungsstellen mit praxiserfahrenen und kompetenten Sonderpädagoginnen und Sonderpädagogen besetzt. Eine Liste der beteiligten Universitäten und Institutionen findet sich in folgendem Kasten.

Beteiligte Institutionen im Projekt BAS!S

- Ludwig-Maximilians-Universität München: Koordinationsbüro Südbayern, Lehrstuhl für Schulpädagogik und Lehrstuhl für Lernbehindertenpädagogik
- Julius-Maximilian-Universität Würzburg: Koordinationsbüro Nordbayern, Lehrstuhl für Schulpädagogik und Lehrstuhl für Pädagogik bei geistiger Behinderung
- Universität Augsburg: Lehrstuhl für Schulpädagogik
- Otto-Friedrich-Universität Bamberg: Lehrstuhl für Psychologie in Schule und Unterricht, Zentrum für Lehrerinnen- und Lehrerbildung
- Universität Bayreuth: Zentrum für Lehrerbildung
- Katholische Universität Eichstätt-Ingolstadt: Lehrstuhl für Schulpädagogik
- Friedrich-Alexander-Universität Erlangen-Nürnberg: Lehrstuhl für Schulpädagogik
- Technische Universität München: TUM School of Education
- Universität Passau: Lehrstuhl für Schulpädagogik
- Universität Regensburg: Lehrstuhl für Grundschulpädagogik

An der LMU und der Julius-Maximilians-Universität (JMU) in Würzburg sind neben den dortigen Lehrstühlen für Schulpädagogik jeweils ein Lehrstuhl für Sonderpädagogik am Projekt beteiligt, um die an diesen Universitäten vorhandene sonderpädagogische Expertise in die Arbeit der abgeordneten BAS!S-Lehrkräfte einfließen zu lassen. Darüber hinaus sind an beiden Standorten Koordinationsbüros für die Organisation, Koordination und Konzeption des Projekts eingerichtet. Finanziert durch das StMUK und die beiden Universitäten werden die abgeordneten Sonderpädagoginnen und Sonderpädagogen von jeweils einer Verwaltungskraft bei ihren bayernweiten Koordinierungsaufgaben unterstützt. Die große Reichweite des BAS!S-Netzwerks wird in folgender Abbildung deutlich (► Abb. III.10).

Warum die vorrangige Anbindung an die Schulpädagogik und die Einbettung in das Erziehungswissenschaftliche Studium (EWS)? Bereits 2014 wurde im Zuge der Ratifizierung der UN-BRK die bayerische Lehramtsprüfungsordnung I (LPO I) im Sinne einer inklusiven Lehrerinnen- und Lehrerbildung geändert (vgl. Bayerischen Staatsministeriums für Unterricht und Kultus 2008). So wird in § 32 (2), im Bereich Schulpädagogik, festgehalten, dass zukünftige Lehrkräfte für die »Planung und Gestaltung von Lernumgebungen, auch im Hinblick auf die Anforderungen von inklusivem Unterricht« (ebd., o. S.) qualifiziert werden sollen. Analog ist dies in § 33 (2) auch für die Ausbildung in den Fachdidaktiken vorgesehen. Studierenden soll hier die »Kenntnis von Fördermöglichkeiten und ihres Einsatzes bei unterschiedlichen Begabungen, Lernausgangslagen, Leistungsständen und Interessenlagen von Lernenden, auch im Hinblick auf die Anforderungen von inklusivem Unterricht« (ebd., o. S.) vermittelt werden. Strukturell und logistisch ist eine Verortung des BAS!S-Projektes in der Schulpädagogik der di-

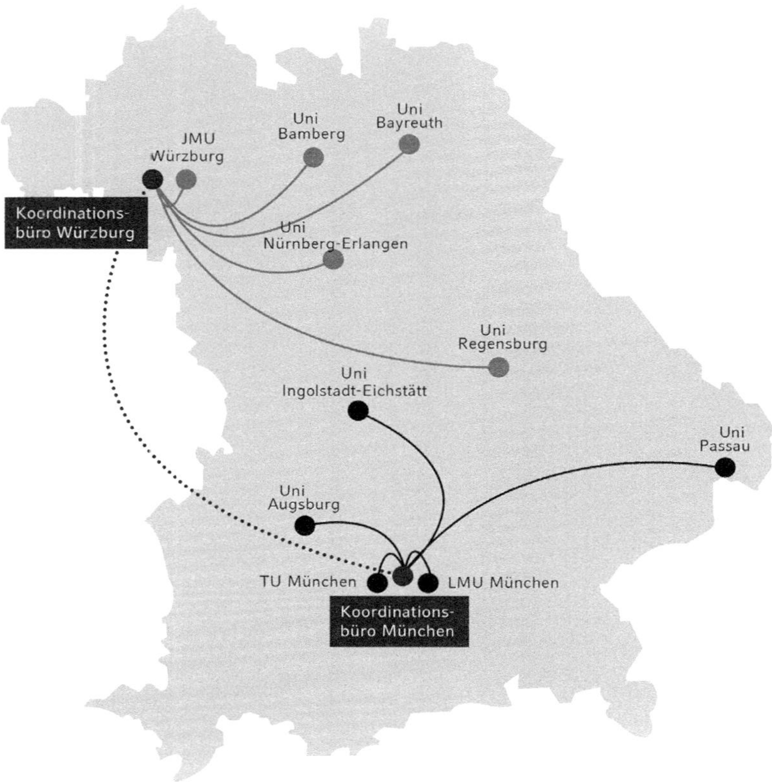

Abb. III.10: Bayernweites BAS!S-Netzwerk

rekteste Weg, um alle Studierenden zu erreichen. Eine Vertiefung inklusiver Schwerpunktthemen in den Fachdidaktiken ist im Projekt als ein möglicher weiterer Schritt vorgesehen (s. u.).

An den einzelnen Projektstandorten gestaltet sich die Zusammenarbeit der BAS!S-Lehrkräfte mit interessierten Kolleginnen und Kollegen, weiteren Lehreinheiten, Arbeitskreisen und den Zentren für Lehrerinnen- und Lehrerbildung individuell unterschiedlich. Als ein wertvoller bayernweiter Kooperationspartner hat sich die *AG Inklusion* der Lehrstühle für Grundschulpädagogik herausgestellt. Bei den halbjährlich stattfindenden Treffen der AG ist das Projekt BAS!S in der Regel durch mindestens eine Lehrkraft vertreten. Inhaltliche wie strukturelle Überschneidungen in den beiden Arbeitskreisen ermöglichen einen fruchtbaren Austausch. Ebenso hat sich die Zusammenarbeit mit der *Akademie für Lehrerfortbildung und Personalführung* (ALP) als sehr gewinnbringend erwiesen. Neben der Organisation und Beherbergung der jährlichen BAS!S-Klausurtagung durch die ALP konnten Kontakte zu weiteren inklusionsspezifischen Arbeitsgruppen hergestellt und Fortbildungsangebote gemeinsam angedacht werden.

11.4.3 Umsetzung des Projektes

Durch die vielfältigen, individuell unterschiedlich gewachsenen Strukturen und Angebote zum Thema Inklusion an den Projekt-Universitäten, durch die breit gefächerte Expertise der abgeordneten Lehrkräfte und nicht zuletzt durch stetige Neuerungen und Veränderungen in Bildungspolitik und Lehrkräftebildung ergibt sich im Projekt BAS!S ein beachtlicher und bunter Fundus an Fachlichkeit, Konzeptionen, Arbeitsweisen und Ideen. Der folgende Versuch, die Arbeit im Projekt genauer vorzustellen kann nur oberflächlich bleiben.

Umsetzung des Projekts am jeweiligen Standort

Die Aufgabenbeschreibung der sonderpädagogischen Lehrkräfte im BAS!S-Projekt ist entsprechend der Konzepte am jeweiligen Standort unterschiedlich: Keine der beteiligten Universitäten bildet Studierende aller Schularten oder Fachrichtungen aus. Durch bereits etablierte Angebote aus dem Themenfeld der Inklusion und der Sonderpädagogik werden individuelle inhaltliche Schwerpunkte gesetzt, und das Verständnis von Inklusion kann enger oder weiter sein. Dennoch ergeben sich grundlegende Überschneidungen in der Arbeit der abgeordneten Sonderpädagoginnen und Sonderpädagogen.

Ein durchgängig angebotenes Format ist die Mitwirkung an der Einführungsvorlesung in der Schulpädagogik, die für alle Lehramtsstudierenden verpflichtend ist. Je nach Absprache übernehmen die BAS!S-Lehrkräfte entweder für eine oder zwei Sitzungen die Rolle einer Gastreferentin bzw. eines Gastreferenten zum Thema Inklusion und Sonderpädagogik oder sie sind zu jedem Termin eingeladen, um an entsprechender Stelle die inklusive Perspektive auf behandelte Inhalte zu beleuchten. Um diese erste Begegnung mit dem Themenfeld für die Studierenden zu vertiefen, ist ein Großteil der abgeordneten Sonderpädagoginnen und Sonderpädagogen weitere 90 Minuten in den Pflichtseminaren der Schulpädagogik zu Gast. Anders als in den sehr großen Vorlesungen können in den kleineren Seminargruppen – passend zum Thema das jeweiligen Vertiefungsseminars – inhaltliche Schwerpunkte gesetzt oder spezielle Anliegen und Fragen von Studierenden geklärt werden.

Neben diesen grundlegenden Angeboten gibt es im Projekt zahlreiche weitere spannende Formate, die aus der Zusammenarbeit mit verschiedenen Lehreinheiten der Pädagogik und Fachdidaktik entstehen. Die Bandbreite ist groß: Sie reicht von eigenen Vertiefungsseminaren zu ausgewählten Themenschwerpunkten oder Kooperationsseminaren, in denen sich Studierende verschiedener Schularten mischen, über Blockseminare und Workshops im Rahmen von Zertifikaten bis hin zur Produktion von Podcasts, Exkursionen an Schulen sowie die Beteiligung an der Praktikumsbegleitung. Es gilt, interessierte Kolleginnen und Kollegen über das Thema Inklusion zu informieren und sie in der Gestaltung von Lehrangeboten zu unterstützen. Auch die Zusammenarbeit mit der zweiten und dritten Phase der Lehrkräftebildung ist an einigen Stellen fester Bestandteil der Projektarbeit. Manche Standorte legen der eigenen Planung ein Stufenmodell oder Spiralcurriculum zugrunde, um Studierende im Laufe ihres Studiums mehrfach mit dem Thema Inklusion in Berührung zu bringen und die einzelnen Angebote sinnvoll aufeinander aufzubauen. Ein zunehmender Einbezug der Fachdidaktiken ist in diesen Konzepten vorgesehen.

BAS!S-Netzwerk

Die BAS!S-Lehrkräfte vernetzen sich breit im Lehramtsstudium. Anfragen zur Beratung von Lehrenden sowie zur Teilnahme oder Übernahme von Seminaren sind inhaltlich und methodisch facettenreich, die Lernvoraussetzungen und Fragen der Studierenden vielfältig. Um die eigene Arbeit reflektieren, optimieren und fachlich fundiert weiterentwickeln zu können, stehen die Sonderpädagoginnen und Sonderpädagogen bayernweit in regelmäßigem Austausch. In gemeinsamen Arbeitstagen werden Erfahrungen und Konzepte besprochen, Materialien und Informationsquellen vorgestellt und ausgetauscht sowie bedarfsorientierte Arbeitsgemeinschaften zu speziellen inhaltlichen Schwerpunkten gebildet. Nach ersten Arbeitstreffen an den Koordinationsstandorten LMU München und JMU Würzburg wurde ein Rotationssystem eingeführt und die Arbeitstage auch an den weiteren Projekt-Universitäten abgehalten. Das ermöglicht einen vertieften Einblick in die Gegebenheiten, Arbeitsweisen und das Netzwerk der jeweiligen abgeordneten Lehrkraft am Standort. Seit Beginn der Corona-Pandemie im Frühling 2020 finden diese Arbeitstreffen in kürzeren Abständen online statt. Statt drei bis vier Arbeitstagen pro Semester hat sich die Gruppe auf einen 14-tägigen Rhythmus festgelegt. In zeitlich überschaubaren, inhaltlich vorbereiteten Online-Meetings befassen sich die Lehrkräfte mit technischen und methodischen Fragen bezüglich Online-Lehre und fachlichen Schwerpunkten aus den Lernfeldern Inklusion und Sonderpädagogik.

Im August 2020 konnte – initiiert durch die Stabsstelle Inklusion des StMUK und in Zusammenarbeit mit der ALP – bereits die zweite Klausurtagung im Projekt stattfinden. Diese dreitägigen Arbeitstreffen bieten die Möglichkeit, kontinuierlich in der Zusammenarbeit zu bleiben, und haben die Produktivität der Arbeitsgruppe jeweils deutlich erhöht. Auf der Tagung 2019 wurde unter dem Schlagwort *Fundamentum* ein inhaltlicher Kanon definiert, um Studierenden in einer 90-minütigen Sitzung überblickendes Basiswissen zu Inklusion und Sonderpädagogik zu vermitteln. Aus diesen Inhalten ist im Nachgang zur Tagung eine Sammlung an Präsentationsmaterialien und Literaturhinweisen entstanden, auf die jede der BAS!S-Lehrkräfte Zugriff hat. Im Sinne eines *Additums* sind zu allen Themenfeldern weitere Materialien zur Vertiefung des jeweiligen Themas entstanden. So können die Sonderpädagoginnen und Sonderpädagogen bei Anfragen am eigenen Standort auf einen Fundus an Material und aufbereiteten Inhalten aus dem BAS!S-Netzwerk zurückgreifen. Das entlastet sie in der Vorbereitung und ermöglicht es ihnen, passgenaue Angebote zur Verfügung zu stellen.

Die Klausurtagung 2020 fand unter dem Motto *Quo vadis, BAS!S?* statt. Der Fokus lag auf einer Perspektiventwicklung für die kommenden Jahre. Als Ergebnis entstand eine Liste von fachlichen und strukturellen Themen für die kommenden Arbeitstreffen. Der digitale Arbeitsmodus wurde für das Wintersemester 2020/21 neu definiert, die Gruppe arbeitet an einem Beobachtungsbogen für inklusiven Unterricht und hat neue Strukturen für den Material- und Literaturaustausch festgesetzt.

Studienbuch

Neben Inhalten und Materialien, die die BAS!S-Lehrkräfte im Laufe ihrer Tätigkeit aufbereitet und erstellt haben, steht seit Anfang 2020 das *Studienbuch Inklusion* als wertvolle Quelle zur Verfügung. Mit kurzen, praxisorientierten Beiträgen von Expertinnen und Experten adressiert der Sammelband Studierende aller Schularten. In drei Überkapiteln werden zentrale Schwerpunkte aus den Themenfeldern Inklusion und Sonderpädagogik behandelt. So bieten die Texte des ersten Kapitels *Sonderpädagogische Förderschwerpunkte* grundlegende Informationen, Erklärungsansätze und vor allem Handlungsempfehlungen für den Unterricht und die Arbeit mit Kindern und Jugendlichen des jeweiligen Förderschwerpunkts. Im zweiten Kapitel *Inklusives Schulsystem* wird die Vielfalt an Lernorten und Vernetzungsmöglichkeiten im Zuge der Inklusion deutlich. Grundlegende Prinzipien, theoretische Hintergründe und klare Hinweise für die spätere Arbeit als Lehrkraft im inklusiven Setting finden die Studierenden im dritten Kapitel *Inklusiver Unterricht und inklusive Schulentwicklung*.

Die Beiträge sind didaktisch aufbereitet, um das selbstständige Erschließen der Texte und eine weiterführende Vertiefung zu ermöglichen. Farblich hervorgehobene Teile bieten rasche Orientierung und zahlreiche Abbildungen und Tabellen machen Inhalte einfach erfassbar. Am Ende eines jeden Kapitels finden sich Arbeitsaufträge, um den Inhalt noch einmal aufzuarbeiten, einzelne Aspekte zu vertiefen oder weiterführende Recherche zu betreiben. Darüber hinaus geben die Autorinnen und Autoren Literaturempfehlungen und stellen nützliche Links und Handlungsempfehlungen für die Praxis zur Verfügung. Das Studienbuch steht allen Studierenden an allen Projektuniversitäten als E-Book kostenlos zur Verfügung.

E-Learning-Angebot

Begleitend zu den Texten im *Studienbuch Inklusion* und orientiert an den Überkapiteln bestehen drei Online-Kurse im Moodle-Kursystem der LMU. In diesen Kursen werden die Arbeitsaufträge aus den Studienbuchbeiträgen interaktiv aufbereitet. Diese Aktivitäten und Materialien sind für alle BAS!S-Lehrkräfte zugänglich und können in eigene digitale Lernangebote eingebunden werden. Der Zugang zu den Kursen steht auch weiteren interessierten Lehrenden offen, die mit dem Studienbuch arbeiten und diese vertiefenden Aufgaben in ihre Online-Lehre integrieren möchten.

11.4.4 Aktueller Stand

Die zweite Jahrestagung des BAS!S-Projekts im März 2020 an der JMU war ein guter Zeitpunkt, um eine Zwischenbilanz zu ziehen. Vertreterinnen und Vertreter des Projekts und der Bildungspolitik sprachen dem Vorhaben eine durchwegs positive Wirkung und Entwicklung zu. Das BAS!S-Netzwerk hat von September 2018 bis März 2020 mehr als 17.000 Studierende erreicht. Die Arbeitsgruppe der sonderpädagogischen Lehrkräfte hat einen zielführenden und effizienten Modus der Zusammenarbeit entwickelt. Das Projekt ist an den Standorten bekannt und vernetzt mit weiteren Kolleginnen und Kollegen, die in der Lehrkräftebildung tätig sind. Bewährte und regelmäßige Formate sind etabliert und werden ergänzt durch innovative Einzelprojekte, thematisch wechselnde Seminare sowie zunehmend mehr digitale Angebote. Die Entwicklung des oben beschriebenen *Fundamentums* war für alle Beteiligten ein produktiver Prozess regen fachlichen Austauschs mit hohem Zuwachs hinsichtlich der eigenen Expertise. Durch das von Corona geprägte Sommersemester 2020 ist die Arbeit der abgeordneten Sonderpädagoginnen und Sonderpädagogen auf die Entwicklung digitaler Lehre fokussiert. Die vorwiegend online stattfindende Netzwerkarbeit lässt sich sehr effektiv mit den Herausforderungen neuer Lehrformate verbinden. Das Studienbuch Inklusion und seine Verfügbarkeit als E-Book an allen Projektstandorten erweist sich in Zeiten der Online-Lehre als äußerst wertvoll.

11.4.5 Perspektive

Für die Zukunft des BAS!S-Projekts gilt es, die entstandenen Strukturen, Inhalte und Netzwerke aufrecht zu erhalten und an gegebener Stelle weiter auszubauen. Die Themenliste für die inhaltliche Arbeit der abgeordneten Lehrkräfte hält viele Ansatzpunkte für Fortbildung und Austausch bereit. Termine wie Klausurtagung und Jahrestreffen sind feste Bestandteile der Arbeit der Projektgruppe. Um die wichtigen Themen, die Inklusion mit in das Lehramtsstudium bringt, auch langfristig anbieten zu können, ist es ein erklärtes Anliegen des BAS!S-Netzwerks, nachhaltige Strukturen der Zusammenarbeit aufzubauen und tragfähige Angebote zu konzipieren. Diese Ziele sind stark mit der Arbeit der Sonderpädagoginnen und Sonderpädagogen an den einzelnen Universitäten verknüpft. Ein erklärtes Ziel der aktuellen Gruppe von Lehrkräften ist es, Inhalte, Material und Konzepte zu etablieren, die an nachfolgend abgeordnete Lehrkräfte weitergegeben werden können.

Neben diesen Planungen, die die Grundidee des Projekts nachhaltig festigen sollen, ist der Aufbau einer bayernweiten Ringvorlesung zum Thema Inklusion geplant – digital und/oder in Präsenz. Des Weiteren ist eine Vernetzung mit anderen Arbeitsgruppen, die mit dem Thema Inklusion befasst sind, angestoßen. So ist durch die Zusammenarbeit mit der ALP beispielsweise der Kontakt zu den *Beauftragten für inklusive Schul- und Unterrichtsentwicklung* (BiUSE) entstanden, die seit dem Schuljahr 2020/21 Schulen auf ihrem Weg zur Inklusion beraten und begleiten.

Die Resonanz auf die Arbeit der BAS!S-Lehrkräfte und auf das Gesamtprojekt ist von Lehrenden und Studierenden, aber auch von politischer Seite durchweg positiv. Inklusion und Sonderpädagogik sind für angehende Lehrkräfte offensichtlich wichtige Themen – das wissen auch die Studierenden selbst. Nachfragen und Lernbereitschaft sind groß. Das BAS!S-Projekt ist ein Beispiel dafür, wie wichtig es ist, innovative, mutige und scheinbar unmögliche Vorhaben zu denken und mit einer gewissen Hartnäckigkeit am Ende Wirklichkeit werden zu lassen. Prof. Dr. Ulrich Heimlich hat hier ein Unternehmen auf den Weg gebracht, das die Lehrkräftebildung nachhaltig bereichern wird.

Von uns zum Schluss

Bei aller Unterschiedlichkeit der vorgestellten Projekte lässt sich doch eines festhalten: Prof. Dr. Ulrich Heimlich prägt durch seine Haltung und sein Wirken die inklusive Lehrkräftebildung und die inklusive (Schul-)Landschaft in Bayern (und darüber hinaus) ganz entscheidend mit. Er denkt und initiiert innovative Vorhaben, legt großen Wert darauf, die Arbeit der Universität mit der Praxis zu verknüpfen und bleibt bei der Umsetzung vermeintlich unmöglicher Unternehmungen hartnäckig. Das Verlassen des wissenschaftlichen Elfenbeinturms Universität ist für Prof. Dr. Ulrich Heimlich nicht nur eine Option, sondern eine Voraussetzung erfolgreicher Forschung. Die Autorinnen und Autoren dieses Beitrages erleben die Zusammenarbeit mit ihm als offen und fruchtbar, der Erfahrungsschatz aus seiner Zeit an Schule und Universität erweist sich oft als wertvolle Ressource – wissenschaftlicher wie praktischer Natur. Als Mitarbeitende in den Projekten genießen wir sein Vertrauen, können unsere Eigeninitiative und unsere Kreativität einbringen, autonome Entscheidungen treffen und Entwicklungsprozesse dennoch gemeinsam gestalten. Dabei ist es Prof. Dr. Ulrich Heimlich stets ein Anliegen, dass ein Austausch und ein produktives Miteinander zwischen Drittmittelprojekten, dem Lehrstuhl und anderen Partnern an der Fakultät, der Universität und außerhalb dieser entstehen.

Vielen Dank für die gewinnbringende, konstruktive und wohlwollende Zusammenarbeit! Bleiben Sie uns und der inklusiven Forschungswelt erhalten und bringen Sie sich weiterhin in die Entwicklung dieses so wichtigen Themas ein.

Mario Riesch, Julia Eiperle, Ulrike Sendelbach,
Michael Wittko & Susanne Bjarsch

Literatur

Beck, I. (Hrsg.) (2016): Inklusion im Gemeinwesen. Stuttgart: Kohlhammer.

Deutscher Verein für öffentliche und private Fürsorge e. V. & Berufs- und Fachverband Heilpädagogik e. V. (Hrsg.) (2015): Inklusion und Heilpädagogik. Kompetenz für ein teilhabeorientiertes Gemeinwesen. Berlin: Verlag des Deutschen Vereins für öffentliche und private Fürsorge e. V.

Dlugosch, A. (2019): Vernetzung, Kooperation, Sozialer Raum – Zur Modellierung des Sozialen und des Räumlichen im Kontext Inklusion. In: G. Ricken & S. Degenhardt (Hrsg.), Vernetzung, Kooperation, Sozialer Raum. Inklusion als Querschnittaufgabe (21–30). Bad Heilbrunn: Klinkhardt.

El_Mafaalani, A. (2020): Mythos Bildung. Die ungerechte Gesellschaft, ihr Bildungssystem und seine Zukunft. Köln: Kiepenheuer & Witsch.

Elbert, A. (2016): Sonderpädagogische Zusatzqualifizierung für Lehrkräfte an beruflichen Schulen. In: R. Stein & H.-W. Kranert (Hrsg.), Inklusion in der Berufsbildung im kritischen Diskurs (243–251). Berlin: Frank & Timme.

Hartwig, J. & Kroneberg, D. W. (Hrsg.) (2014): Inklusion – Chance und Herausforderung für Kommunen. Berlin: Verlag des Deutschen Vereins für öffentliche und private Fürsorge e. V.

Heimlich, U. (2017): Inklusive Momente im Bildungsprozess. Pädagogische Rundschau, 71 (2), 171–186.

Heimlich, U. (2019): Basisinfo Inklusive Momente. Inklusionsdidaktische Lehrbausteine (!DL). München. Online verfügbar unter: https://www.idl.lehrerbildung-at-lmu.mzl.uni-muenchen.de/inklusive-momente/vorwort_inklmomente_basisinfo.pdf, Zugriff am 30.11.2020.

Heimlich, U. (2020): Unveröffentlichter Gedankenaustausch mit dem !DL-Team im Oktober 2020.

Heimlich, U. & Kahlert, J. (2014): Inklusionsdidaktische Netze – Konturen eines Unterrichts für alle. In: U. Heimlich & J. Kahlert (Hrsg.), Inklusion in Schule und Unterricht: Wege zur Bildung für alle (2. Aufl.) (154–190). Stuttgart: Kohlhammer.

Heimlich, U. & Kiel, E. (Hrsg.) (2020): Studienbuch Inklusion. Bad Heilbrunn: Klinkhardt.

Heimlich, U., Wilfert, K., Ostertag, Ch. & Gebhardt, M. (2018): Qualitätsskala zur inklusiven Schulentwicklung (QU!S®). Bad Heilbrunn: Klinkhardt.

Heimlich, U. & Wittko, M. (2018): Inklusive Regionen – Zukunftsperspektive sonderpädagogischer Förderung? In: Zeitschrift für Heilpädagogik, 69 (11), 504–516.

Heimlich, U. & Wittko, M. (2019): Qualität inklusiver Schulentwicklung in der inklusiven Modellregion Kempten – ein Zwischenbericht. Forschungsbericht Nr. 12. München: Forschungsstelle Inklusionsforschung. Online verfügbar unter: http://www.edu.lmu.de/lbp/forschung/forsch_integr_foerd/forschungsberichte/index.html, Zugriff am 10.11.2020.

Heimlich, U. & Wittko, M. (2020): Sozialräumliche Vernetzung von inklusiven Schulen in der Modellregion Inklusion Kempten. Forschungsbericht Nr. 13. München: Forschungsstelle Inklusionsforschung. Online verfügbar unter: http://www.edu.lmu.de/lbp/forschung/forsch_integr_foerd/forschungsberichte/index.html, Zugriff am 10.11.2020.

Löw, M. (2019): Raumsoziologie (10. Aufl.). Frankfurt a. M.: Suhrkamp.

Klicpera, B. & Wohlhart, D. (2015): Inklusive Regionen. In: VHN, 84 (3), 185–191.

Neugebauer, U. & Beywl, W. (2006): Methoden zur Netzwerkanalyse. In: Zeitschrift für Evaluation, 2, 5 (10), 249–286.

Prinz, F. (2020): Portfolio Inklusiver Unterricht mit inklusionsdidaktischen Netzen (unveröffentlicht).

Raithelhuber, E. (2012): Netzwerk. In: K.-P. Horn, H. Kemnitz, W. Marotzki & U. Sandfuchs (Hrsg.), Klinkhardt Lexikon Erziehungswissenschaft. Bd. 2: Gruppenpuzzle-Pflegewissenschaft (431–433). Bad Heilbrunn: Klinkhardt.

Reinmann, G. (2018): Reader zu Design Based Research (DBR). Hamburg: o. V.. Online verfügbar unter: https://gabi-reinmann.de/wp-content/uploads/2018/06/Reader_DBR_Juni2018.pdf, Zugriff am 30.11.2020.

Stadt Kempten (Hrsg.) (2016): Miteinander inklusiv in Kempten (MIK). Kommunaler Aktionsplan zur Umsetzung der UN-Behindertenrechtskonvention. Kempten: Stadt Kempten.

Stein, R., Kranert, H.-W. & Wagner, S. (2016): Inklusion an beruflichen Schulen. Ergebnisse eines Modellversuchs in Bayern. Bielefeld: wbv (utb).

StMBW – Bayerisches Staatsministerium für Unterricht und Kultus (Hrsg.) (2000): Bayerisches Gesetz über das Erziehungs- und Unterrichtswesen (BayEUG) in der Fassung der Bekanntmachung vom 31. Mai 2000 (GVBl. S. 414, 632) BayRS 2230-1-1-K. Online verfügbar unter: https://www.km.bayern.de/download/14951_bayeug_20160801.pdf, Zugriff am 15.11.2020.

StMBW – Bayerisches Staatsministerium für Unterricht und Kultus (Hrsg.) (2008): Ordnung der ersten Prüfung für ein Lehramt an öffentlichen Schulen. Online verfügbar unter: https://www.gesetze-bayern.de/Content/Document/BayLPO_I, Zugriff am 15.11.2020.

StMBW – Bayerisches Staatsministerium für Unterricht und Kultus (Hrsg.) (2016): Leitfaden für inklusiven Unterricht an beruflichen Schulen: Ergebnis zum Schulversuch »Inklusive berufliche Bildung in Bayern« der Stiftung Bildungspakt Bayern. München: Staatsinstitut für Schulqualität und Bildungsforschung.

StMBW – Bayerischen Staatsministeriums für Unterricht und Kultus, München 2019, unveröffentlichtes Schreiben.

StMBW – Bayerischen Staatsministeriums für Unterricht und Kultus, München 2020, unveröffentlichtes Schreiben.

Ausgewählte Publikationen von Prof. Dr. Ulrich Heimlich

1 Monographien

Heimlich, Ulrich (1989): Soziale Benachteiligung und Spiel. Ansätze einer sozialökologischen Spieltheorie und ihre Bedeutung für die Spielforschung und Spielpädagogik bei sozial benachteiligten Kindern. Trier: WVT (2., unveränderte Aufl. 1990)

Heimlich, Ulrich (1993): Einführung in die Spielpädagogik. Eine Orientierungshilfe für sozial-, schul- und behindertenpädagogische Handlungsfelder. Bad Heilbrunn, Obb.: Klinkhardt (3. Aufl. 2015)

Heimlich, Ulrich (1995): Behinderte und nichtbehinderte Kinder spielen gemeinsam. Konzept und Praxis integrativer Spielförderung. Bad Heilbrunn: Klinkhardt

Heimlich, Ulrich (1999): Gemeinsam lernen in Projekten. Bausteine zu einer integrationsfähigen Schule. Bad Heilbrunn: Klinkhardt

Heimlich, Ulrich (2003): Integrative Pädagogik. Eine Einführung. Bd. 13 der Reihe Grundriss der Pädagogik/Erziehungswissenschaft. Stuttgart u. a.: Kohlhammer

Heimlich, Ulrich (2009): Pädagogik bei Lernschwierigkeiten. Sonderpädagogische Förderung im Förderschwerpunkt Lernen. Bad Heilbrunn: Klinkhardt (2. Aufl. 2016)

Heimlich, Ulrich (2012): Gemeinsam von Anfang an. Inklusion für unsere Kinder mit und ohne Behinderung. München, Basel: Reinhardt

Heimlich, Ulrich: (2019) Inklusive Pädagogik. Eine Einführung. Stuttgart: Kohlhammer

2 Herausgeberwerke

Heimlich, Ulrich & Höltershinken, Dieter (Hrsg.) (1994): Gemeinsam spielen. Integrative Spielprozesse im Regelkindergarten. Seelze-Velber: Kallmeyer

Heimlich, Ulrich (Hrsg.) (1997): Zwischen Aussonderung und Integration. Schülerorientierte Förderung bei Lern- und Verhaltensschwierigkeiten. Berlin u. a.: Luchterhand

Heimlich, Ulrich (Hrsg.) (1999): Sonderpädagogische Fördersysteme. Auf dem Weg zur Integration. Stuttgart: Kohlhammer

Heimlich, Ulrich, Bundschuh, K. & Krawitz, R. (Hrsg.) (1999): Wörterbuch Heilpädagogik. Bad Heilbrunn: Klinkhardt (3. Aufl. 2007)

Heimlich, Ulrich & Jacobs, Sven (2001): Integrative Schulentwicklung im Sekundarbereich. Das Beispiel der Integrierten Gesamtschule Halle/S. Bad Heilbrunn: Klinkhardt

Heimlich, Ulrich, Lotter, Monika & März, Martina (2005): Diagnose und Förderung im Förderschwerpunkt Lernen. Donauwörth: Auer

Heimlich, Ulrich & Behr, Isabel (2005): Integrative Qualität im Dialog entwickeln. Auf dem Weg zur inklusiven Kindertageseinrichtung. Münster: Lit

Heimlich, Ulrich, Eckerlein, Tatjana & Schmid, Andrea C. (Hrsg.) (2008): Mobile sonderpädagogische Förderung – das Beispiel Bayern. Bd. 3 der Reihe Integrative Förderung in Forschung und Praxis, hrsg. v. Ulrich Heimlich. Münster: Lit

Heimlich, Ulrich & Behr, Isabel (Hrsg.) (2009): Inklusion in Kindertageseinrichtungen – Internationale Perspektiven. Bd. 4 der Reihe Integrative Förderung in Forschung und Praxis, hrsg. v. Ulrich Heimlich. Münster: Lit
Heimlich, Ulrich & Kahlert, Joachim (Hrsg.) (2012): Inklusion in Schule und Unterricht. Wege zur Bildung für alle. Reihe Praxis Heilpädagogik, Handlungsfelder, hrsg. v. Heinrich Greving. Stuttgart: Kohlhammer (2. Aufl. 2014)
Heimlich, Ulrich, Lutz, Stephanie & Wilfert de Icaza, Kathrin (2013): Ratgeber Förderdiagnostik. Feststellung des sonderpädagogischen Förderbedarfs im Förderschwerpunkt Lernen (2. Aufl. 2020)
Heimlich, Ulrich, Wember, Franz B. & Stein, Roland (Hrsg.) (2014): Handlexikon Lernschwierigkeiten und Verhaltensstörungen. Stuttgart: Kohlhammer
Heimlich, Ulrich, Lutz, Stephanie & Wilfert de Icaza, Kathrin (2014): Ratgeber Förderplanung. Individuelle Lernförderung im Förderschwerpunkt Lernen. Hamburg: Persen (2. Aufl. 2019)
Heimlich, Ulrich, Kahlert, Joachim, Lelgemann, Reinhard & Fischer, Erhard (Hrsg.) (2016): Inklusives Schulsystem. Analysen, Befunden, Empfehlungen zum bayerischen Weg. Bad Heilbrunn: Klinkhardt
Heimlich, Ulrich, Wilfert, Kathrin, Ostertag, Christina & Gebhardt, Markus (2018): Qualitätsskala zur inklusiven Schulentwicklung (QU!S®) – eine Arbeitshilfe auf dem Weg zur inklusiven Schule. Bad Heilbrunn: Klinkhardt
Heimlich, Ulrich & Benkmann, Rainer (2018): Inklusion im Förderschwerpunkt Lernen. Bd. 9 der Reihe Inklusion in Schule und Gesellschaft. Stuttgart: Kohlhammer
Heimlich, Ulrich & Kiel, Ewald (Hrsg.) (2020): Studienbuch Inklusion. Ein Wegweiser für die Lehrerbildung. Unter Mitarbeit von Susanne Bjarsch. Bad Heilbrunn: Klinkhardt
Heimlich, Ulrich & König, Anke (Hrsg.) (2020): Inklusion in Kindertageseinrichtungen. Bd. 13 der Reihe Inklusion in Schule und Gesellschaft. Stuttgart: Kohlhammer
Heimlich, Ulrich, Riesch, Mario & Schuhmacher, Jürgen (2020): Die Rolle der sonderpädagogischen Lehrkräfte in allgemeinen Schulen. Ein Werkzeugkasten für die inklusive Schulentwicklung. Hamburg: Persen
Heimlich, Ulrich & Tippelt, Rudolf (Hrsg.) (2020): Inklusive Bildung. Interdisziplinäre Zugänge. Bd. 12 der Reihe Inklusion in Schule und Gesellschaft. Stuttgart: Kohlhammer

3 Beiträge zu Fachzeitschriften und Sammelbänden

Heimlich, Ulrich (1985): Integration im Vorschulbereich. Wo bleiben die sozial benachteiligten Kinder? In: Neue Deutsche Schule, 37 (20), 13
Heimlich, Ulrich (1987): Einfälle zu Abfällen. Erfahrungen mit projektorientiertem Lernen in der Schule für Lernbehinderte. In: Zeitschrift für Heilpädagogik, 38 (11), 765–770
Heimlich, Ulrich & Michels, M. (1988): Möglichkeiten und Grenzen schülerorientierter Förderung, dargestellt am Beispiel einer Rechtschreibfördermaßnahme. In: Zeitschrift für Heilpädagogik, 39 (2), 85–96
Heimlich, Ulrich (1990): Projektunterricht an Sonderschulen. Beitrag zur 3., völlig neu bearbeiteten Aufl. von Frey, K.: Die Projektmethode. Weinheim, Basel: Beltz, 238–240
Heimlich, Ulrich (1990): Ohne Wasser läuft nichts. Wie Schüler mit Lernschwierigkeiten Projekte planen. In: Zeitschrift für Heilpädagogik, 41 (5), 305–314
Heimlich, Ulrich (1992): Projektorientierte Lehrerfortbildung für Lehrer an Schulen für Lernbehinderte. In: Zeitschrift für Heilpädagogik, 43 (1), 35–42
Heimlich, Ulrich (1993): Spielraumgestaltung als exemplarische Unterrichtsthematik in der Erzieherinnenausbildung. In: Heitzer, M. & Spiess, W. (Hrsg.), LehrerInnen im Europa der neunziger Jahre (177–187). Bochum: Brockmeyer

Heimlich, Ulrich (1993): Wege zum Projektunterricht bei Schülern mit Lernschwierigkeiten. In: Baudisch, W. & Schmetz, D. (Hrsg.), Lernbehinderung und Wege zur differenzierten Förderung. Bd. 1 der Reihe Sonderpädagogische Beiträge (58–68). Frankfurt a. M.: Diesterweg-Verlag

Heimlich, Ulrich & Städtler, P. (1993): Beurteilung und Erprobung kooperativer Brettspiele. Ein ökologischer Ansatz. In: Spielmittel. Nr. 1, 75–84

Heimlich, Ulrich (1994): Projektmethode und offener Unterricht – Potenzen für die integrative Lernförderung. In: Die Sonderschule, 39 (2), 136–142

Heimlich, Ulrich (1993): Projekt »Gemeinsam spielen« – Zur Gestaltung integrativer Spielsituationen. Ein Zwischenbericht. In: Gemeinsam leben, 1 (1), 14–19

Heimlich, Ulrich (1994): Von der Einzelförderung zur ökologischen Intervention. Der Paradigmenwechsel in der heilpädagogischen Methodik und seine Herkunft aus der Integrationspädagogik – dargestellt am Beispiel integrativer Spielprozesse. In: Der pädagogische Blick, 2 (3), 148–157

Heimlich, Ulrich (1994): Der Situationsansatz für die Lernbehindertenpädagogik. Ökologisch orientierte Förderkonzepte bei erschwerten Lernsituationen. In: Zeitschrift für Heilpädagogik, 45 (9), 578–587

Heimlich, Ulrich (1994): Träume, Geister, große Tiere. Spielmittelkarteien im Alltag von Tageseinrichtungen. In: Engelhard, D. u. a. (Hrsg.), Handbuch der Elementarerziehung. Seelze-Velber: Kallmeyersche Verlagsbuchhandlung

Heimlich, Ulrich (1995): Aggression im Spiel – Spiel mit der Aggression. Spielpädagogische Reflexionen zu aggressiven Spielinhalten angesichts des Wandels kindlicher Spielwelten. In: Pädagogikunterricht, 15 (1), 3–19

Heimlich, Ulrich (1995): Spiel und Spielverhalten von Kindern und Jugendlichen. In: Bienemann, G. u. a. (Hrsg.), Handbuch des Kinder- und Jugendschutzes (HDKJ) (272–276). Münster: Votum

Heimlich, Ulrich (1995): Spiel im Unterricht – Unterricht als Spiel. Konzept und Praxis eines spielorientierten Lernens in der Schule. In: Pädagogische Welt, 49 (7), 320–323

Heimlich, Ulrich & Schmetz, D. (1995): Beobachtung integrativer Spielprozesse – Zur Problematik methodenpluralistischer Forschungsstrategien. In: Heilpädagogische Forschung, Bd. XXI (1), 27–36

Heimlich, Ulrich (1995): Orte und Konzepte sonderpädagogischer Förderung. Ökologische Entwicklungsperspektiven der Heilpädagogik. In: Zeitschrift für Heilpädagogik, 47 (2), 46–54

Heimlich, Ulrich (1996): Abschied von der Lernbehinderung? Ökologische Perspektiven integrativer Förderung bei Lernschwierigkeiten. In: Siepmann, G. & Salzberg-Ludwig, K. (Hrsg.), Gegenwärtige und zukünftige Aufgaben in der Lernbehindertenpädagogik.

Heimlich, Ulrich (1998): Förderdiagnostik bei Lernschwierigkeiten – Anregungen für die Praxis. In: Mutzeck, W. (Hrsg.), Förderdiagnostik bei Lern- und Verhaltensstörungen (43–58). Weinheim: Deutscher Studien Verlag

Heimlich, Ulrich (1998): Gemeinsame Erziehung im Elementarbereich – Bilanz und Perspektiven der Integrationspraxis in Tageseinrichtungen für Kinder. In: Rosenberger, M. (Hrsg.), Ratgeber gegen Aussonderung (73–89). Heidelberg: Edition Schindele (2. Aufl. 1998)

Heimlich, Ulrich (1998): Von der sonderpädagogischen zur integrativen Förderung – Umrisse einer heilpädagogischen Handlungstheorie. In: Zeitschrift für Heilpädagogik, 49 (6), 250–258

Heimlich, Ulrich (1999): Micha, der Nein-Sager. Ökologische Perspektiven des pädagogischen Umgangs mit Lernverweigerungen. In: Opp, G., Helbig, P. & Speck-Hamdan, A. u. a.: Problemkinder in der Grundschule (62–70). Bad Heilbrunn: Klinkhardt

Heimlich, Ulrich (2000): Kinderspiel und Spielbeobachtung – Spielerfahrungen als Mittler zwischen Bildungssystem und Lebenswelt. In: Heinzel, (Hrsg.), Methoden und Zugänge der Kindheitsforschung (171–184). München, Weinheim: Juventa

Heimlich, Ulrich (2000): Integration und Frühförderung – ein ökologisches Entwicklungsmodell. In: Kinderärztliche Praxis. Zeitschrift für Soziale Pädiatrie und Jugendmedizin, 71 (3), 184–189

Heimlich, Ulrich (2000): Mehr als Memory – Spielen und Üben im Unterricht. In: Meier, R., Rampillon, U., Sandfuchs, U. & Stäudel, L. (Hrsg.), Üben und Wiederholen – Sinn schaffen – Können entwickeln. Friedrich Jahresh. XVIII, 60–62

Heimlich, Ulrich (2000): Auf der Suche nach einer neuen Solidarität – Heilpädagogisches Handeln in der Zweiten Moderne. In: Bundschuh, K. (Hrsg.), Wahrnehmen, Verstehen, Handeln. Perspektiven für die Sonder- und Heilpädagogik im 21. Jahrhundert (97–110). Bad Heilbrunn: Klinkhardt

Heimlich, Ulrich (2000): Zur Entwicklung der schulischen Integration in den neuen Bundesländern. In: Ellger-Rüttgardt, S. & Wachtel, G. (Hrsg.), Zehn Jahre Sonderpädagogik und Rehabilitation im vereinten Deutschland (176–191). Berlin u. a.: Luchterhand

Heimlich, Ulrich (2001): Gemeinsamer Unterricht in Projekten. Schüler und Lehrer auf dem Weg zu einer integrationsfähigen Schule. In: Leonhardt, A. (Hrsg.), Gemeinsames Lernen von hörenden und hörgeschädigten Schülern: Ziele – Wege – Möglichkeiten (38–47). Hamburg: Verl. Hörgeschädigte Kinder

Heimlich, Ulrich (2002): Förderung des gemeinsamen Unterrichts durch Mobile Sonderpädagogische Dienste im Förderschwerpunkt »Lernen« – ein Zwischenbericht. In: Behindertenpädagogik in Bayern, 45 (3), 244–252

Heimlich, Ulrich (2003): Integrative Lehrerbildung – Veränderte Perspektiven für die erste Phase der sonderpädagogischen Lehrerbildung durch den gemeinsamen Unterricht. In: Gehrmann, P. & Hüwe, B. (Hrsg.), Kinder und Jugendliche in erschwerten Lernsituationen (151–161). Stuttgart u. a.: Kohlhammer

Heimlich, Ulrich (2003): Kooperation, Vernetzung, Kompetenzerweiterung – Zur Innovation in der sonderpädagogischen Lehrerbildung. In: Behindertenpädagogik in Bayern, 46 (4), 237–242

Heimlich, Ulrich (2004): Spiel als Bildung! – Bildung als Spiel? Der Beitrag der Spielpädagogik zu einer Bildung für alle in Geschichte und Gegenwart. In: Korte, Petra (Hrsg.), Kontinuität, Krise und Zukunft der Bildung. Analysen und Perspektiven (337–347). Bd. 21 der Reihe Texte zur Theorie und Geschichte der Bildung. Münster: Lit

Heimlich, Ulrich (2004): Spiel und Emotion – Konsequenzen für eine moderne sonderpädagogische Förderung. In: Kannewischer, Sybille, Wagner, Michael, Winkler, Christoph & Dworschak, Wolfgang u. a. (Hrsg.), Verhalten als subjektiv-sinnhafte Ausdrucksform (146–156). Bad Heilbrunn: Klinkhardt

Heimlich, Ulrich (2004): 30 Jahre Spielpädagogik – ein Blick zurück nach vorn. In: Gruppe & Spiel, 30 (3/4), 2–5

Heimlich, Ulrich (2004): Didaktische Konzepte für den zieldifferenten Gemeinsamen Unterricht. In: Zeitschrift für Heilpädagogik, 55 (6), 288–295

Heimlich, Ulrich (2004): Heilpädagogische Kompetenz – Eine Antwort auf die Entgrenzung der Heilpädagogik. In: VHN, 73 (3), 256–259 (ab 2004: Mitherausgeber der VHN)

Heimlich, Ulrich (2004): »Iberlebn« – Die Bedeutung des Spiels in der Pädagogik der Achtung bei Janusz Korczak. In: Sautter, Hartmut, Stinkes, Ursula & Trost, Rainer (Hrsg.), Beiträge zu einer Pädagogik der Achtung (113–121). Heidelberg: Universitätsverlag Winter

Heimlich, Ulrich (2004): Spiel als Entwicklung – Entwicklung als Spiel. Die Bedeutung des Spiels in der frühen Kindheit. In: Theorie und Praxis der Sozialpädagogik, (9/10), 50–55

Heimlich, Ulrich & Röbe, Dominik (2005): Mobile Sonderpädagogische Dienste in Bayern – Ergebnisse einer Lehrerbefragung. In: Sonderpädagogik in Bayern, 48 (3), 37–44

Heimlich, Ulrich & Behr, Isabel (2006): Inklusive Qualität in Kindertageseinrichtungen. Ergebnisse eines Begleitforschungsprojektes. In: VHN, 75 (3), 200–212

Heimlich, Ulrich (2007): Teilhaben und Beitragen – Inklusion als neues pädagogisches Leitbild – auch in der Jugendarbeit. In: Gemeinsam leben (2), 85–93

Heimlich, Ulrich (2007): Gemeinsam lernen- differenziert fördern! Chancen für eine neue Unterrichtsqualität im Förderschwerpunkt Lernen? In: Salzberg-Ludwig, Karin & Grüning, Eberhard (Hrsg.), Kinder und Jugendlichen in schwierigen Lern- und Lebenssituationen (225–236). Stuttgart: Kohlhammer

Heimlich, Ulrich (2007): Lernbehinderung und Lernstörung. In: Tenorth, Heinz-Elmar & Tippelt, Rudolf (Hrsg.), Lexikon Pädagogik (474–475). Weinheim, Basel: Beltz (und 80 weitere Stichworte)

Heimlich, Ulrich (2007): Zusammen arbeiten. Qualifikation für integrative Pädagogik. In: Mutzeck, Wolfgang & Popp, Kerstin (Hrsg.), Professionalisierung von Sonderpädagogen. Standards, Kompetenzen und Methoden (158–177). Weinheim, Basel: Beltz
Heimlich, Ulrich (2008): Die »Schule der Armut« – Armut und soziale Benachteiligung als Herausforderung an die Lernbehindertenpädagogik. In: VHN, 77 (1), 11–22
Heimlich, Ulrich (2008): 3.4 Heil- und Sonderpädagogik. In: Faulstich-Wieland, Hannelore & Faulstich, Peter (Hrsg.), Erziehungswissenschaft. Ein Grundkurs (510–531). Reinbek b. Hamburg: Rowohlt
Heimlich, Ulrich (2008): Qualifizierung für sonderpädagogische Förderung. In: Arnold, Karl-Heinz, Jaumann-Graumann, Olga & Rakhochkine, Anatoli (Hrsg.), Handbuch Förderung. Bereiche und Methoden der individuellen Förderung von Schülern (471–475). Weinheim, Basel: Beltz
Heimlich, Ulrich & Behr, Isabel (2009): Inklusion von Menschen mit Behinderung in der Erwachsenenbildung/Weiterbildung. In: Tippelt, Rudolf, von Hippel, Aiga (Hrsg.), Handbuch Erwachsenenbildung/Weiterbildung (3. Aufl.) (813–826). Wiesbaden: VS Verlag
Heimlich, Ulrich (2011): Inklusion und Sonderpädagogik – Die Bedeutung der Behindertenrechtskonvention (BRK) für die Modernisierung sonderpädagogischer Förderung. In: Zeitschrift für Heilpädagogik, 62 (2), 44–54
Heimlich, Ulrich (2011): Wenn das Lernen schwierig wird. Sonderpädagogische Förderung im Förderschwerpunkt Lernen. In: behinderte menschen. Zeitschrift für gemeinsames Leben, Lernen und Arbeiten, (2), 28–38
Heimlich, Ulrich (2011): Keine Insel der Glückseligen. Zur Begründung eines eigenständigen Rahmenlehrplans in der sonderpädagogischen Förderung im Förderschwerpunkt Lernen. In: Spuren – Sonderpädagogik in Bayern, 54 (3), 14–18
Heimlich, Ulrich (2012): Inklusion und Qualität in Kindertageseinrichtungen – ein dialogischer Entwicklungsprozess. In: Albers, Timm, Bree, Stephan, Jung, Edita & Seitz, Simon: Vielfalt von Anfang an. Inklusion in Krippe und Kita (107–114). Hrsg. v. nifbe. Freiburg u. a.: Herder
Heimlich, Ulrich & Lutz, Stephanie (2013): Sonderpädagogische Förderung und schulische Inklusion in Bayern im Schuljahr 2011/2012. In: Zeitschrift für Heilpädagogik, 63 (9), 369–274
Heimlich, Ulrich (2013): Wenn das Lernen zum Problem wird. Kinder mit gravierenden Lernschwierigkeiten in der Grundschule. In: Sache Wort Zahl, 41 (131), 56–61
Heimlich, Ulrich (2013): Inklusion und Qualität in Schulen und Kindertageseinrichtungen – Einblicke in pädagogische Konzepte und Merkmaler inklusiver Bildungseinrichtungen. In: Schwab, Susanne, Gebhardt, Markus, Ederer-Fick, Elfriede S. & Gasteiger-Klicpera, Barbara (Hrsg.), Theorien, Konzepte und Anwendungsfelder der inklusiven Pädagogik (123–137). Wien: facultas
Heimlich, Ulrich (2013): Ausbildung und Professionalisierung von Fachkräften für inklusive Bildung im Bereich der frühkindlichen Bildung, Betreuung und Erziehung. In: Döbert, Hans & Weishaupt, Horst (Hrsg.), Inklusive Bildung professionell gestalten. Situationsanalyse und Handlungsempfehlungen (11–32). Münster u. a.
Heimlich, Ulrich (2013): Inklusive Bildung für Menschen mit Behinderung – eine lebenslaufbegleitete Perspektive. In: Zeitschrift für Heilpädagogik, 64 (9), 336–341
Heimlich, Ulrich (2013): Inklusion in Schule und Unterricht. In: Haag, Ludwig, Rahm, Sibylle, Apel, Hans-Jürgen & Sacher, Werner (Hrsg.), Studienbuch Schulpädagogik (5. Aufl.) (263–281). Bad Heilbrunn: Klinkhardt
Heimlich, Ulrich (2013): Bayerische Sonderpädagogik in der Nazi-Zeit – dargestellt am Beispiel des Münchener Hilfsschullehrers Erwin Lesch. In: Spuren, 56 (3), 37–42
Heimlich, Ulrich (2014): Teilhabe, Teilgabe oder Teilsein? Auf der Suche nach den Grundlagen inklusiver Bildung. In: VHN, 83 (1), 1–5
Heimlich, Ulrich (2014): Erwin Lesch: Aktivist oder Mitläufer? Offene Fragen und Forschungsperspektiven. In: Spuren, 57 (3), 44–46
Heimlich, Ulrich (2014): Kinder mit Behinderung – Anforderungen an eine inklusive Frühpädagogik. In: König, Anke & Friederich, Tina (Hrsg.), Inklusion durch Sprachli-

che Bildung. Neue Herausforderungen im Bildungssystem (85–120). Weinheim, Basel: Beltz Juventa

Heimlich, Ulrich & Wilfert de Icaza, Kathrin (2014): Qualität inklusiver Schulentwicklung – Erste Konsequenzen für die Lehreraus- und -weiterbildung. In: Lehrerbildung auf dem Prüfstand, 7 (2), 104–119

Heimlich, Ulrich (2015): Ausbildung frühpädagogischer Fachkräfte für inklusive Bildung. In: Haude, Christin & Volk, Sabrina (Hrsg.), Diversity Education in der Ausbildung frühpädagogischer Fachkräfte (29–46). Weinheim, Basel: Beltz Juventa

Heimlich, Ulrich (2015): Pädagogik der Vielfalt – Auf dem Weg zur inklusiven Kindertageseinrichtung. In: Reichert-Garschhammer, Eva, Kieferle, Christa, Wertfein, Monika & Becker-Stoll, Fabienne (Hrsg.), Inklusion und Partizipation – Vielfalt als Chance und Anspruch (17–29). Göttingen: Vandenhoeck & Ruprecht

Heimlich, Ulrich, Weiß, Sabine, Markowetz, Reinhard & Kiel, Ewald (2015): Motivprofile angehender Lehrer im Förderschwerpunkt Lernen – eine Clusteranalyse. In: Zeitschrift für Heilpädagogik, 66 (12), 596–608

Heimlich, Ulrich (2016): Inklusion und Qualität. Auf dem Weg zur inklusiven Kindertageseinrichtung. In: Frühförderung interdisziplinär, 35, 28–39

Heimlich, Ulrich, Eckerlein, Tatjana, Lutz, Stephanie, Riesch, Mario, Schmid, Andrea C., Schuhmacher, Jürgen & Wilfert de Icaza, Kathrin (2016): Zwischen Fachspezifität und Kompetenztransfer. Sonderpädagogische Lehrerbildung im Förderschwerpunkt

Heimlich, Ulrich (2016): Vom inklusiven Unterricht zur inklusiven Schule – Neue Anforderungen an schulische Bildung. In: Schönig, Wolfgang & Fuchs, John Andreas (Hrsg.), Inklusion: Gefordert! Gefördert? Schultheoretische, raumtheoretische und didaktische Zugänge (47–58). Bad Heilbrunn: Klinkhardt

Heimlich, Ulrich (2016): Inklusiver Unterricht – eine Frage der Qualität! Der Beitrag der sonderpädagogischen Förderung zur inklusiven Schule. In: Behinderte Menschen, 39 (4/5), 25–35

Heimlich, Ulrich (2017): Inklusive Momente im Bildungsprozess. In: Pädagogische Rundschau, 71 (2), 171–186

Heimlich, Ulrich (2017): Qualität inklusiver Schulen. In: Tures, Andrea & Neuß, Norbert (Hrsg.), Multiprofessionelle Perspektiven auf Inklusion (81–94). Opladen u. a.: Budrich

Heimlich, Ulrich (2017): Inklusiver Unterricht. Von der Idee zur praktischen Umsetzung. In: Schulmagazin 5–10, 85 (5), 51–54

Heimlich, Ulrich (2017): Zwischen Inklusion und Exklusion – Armut und soziale Benachteiligung als Herausforderung an die Pädagogik bei Lernschwierigkeiten. In: Gercke, Magdalena, Opalinski, Saskia & Thonagel, Tim (Hrsg.), Inklusive Bildung und gesellschaftliche Exklusion. Zusammenhänge – Widersprüche – Konsequenzen (87–98). Wiesbaden: Springer

Heimlich, Ulrich (2018): Inklusion und Qualität in Schulen – die Qualitätsskala zur inklusiven Schulentwicklung (QU!S®). In: Hellmich, Frank, Görel, Gamze & Löper, Marwin Felix: Inklusive Schul- und Unterrichtsentwicklung. Vom Anspruch zur erfolgreichen Umsetzung (13–25). Stuttgart: Kohlhammer

Heimlich, Ulrich & Gebhardt, Markus (2018): Inklusion und Bildung. In: Tippelt, Rudolf & Schmidt-Hertha, Bernhard (Hrsg.), Handbuch Bildungsforschung. Bd. 2 (4. Aufl.) (1241–1260). Wiesbaden: Springer

Heimlich, Ulrich & Wittko, Michael (2018): Inklusive Regionen – Zukunftsperspektive sonderpädagogischer Förderung? In: Zeitschrift für Heilpädagogik, 69 (11), 504–516

Heimlich, Ulrich, Ostertag, Christina, Wilfert, Kathrin & Gebhardt, Markus (2018): Konstruktion einer Skala zur Abbildung inklusiver Qualität von Schulen. In: Empirische Sonderpädagogik, 10 (3), 211–231

Heimlich, Ulrich & Gebhardt, Markus: Sonderpädagogische Lehrerbildung und Inklusion – Zwischen Kooperation, Vernetzung und spezifischer Fachlichkeit. In: Syring, Markus & Weiß, Sabine (Hrsg.), Lehrer (in) sein – Lehrer (in) werden – die Profession professionalisieren (65–78). Bad Heilbrunn: Klinkhardt

4 Sonstiges

Heimlich, Ulrich (2009): Inklusion und Qualitätsentwicklung – eine Aufgabe für alle Kindertageseinrichtungen. Studienbrief für die Fachhochschule Fulda: BA-Online-Studiengang Inklusive Frühkindliche Bildung, Modul 15 (Qualitätsentwicklung und -management). Fulda: Fachhochschule Fulda

Heimlich, Ulrich & Weinmüller-Atze, Anna (2009): Kooperationsklassen – davon profitieren alle. München: Unterrichtsmitschau (DVD)

Heimlich, Ulrich & Behr, Isabel (2014): Vielfalt spielen. Gemeinsam lernen. Inklusion in Kindertageseinrichtungen. München: Unterrichtsmitschau (DVD)

Heimlich, Ulrich, Fischer, Erhard, Kahlert, Joachim & Lelgemann, Reinhardt (Hrsg.) (2012): Profilbildung inklusive Schule – ein Leitfaden für die Praxis. München, Würzburg (2. Aufl. 2013)

Heimlich, Ulrich (2013): Kinder mit Behinderung – Anforderungen an eine inklusive Frühpädagogik. Eine Expertise der Weiterbildungsinitiative Frühpädagogische Fachkräfte (WiFF). WiFF-Expertise, Nr. 33. München: DJI

Heimlich, Ulrich (2017): Das Spiel mit Gleichaltrigen in Kindertageseinrichtungen. Teilhabechancen für Kinder mit Behinderung. WiFF-Expertisen, Bd. 49. München: DJI

Heimlich, Ulrich & Ueffing, Claudia M. (2018): Leitfaden für inklusive Kindertageseinrichtungen. WiFF-Expertise, Bd. 51. München: DJI

Heimlich, Ulrich & Kahlert, Joachim (2019): Inklusion in der Lehrerbildung an der Ludwig-Maximilians-Universität München. München: LMU München.

Abkürzungsverzeichnis

!DL	Inklusionsdidaktische Lehrbausteine
ALP	Akademie für Lehrerfortbildung und Personalführung
AO-SF	Ausbildungsordnung sonderpädagogische Förderung
BAS!S	Basiswissen Inklusion und Sonderpädagogik im erziehungswissenschaftlichen Studium
BayEUG	Bayerisches Gesetz über das Erziehungs- und Unterrichtswesen
BiGG	Berufsbildungsgesetz
BMAS	Bundesministerium für Arbeit und Soziales
BMBF	Bundesministerium für Bildung und Forschung
DJI	Deutsches Jugendinstitut
DV	Deutscher Verein für öffentliche und private Fürsorge e. V.
EA	European Agency for Development in Special Education Needs and Inclusive Education
ELFE 1-6	Ein Leseverständnistest für Erst- bis Sechstklässler
HRK	Hochschulrektorenkonferenz
HSP	Hamburger Schreib-Probe
IBB	Inklusive Berufliche Bildung in Bayern
ICILS	International Computer and Information Literacy Study
IEP	Individuelle Entwicklungspläne
IQB	Institut zur Qualitätsentwicklung im Bildungswesen
ISB	Institut für Schulqualität und Bildungsforschung
JAS	Jugendarbeit an Schulen
KEFF	Kooperative Erstellung und Fortschreibung individueller Förderpläne
KMK	Kultusministerkonferenz
LfM	Landesanstalt für Medien Nordrhein-Westfalen
M!K	Modellregion Inklusion Kempten
MIK	Miteinander inklusiv in Kempten
MSD	Mobile Sonderpädagogische Dienste
OECD	Organisation für wirtschaftliche Zusammenarbeit und Entwicklung
PISA	Programme for International Student Assessment
QLB	Qualitätsoffensive Lehrerbildung
QU!S®	Qualitätsskala zur inklusiven Schulentwicklung
RTI	Response-to-Intervention

StMBW	Bayerisches Staatsministerium für Bildung und Kultus, Wissenschaft und Kunst
UN-BRK	UN-Konvention über die Rechte von Menschen mit Behinderungen
UN-CRPD	UN-Convention on the Rights of Persons with Disabilities
VHN	Vierteljahresschrift für Heilpädagogik und ihre Nachbargebiete
WHO	World Health Organization
WiFF	Weiterbildungsinitiative frühpädagogischer Fachkräfte

Autorinnen und Autoren

Prof. Dr. Iris Beck
Universität Hamburg
Fakultät Erziehungswissenschaft/FB 2
Arbeitsbereich Behindertenpädagogik/Allgemeine Behindertenpädagogik und Soziologie
E-Mail: iris.beck@uni-hamburg.de

Prof. Dr. Rainer Benkmann
Universität Erfurt
Erziehungswissenschaftliche Fakultät
Sonder- und Sozialpädagogik
E-Mail: rainer.benkmann@uni-erfurt.de

Susanne Bjarsch
Wissenschaftliche Mitarbeiterin
BAS!S Koordinationsbüro LMU München
www.edu.lmu.de/basis-inklusion
Lehrstuhl für Lernbehindertenpädagogik
Lehrstuhl Schulpädagogik Prof. Dr. E. Kiel
E-Mail: Susanne.Bjarsch@edu.lmu.de

Dr. Tatjana Eckerlein
Akademische Direktorin
Ludwig-Maximilians-Universität München
Fakultät für Psychologie und Pädagogik
Lehrstuhl für Lernbehindertenpädagogik
E-Mail: eckerlein@edu.lmu.de

Julia Eiperle
Wissenschaftliche Mitarbeiterin
Lehreinheit Politische Bildung und Didaktik der Sozialkunde
Geschwister-Scholl-Institut für Politikwissenschaft
Ludwig-Maximilians-Universität München
E-Mail: Julia.Eiperle@gsi.uni-muenchen.de

Prof. Dr. Markus Gebhardt:
Lehrstuhl für Lernbehindertenpädagogik einschließlich inklusiver Pädagogik
Institut für Bildungswissenschaft
Universität Regensburg
E-Mail: sekretariat.gebhardt.de

Prof. Dr. Clemens Hillenbrand
Fakultät I – Bildungs- u. Sozialwissenschaften
Pädagogik und Didaktik bei Beeinträchtigungen des Lernens
Institut für Sonder- und Rehabilitationspädagogik
C.v.O. Universität Oldenburg
E-Mail: c.hillenbrand@uni-oldenburg.de

Dr. Stephanie Lutz
Universität Regensburg
Lehrstuhl für Lernbehindertenpädagogik einschließlich inklusiver Pädagogik
Institut für Bildungswissenschaft
Universität Regensburg
E-Mail: Stephanie.Lutz@paedagogik.uni-regensburg.de

Prof. Dr. Anke König
Professur für Allgemeine Pädagogik mit Schwerpunkt Frühpädagogik
Fachsprecherin der Erziehungswissenschaften
Universität Vechta
Fakultät I – Erziehungswissenschaften
E-Mail: anke.koenig@uni-vechta.de

Prof. Dr. Conny Melzer
Professur für Inklusive Bildung unter besonderer Berücksichtigung sonderpädagogischer Lernförderung
Universität Leipzig
E-Mail: conny.melzer@uni-leipzig.de

Mario Riesch
Wissenschaftlicher Mitarbeiter
Ludwig-Maximilians-Universität München
Fakultät für Psychologie und Pädagogik
Lehrstuhl für Lernbehindertenpädagogik
E-Mail: Mario.Riesch@lmu.de

Jun.-Prof. Dr. David Scheer:
Juniorprofessur für Inklusive Bildung
Annelie-Wellensiek-Zentrum für Inklusive Bildung
Pädagogische Hochschule Heidelberg
E-Mail: david.scheer.de

Jürgen Schuhmacher
Wissenschaftlicher Mitarbeiter
Ludwig-Maximilians-Universität München
Fakultät für Psychologie und Pädagogik
Lehrstuhl für Lernbehindertenpädagogik
E-Mail: Juergen.Schuhmacher@lmu.de

Ulrike Sendelbach
Wissenschaftliche Mitarbeiterin
Ludwig-Maximilians-Universität München
Fakultät für Psychologie und Pädagogik
Lehrstuhl Lernbehindertenpädagogik
Weiterbildung »Sonderpädagogik für Berufsschullehrkräfte«
E-Mail: Ulrike.Sendelbach@lmu.de

Prof. Dr. Franz B. Wember (i. R.)
Universitätsprofessor (i. R.)
Technische Universität Dortmund
Fakultät Rehabilitationswissenschaften
Rehabilitation und Pädagogik bei Lernbehinderungen

Dr. Kathrin Wilfert
Akademische Oberrätin
Ludwig-Maximilians-Universität München
Fakultät für Psychologie und Pädagogik
Lehrstuhl für Lernbehindertenpädagogik
E-Mail: kathrin.wilfert@lmu.de

Michael Wittko
Wissenschaftlicher Mitarbeiter
Ludwig-Maximilians-Universität München
Fakultät für Psychologie und Pädagogik
Lehrstuhl für Lernbehindertenpädagogik
Beauftragter für inklusive Unterrichts- und Schulentwicklung
am Schulamt OALIKE
E-Mail: Michael.Wittko@edu.lmu.de